中小学音乐课堂教学设计与教师专业成长研究

主　编　牛　琴　周　笛
副主编　杨　梅　马　玥
编　委（排名不分先后）
　　　　何妍倪　姜　轶　张淑华
　　　　陈　娇　裴锫榆　郦　嘉
　　　　伍婷婷　张　伟　熊天祥
　　　　陈　莹　陈俊吉

西南交通大学出版社
·成　都·

图书在版编目（CIP）数据

中小学音乐课堂教学设计与教师专业成长研究 / 牛琴，周笛主编. -- 成都：西南交通大学出版社，2024.9. -- ISBN 978-7-5643-9860-6

Ⅰ．G633.951.2

中国国家版本馆 CIP 数据核字第 2024S9E204 号

Zhongxiaoxue Yinyue Ketang Jiaoxue Sheji yu Jiaoshi Zhuanye Chengzhang Yanjiu
中小学音乐课堂教学设计与教师专业成长研究

主　编　牛　琴　周　笛

责 任 编 辑	梁　红
封 面 设 计	墨创文化
出 版 发 行	西南交通大学出版社 （四川省成都市金牛区二环路北一段 111 号 西南交通大学创新大厦 21 楼）
营销部电话	028-87600564　028-87600533
邮 政 编 码	610031
网　　　址	http://www.xnjdcbs.com
印　　　刷	四川煤田地质制图印务有限责任公司
成 品 尺 寸	170 mm × 230 mm
印　　　张	15.5
字　　　数	252 千
版　　　次	2024 年 9 月第 1 版
印　　　次	2024 年 9 月第 1 次
书　　　号	ISBN 978-7-5643-9860-6
定　　　价	88.00 元

图书如有印装质量问题　本社负责退换
版权所有　盗版必究　举报电话：028-87600562

前　言

随着"教师专业发展"的不断推进，教育实践和社会期望对教师素养提出了更高的要求。在"教师成为研究者"的过程中，教师从事教育科研是非常必要的。教育科研，一般从研究教育教学中的小事情、小问题开始，从写教学设计、教学反思、教育随笔入手，再到撰写教育教学论文，最后走向教师教育科研高级阶段，即课题研究。本书的内容架构基于以音乐教师发展为本的教师专业成长和终身教育理念，通过教学设计、论文撰写、课题研究、专业成长，即反思、学习、设计、实践、再反思的循环过程，激发音乐教师的科研意识，帮助音乐教师提升自身能力，促进其专业发展。当下，部分音乐老师不喜欢动笔，以为会弹弹琴、唱唱歌就能胜任教学工作。殊不知，教师科研意识淡薄将严重影响其专业成长。音乐教育工作者仅具备丰富的教育教学实践经验是不够的，应具备将实践由自发的、经验的层面提升到自觉的、理性的高度的能力，从"乐动"到"笔谈"，你离优秀音乐教师或许只差一支笔！

音乐教师搞科研有何重要意义呢？

一方面，有利于音乐教育学科的发展。音乐教育科学研究，研究音乐教育教学中理论和实践的问题，探讨音乐教育的本质特征，揭示音乐教育的客观规律，为进一步深化音乐教育教学改革提供科学依据，是在科学理论指导下，有目的、有计划，系统地采用科学研究方法，探索音乐教育规律的一种认识活动。目前，我国音乐教育科学研究有了很大的发展，已有一大批音乐教育科研成果问世。这些成果可以转化为生产力，为音乐教育教学实践提供理论指导和决策科学化的保障。比如教育部颁发的《普通高中音乐课程标准》（2017年版，2020年修订）《义务教育艺术课程标准》（2022年版）就是国家重要的音乐教育科研成果，标志着我国音乐教育进入了一个新的历史发展时期。音乐教师加强科研，才能提高音乐教学质量，才能推动创新性、先进性、时代性的音乐教育改革。

另一方面，从音乐教师个人专业发展来说，有利于提高音乐教师的素养。音乐教师科研水平的提高，必然带动自身教育教学水平的提高。研究者进行音乐教育科学研究的过程其实就是一个学习的过程，在这个过程中，研究者学习音乐教育相关理论，不断提高自己的理论水平，同时运用理论指导实践，探寻音乐教育教学规律，从而促进教学水平提升。音乐教师应强化科研意识，在音乐教学实践中，以科研促发展，不断提高自己的业务能力。

1．立足课堂，发现问题

从事教育科研是每一位音乐教师分内的工作，仅仅专业技能好，会上课而不会科研，将无法适应新时代、新课程。目前，中小学音乐教师在科研工作中方法意识较为缺乏，因此，在日常撰写教学设计时，就应该带着科学研究的态度，树立科研精神。从教学目标的确定到教学过程的布局，从教学策略的运用到教学反思的记录，都应深入。同时，应积极开展富有实效的教研活动，及时发现问题、研究问题，选取有价值的研究课题。以课堂为现场，以教学为中心，以学生为主体。同时，聚焦课堂，聚焦教学，聚焦学生。

2．撰写论文，总结升华

论文是进行科学研究、探讨问题，并描述科研成果的学术性和理论性的文章。音乐类论文是音乐学术研究的总结和记录，是进行成果推广和学术交流的有效手段。论文应具有独创性、科学性、理论性、学术性等特点。选题需具有前沿性、开创性、科学性，体现音乐学科专业学术动态和研究成果，有实践应用价值，体现作者深厚的理论基础、系统的专业知识及综合分析能力。同时，注意研究设计和方法科学、先进，结构层次分明，中心思想清晰，逻辑严谨，结论合理，语言表述准确、流畅。

3. 课题研究，凝练主张

音乐教育课题研究与中小学音乐教师科研能力和教学水平的提高密切相关，其研究兼有教育类课题和音乐类课题的双重属性。从课题选择到申报，从课题研究到结题，各个环节都受到个人认识、水平、经验的影响。在研究内容上，主要侧重于对中小学音乐教育所涉及的理论和实践问题的研究，也可以从音乐角度展开研究。在研究方法上，通过借鉴、融合、改进等方式，将社会科学和自然科学的许多成功研究方法引入音乐教育研究，将教育学基本原理和方法与音乐学基本原理和方法有机地结合起来，提升音乐研究的规范性、科学性和有效性。

科研活动中，音乐教师应该注重拓宽自己的研究思路，根据课题的需要采取调查研究、个案研究、行动研究和实验研究等不同的方法，拓展研究方法与思路，使研究成果更加具有科学性和可推广性。

4. 科研先行，助力成长

中小学音乐教师科研能力培养是一个动态地将教师教育理论与教育实践整合的过程，也是新课程改革与发展的必然趋势。一方面，音乐教师具有一定的科研能力，能够更加迅速地接受国内外最新的教育理论，深刻领会新课程的教学理念，积极地反思并改进教学实践。可以这样认为，纵观基础音乐教育改革的过程，音乐教师的科研能力在某种程度上代表着其在音乐教育教学中可持续发展的潜力，同时也关系到基础音乐教育改革的持续稳步发展。另一方面，新课程的实施也是教师成长的过程。新课程更加关注教师的专业化成长，倡导教师学会反思，促使教师由过去的经验型的"教书匠"向"研究型"和"学习型"教师转化。

一名科研型音乐教师应打牢两个基础。一是研究的基础，二是书面表达能力的基础。没有对音乐教育教学中的问题进行考察研究的基础，即使有高超的写作能力，也无济于事。同样，尽管有考察研究的积累，如果没有书面表达能力也不行。考察和研究是基础，表达是手段和工具。在音乐教师专业发展越来越受到重视的今天，在教师教学科研要求越来越高的大背景下，成为一个懂课题、会申报课题、会研究课题的音乐教师，已经势在必行。

本书对一些音乐教育教学问题进行了有益的探索，旨在帮助音乐教师弥补科研短板，促进一线教师、高校音乐专业师范生专业成长，帮助其成为优秀教师。善于学、勤于思、乐于写，从而形成自己的教学主张和教学风格，并把教学经验与更多人分享，让"教师成为研究者"不再是一个口号。

牛　琴

2023年8月23日

目 录

第一部分
教学设计

第一章　音乐课堂教学研究概述 / 002

第一节　教学设计 / 002

第二节　教学实施 / 005

第二章　新课标理念下的大单元教学设计 / 009

第一节　大单元教学的概念与意义 / 009

第二节　大单元教学资源与规划设计 / 010

第三节　大单元教学各环节实施路径 / 014

第三章　教学设计各环节的基本要素及规范格式 / 027

第一节　教学设计各环节写作规范 / 027

第二节　教学设计基本格式 / 033

第四章　优秀教学设计范例 / 055

第一节　单元整体教学设计范例 / 055

第二节　微课教学设计案例 / 096

第二部分
论文撰写

第五章 论文写作的基本要求和选题 / 110

第一节 论文写作的基本要求 / 110

第二节 论文选题 / 114

第六章 音乐教育论文写作的基本要素和规范格式 / 119

第一节 音乐教育论文的性质与特点 / 119

第二节 音乐教育论文的分类与结构 / 122

第三节 音乐教育论文写作基本要素 / 132

第四节 音乐教育论文的写作规范 / 142

第七章 范文评析 / 147

第一节 应用研究类学术论文评析 / 147

第二节 理论研究类学术论文评析 / 169

第三部分
课题研究

第八章 科研课题三十问 / 180

第一节 课题何处寻 / 180

第二节 课题如何立项 / 186

第三节 课题如何结题 / 191

第九章　申报书撰写各要素的基本要求 / 194

第一节　撰写选题依据 / 194

第二节　撰写研究内容 / 199

第三节　撰写预期成果与研究基础 / 202

第四节　撰写参考文献 / 204

第十章　优秀课题案例评析 / 206

第一节　课题价值评析——说清"为什么" / 206

第二节　课题内容评析——说清"做什么" / 212

第三节　课题操作评析——说清"怎么做" / 215

第四部分
名优教师专业素养提升与自我成长

第十一章　音乐教师专业成长 / 222

第一节　教师专业成长规划 / 222

第二节　优秀教师成长故事 / 227

■ **参考文献 / 233**

■ **后　记 / 235**

第一部分
教学设计

教学设计是课堂教学的首要环节，以促进学生的学习为根本目的，运用系统方法，遵循学习理论和教学理念等基本原理，对教学目标、教学内容、教学方法、教学策略、教学评价等环节进行具体计划，创设有效的教与学的过程和程序。它是课堂教学的前提，创设有效的教与学的过程（程序）是教学实施的"施工图"。如何在新课程理念下进行有效的教学设计，实施有效的音乐课堂教学是每一个音乐老师必须要面对的现实问题。

第一章　音乐课堂教学研究概述

音乐教师应落实立德树人根本任务，以培育学生音乐学科核心素养为核心，以学科知识和技能为载体，加强对音乐课堂教学设计、教学实施、教学评价等方面的研究。

第一节　教学设计

一、设定教学目标

教师在进行教学目标的设定时应本着服务课堂教学的主旨，教学目标的设计要突出实用性，目标表述要明确、具体、可测，操作性强，能够关注学生音乐能力的可持续发展。教学目标的设计要把握全面性，综合体现学科核心素养。既要关注学生在音乐情境中整体认知音乐艺术的音乐表现特征，提升审美感知能力，也要注重学生在音乐学习过程中的艺术表现实践能力，还要引导学生从文化角度关注音乐作品和音乐现象，加强文化理解能力。教学目标的设计要注重生成性，要根据即时的教学内容、教学情境、学生实际来调整目标，发挥教学机智。

教师应通览学期教材内容，依据单元间知识点的纵向逻辑与人文主题的横向关联，合理拟定学期教学总目标。

二、确定教学内容

教师应有机整合音乐学科内外的知识内容，将教学内容和学生生活经验紧密相连，针对选定的教学内容，对音乐作品的创作年代、创作背景、作曲家生平、作品结构、音乐要素、风格特征等方面进行深入剖析。

恰当整合单元内教学素材，突出教学主题的连贯性与一致性，有梯度地设置单元教学子目标。教师要依据学生音乐学习的兴趣、方法、心理特点和已有知识能力水平，做好学情分析，列出教学的重、难、疑点，精心预设解决方案。根据每学期正常教学时长，合理规划教学进度，灵活调度单元内容，做到难易结合、重点与非重点内容有机整合。

三、明确教学策略

1. 熟悉教材教法

教师应熟悉教材，关注教学联系，关注学段之间音乐课程的衔接和相关要求。深度挖掘教材，查阅和收集相关教学资源，整体把握教学进度，梳理每学期的教学要点。

2. 选择教学方法

教师要有意识地在课堂教学中根据课堂教学的实际情况，分析各种教学方法以及学习方式的利弊和适应性，针对学生的差异性恰当选择教学方法，做到因材施教。应根据学情、学段、内容、课型等现实需求，恰当选择教学方法，指导学生选取合适的学习方式，合理借鉴、使用各种教学模式和规程，积极总结，不断提炼，努力形成现代课堂教学的个体经验和风格，提高整体教学质量。积极探索基于情境问题导向的互动式、启发式、探究式、体验式等教学方法。

例如音乐欣赏（鉴赏）教学，应坚持以聆听音乐为主的教学原则，倡导学生对音乐作品整体性的审美感知和亲身体验。在教学中，可以根据音乐作品的特点，引导学生在欣赏环节中唱、奏音乐主题或随乐律动，并适当穿插相同题材歌曲演唱或综合艺术表演等实践活动，激发学生音乐鉴赏参与感，体验作品的音乐情感，加深音乐理解。聆听音乐时，可设计具有探究性和启发性的问题，采用集体讨论的方式，沟通和交流对音乐的感受与理解。鼓励学生对音乐展开联想与想象，用口头描述、写作诗歌（散文）等形式，表达鉴赏心得。在教学中，可根据所欣赏作品的表现题材或特点，创设体验音乐的情境，引导学生更好地理解音乐。结合与作品相关的历史文化背景，启发学生领悟音乐的社会意义和文化内涵。引导学生运用现代信息技术，围绕指定专题或自选专题搜集相关文字、乐谱、图片、音视频等资料进行研究性学习，开展互动交流。鼓励学生走进音乐厅、剧场，了解公共艺术场所的行为规范。

3. 注重学生学法

教师要遵循音乐教育教学规律和学生身心发展规律，尊重认知规律，培养学生科学的学习习惯和方法，促进每个学生主动地、生动地、个性化发展。树立以学习者为中心、以音乐实践活动为核心的育人理念。深度研究教材、教法与学法，根据不同的教学模块、学习内容和课型特点采用多样化、开放性、分层式的教学方式。突出音乐学科特点，不断提升学生的审美情趣，开发其创造潜能，促进其理解多元文化，满足其发展需求，培育其核心素养。

4. 丰富教学手段

（1）依据问题多样学习。

教师要发展学生运用混合式学习方式进行学习的能力，在不同音乐核心素养培育领域灵活运用不同的方式。例如，审美感知素养的培育可多采用体验式和问题式教学手段，以解决问题为导向，培养学生对音乐的体验、感悟、鉴赏和评价能力，从感性认识上升到理性认识；艺术表现素养的培育可多采用互动式和探究式教学手段，以任务驱动式教学为主体，在自主探究、小组合作的方式中培养学生的音乐实践品格，丰富形象思维，开发创造潜能；文化理解素养的培育要注重学科整合，通过情景式和综合式教学手段来奠定学生的文化理解立场，面对音乐文化现象和社会热点问题，还可以采用现场调研、专题研讨、撰写短评等手段，发展批判性思维。

（2）信息技术应用。

教师要积极推进"教育+互联网"在课堂教学中的落地，促进现代教育技术与音乐教学深度融合。在一些教学资源比较稀缺、经济欠发达的地区，利用现代信息技术可以实现资源共享，解决师资短缺、教学形式单一等问题，实现城乡学校协同发展的目标。在课堂教学中，教师应适度运用多媒体，始终将通过聆听感受音乐放在音乐学习的首位，培养学生良好的鉴赏习惯。

创设情境推进学习，教师要通过学习，提高应用信息技术的能力。在教学中，教师应利用现代信息技术和网络资源，创设信息化音乐教学环境，构建信息化音乐教学平台。

重构环境变革方式，参与开展在线课程资源共享，推动网络学习和远程教研。可采取线上线下、课内课外互补的方式，提高学生学习效率。通过创建音乐学习平台App、学习网站等方式和手段，整合优质音乐资源，组织教师、学生开展网络学习。

教师要将现代信息技术有效运用到音乐学科模块课教学中，提高教学的精准性。在演奏模块学习中，可以借助虚拟乐器进行演奏，甚至运用声势控制技术，实现非接触式人机交互的虚拟演奏。在合唱、合奏模块中，利用5G网络高效性，运用音频混合与分发软件，线上进行实时排练及艺术表演。歌唱模块教学可运用声音高识别软件，在计算机显示的声波记录中分析学生演唱中的音高、音色，帮助演唱者运用正确的发声方法，及时调整声音状态。

同时，精准评价改善行为，利用信息技术进行线上艺术素质测试。教师要根据学生学习的情况和进度运用相应测评软件，测试学生的能力和水平，对教学情况做出客观评价。

第二节　教学实施

艺术课程在教学实施中，要培养学生审美感知、艺术表现、创意实践、文化理解四个核心素养。"艺术课程的四大核心素养相辅相成，相得益彰，贯穿艺术学习的全过程。审美感知是学生艺术学习的基础，艺术表现是学生参与艺术活动的必备能力，创意实践是学生创新意识和创造能力的集中体现，文化理解则以正确的价值观引领审美感知、艺术表现和创意实践。"

一、开展课前预习

提倡积极有效的前置学习，教师要引导学生自主预习，搜集相关资料。教师应布置预习任务、丰富预习形式、检验预习成果，发挥学生主观能动性，提升教学质量，让学生自主熟悉、了解将要学习的音乐作品。

二、推进课堂教学

音乐教学是培育学生音乐学科核心素养的中心环节，教师应深入理解审美感知、艺术表现、创意实践和文化理解四个方面核心素养的内涵，善于在音乐教学中运用科学教育理念和有效教学手段，有针对性地培育和增强学生的音乐学科核心素养。具体要求如下。

1. 注重学生审美感知素养的培育

审美感知是对自然世界、社会生活和艺术作品中美的特征及其意义与作用的发现、感受、认识和反应能力。审美感知具体指向审美对象富有意味的表现特征，以及艺术活动与作品中的艺术语言、艺术形象、风格意蕴、情感表达等。审美感知的培育，有助于学生发现美、感知美，丰富审美体验，提升审美情趣。

教学中应立足于音乐艺术所特有的艺术特征，引导学生有意识地将自身对音乐的主观感受融入对客观音响的理性探究中。教师应运用多种教学手段，采取灵活多样、科学合理的方法进行教学。从音响营造的意境切入，引发联想与想象，探究音乐表现内涵；从音调、音色和表现形式切入，感知音乐的民族风格或时代风格；引导学生分析音乐的节奏、旋律、和声、音色、织体、力度、速度等音乐要素在塑造艺术形象方面的重要作用。教师应在不同模块的音乐教学中将审美感知素养的培育落到实处，让学生获得音乐艺术审美的体验，达到净化心灵、陶冶情操、以美育人的目的。

2. 注重学生艺术表现素养的提升

艺术表现是在艺术活动中创造艺术形象、表达思想感情、展现艺术美感的实践能力。艺术表现包括艺术活动中联想和想象的发挥，表现手段与方法的选择，媒介、技术和艺术语言的运用，以及情感的沟通和思想的交流。艺术表现的培育，有助于学生掌握艺术表现的技能，认识艺术与生活的广泛联系，增强形象思维能力，涵养热爱生命和生活的态度。

教师应避免过多的理论灌输，应做到"精讲"，让学生多听多练多做。通过观赏经典作品或名家表演，激发学生艺术表现的欲望和兴趣；通过演唱、演奏等艺术表现活动，使学生享受到音乐表现的乐趣，同时逐步提高音乐艺术表现技能，增强艺术表演的自信。教师在不同类型的教学中，应鼓励学生积极参与丰富多样的艺术表现活动，在实践中提升艺术表现素养。

3. 注重学生创意实践素养的形成

创意实践是综合运用多学科知识，紧密联系现实生活，进行艺术创新和实际应用的能力。创意实践包括营造氛围，激发灵感，对创作的过程和方法进行探究与实验，生成独特的想法并转化为艺术成果。创意实践的培育，有助于学生形成创新意识，提高艺术实践能力和创造能力，增强团队精神。

4. 注重学生文化理解素养的形成

文化理解是对特定文化情境中艺术作品人文内涵的感悟、领会、阐释能力。文化理解包括感悟艺术活动、艺术作品所反映的文化内涵，领会艺术对文化发展的贡献和价值，阐释艺术与文化之间的关系。文化理解的培育，有助于学生在艺术活动中形成正确的历史观、民族观、国家观、文化观，尊重文化多样性，增强文化自信。引导学生立足自身生活和知识经验，从对音乐的感性体验上升到理性认知和分析，增进文化理解素养。教师在不同内容的教学中，应根据学生学习心理特点，采用适合学生认知特点的教学方法，了解各国、各地区、各民族的经典音乐文化。引导学生进行集体讨论或自主探究，拓宽学生的文化视野，激发学生的理性思维。音乐教师应主动关注不同学科与音乐学科之间的关联性，在不同学科的横向联系中增强学生的文化理解力。同时，应加强学生对中华优秀传统音乐文化的学习，以及对本地区民族民间音乐文化的学习和传承。

三、优化课后作业

教师要结合教材每个单元"拓展与探究"练习，增加探究性、实践性、综合性作业。在课堂教学的延伸阶段，进一步把握住音乐学科核心素养，促进学生音乐学科关键能力的提升。结合主题教学内容，广泛收集、补充、渗透一些外延素材，使教学内容更加丰富、形式更加多样、寓意更加深远。

四、深度教学反思

教师应规划好学期课外活动，定期举办校、班、个人等音乐展示活动，丰富学生课余生活。有效利用艺术社团、校园网络、广播、专栏、主题班会等媒介，营造艺术氛围，提高学生人文修养，推进校园艺术文化建设。教师要及时开展教学反思，要将课堂上出现的偶发事件、教育艺术火花、教学环节点滴等记录下来，做到在实践中思考，在思考中实践，通过反思—学习—实践—再反思的过程，促进教学水平的提升和教学质量的提高。

五、开展集体备课

教师要将集体备课和独立备课有机结合起来，加强省、市、区（县）、校各级音乐集体备课，促进集体备课的常态化，坚持将集体备课与教研活动融为一体。加强网络教研，提升音乐教师的综合水平。力求通过集体备课的多种视角，深入研读教材，提供多样教学预案，最大限度地活用教材。

六、学业质量评价

拓展资源

第二章　新课标理念下的大单元教学设计

如果将课程看作一个系统，那么单元就是课程这一系统中的一个子系统，资源、目标、内容、活动、评价等都是构成这个子系统中的要素，当各要素在单元整体中体现各自应有的功能、充分发挥各自的作用，且彼此关联时，所形成的单元教学结构才能得到优化，并保持系统的平衡，发挥单元教学的最大效果。"大单元"教学设计不仅指向音乐学科的内容体系结构的有效实施，更涵盖了新课标理念下影响学生终身发展的价值观念、关键能力与必备品格等核心素养的培养。因此，提升教学设计的站位，即从关注单一的知识点、课时转变到关注整体的"大单元"教学。我们将"大单元"教学设计作为新课标核心素养导向下的教学策略置于音乐教师备课的重要技能中。

第一节　大单元教学的概念与意义

"单元"指整体中自为一体或自成系统的独立成分。单元教学的理论最早出现在19世纪末，是欧美新教育运动的产物，中外学者对于"单元"的概念及其内涵界定各不相同，如项目单元、问题单元、活动单元、经验单元、能力单元和学科单元等。学科教学中的单元一般指教学的基本单位，即教材中有内在联系或性质相同，可以相对独立的部分。

基于这一概念，音乐学科的大单元教学设计内容既要体现目前音乐教材以"人文主题"内容为单元结构的有效支撑，又要结合教材主题所揭示的音乐情境、情感和文化特征，对单元学习内容进行整合和二次开发，以促进音乐学习理解和体验为导向的整体教学实施。

《普通高中音乐课程标准》（2017年版，2020年修订）和《义务教育课程方案和课程标准》（2022年版）的颁布，明确要深化课改满足学科发展的切实需求，积极主动破解课程实施的难点问题。教师备课应以"大概念"为核心，注重课程内容结构化的单元设计，重视知识内在关联，加强教学内容有机整合，结合新的教学结构重组各种教学要素，帮助学生在有限的时间内获得学科的关键知识与技能，形成持续的审美实践体验，发展音乐学科关键能力，促进深度学习，从而提升核心素养的形成。

从教学的角度看，单元是教学过程中相对完整的学习"段落"。单元教学设计体现为一个主题在一定时间段的教学计划，单元教学设计的要素有目标、内容、活动、评价和资源等，单元教学设计结构表征为单元教学设计各要素之间的关联、搭配、安排。

从课程的角度看，单元是一个包含了知识、技能和活动的完整学习过程。学生参与单元学习活动、完成评价任务、运用学习资源所蕴含的思考过程构成了整个单元的学习经历。同时，设计感受、体验、分析、创编等多样化的学习经历，将学生的学习置于创设的情境与任务中，关注情境在知识生成及能力应用过程中的价值，有助于学生学科思维和学科素养的形成。

第二节　大单元教学资源与规划设计

一、教学资源

（一）教学资源的功能与分类

大单元教学设计中的单元资源是指围绕大单元教学目标，落实大单元教学内容所设计、开发与使用的教学资源。

从课程开发的角度，依据课程标准，教学资源包含围绕主题（专题、话题、问题）或实践活动等选择学习材料，并进行结构化组织的整合。

从学科教学的实际需要出发，教学资源可以划分为素材资源、技术资源、人本资源、环境资源四类。素材资源包括图片、文字、谱例等文本资源，音频、视频、课件等数字资源；技术资源包括乐器、教具、学具等器材设备及教学软件、网络平台等；人本资源包括教师的专业技能、学生的学习经验以及课堂生成等资源；环境资源包括教室布置、座位摆放等硬环境，学习情境、人际交往等软环境以及场馆资源等。

（二）以目标为导向的资源整合与开发

单元向上承接课程目标，向下统领单元内的课时内容的各要素。以课标为引领，探究音乐学科审美感知、艺术表现、创意实践、文化理解等方面存在的传递性、结构性问题需要教师通过教材的二次开发予以解决。

大单元教学资源整合始终围绕实现单元教学目标、优化教学活动的实施而设计，以目标为导向的教学设计有助于提高教学效率，提升教学品质。资源的设计应明确其在课堂中实际应用的目的，如"了解音乐知识""创设音乐情境""渲染音乐氛围"等，从而根据音乐学科的特点充分体现资源功能。同时，随着信息化的发展，教学资源越来越趋向数字化与多元化，教师在进行单元教学资源设计时也应充分考虑这一因素，从而在教学过程中更好地发挥学生的学习自主性与创造性。

二、单元主题规划

（一）依据课程标准与学业质量水平标准

结合《普通高中音乐课程标准》（2017年版，2020年修订）和《义务教育课程方案和课程标准》（2022年版）中学科主题内容的划分特点，音乐课堂教学立足于通过参与、体验、交流、创造等学习过程，实现对音乐风格、音乐要素、音乐文化三个不同维度的活动体验，将学科主题内容按"感知""表现""创造""联系"四个方面的主题展开，促进音乐课堂的深度学习，达成对学生审美感知、艺术表现、创意实践、文化理解四个层面的培养目标。

（二）学科主题内容融入教材自然单元

为使单元教学在实施时同教师常规教学保持一致，基于上述对课程标准内容的梳理、提炼，将教学内容融入教材自然单元，有助于教师在实施"人文主题"教材自然单元时，将学科主题内容及其结构与教材自然单元的学习内容进行有效衔接，从而在教学中体现"基于课程标准"的实践意识和教学行动。具体案例如表2.1~表2.2、图2.1所示。

1. 高中学段必修"音乐鉴赏"（见表2.1）

表2.1　高中学段必修"音乐鉴赏"

作品名称	单元主题	音乐类型	课时	学科主题
《不忘初心》《祖国颂》《谁不说俺家乡好》《我和我的祖国》	第一单元 不忘初心	创作歌曲 颂歌 民歌风创作曲	1	不同时代中国音乐（声乐、器乐）代表作品及发展的鉴赏与体验
《黄河》《祖国歌》《黄河大合唱》	第十单元 新音乐初放	学堂乐歌 合唱曲	1	
《血战湘江》《忆秦娥·娄山关》《山丹丹开花红艳艳》《你是这样的人》《春天的故事》《御风万里》《光荣与梦想》	第十一单元 光荣与梦想	交响曲 民歌风改编曲 颂歌 艺术歌曲 群众歌曲	2	

2. 跨学段：小学—初中—高中（见表2.2）

表2.2　跨学段音乐学习

作品名称	单元主题	音乐类型	课时	学科主题
《故乡是北京》《龙里格龙》《甘洒热血写春秋》《夜深沉》	四年级/上 学戏曲	京歌 现代京剧 京剧乐队	2	不同时代京剧艺术及其发展
《唱脸谱》《包龙图打坐在开封府》《智斗》《浑身是胆雄赳赳》	八年级/上 梨园金曲	京歌 传统京剧 现代京剧 京剧与乐队	2	

续　表

作品名称	单元主题	音乐类型	课时	学科主题
《我站在城楼观山景》 《看大王在帐中和衣睡去》 《忽听得万岁宣包拯》 《蒋干盗书》 《家住安源》 《望人间》	高中/上 国之瑰宝 ——京剧艺术	传统京剧 现代京剧	2	不同时代京剧艺术及其发展

3. 跨学科：音乐—历史（见图2.1）

红歌中的党史

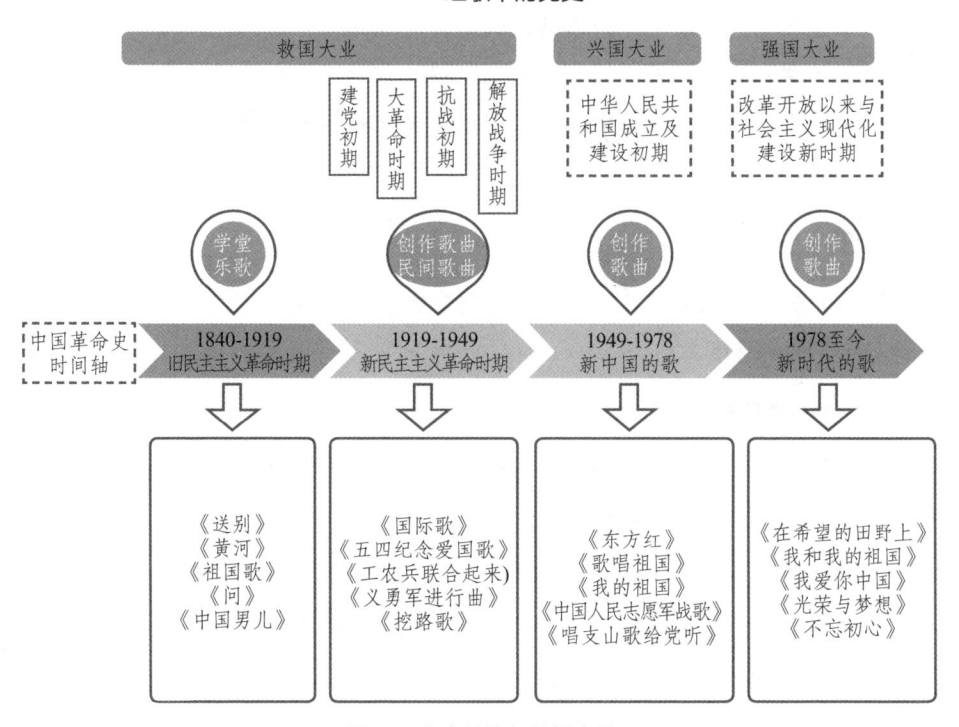

救国大业：建党初期 / 大革命时期 / 抗战初期 / 解放战争时期
兴国大业：中华人民共和国成立及建设初期
强国大业：改革开放以来与社会主义现代化建设新时期

学堂乐歌　创作歌曲/民间歌曲　创作歌曲　创作歌曲

中国革命史时间轴

1840-1919 旧民主主义革命时期	1919-1949 新民主主义革命时期	1949-1978 新中国的歌	1978至今 新时代的歌
《送别》 《黄河》 《祖国歌》 《问》 《中国男儿》	《国际歌》 《五四纪念爱国歌》 《工农兵联合起来》 《义勇军进行曲》 《挖路歌》	《东方红》 《歌唱祖国》 《我的祖国》 《中国人民志愿军战歌》 《唱支山歌给党听》	《在希望的田野上》 《我和我的祖国》 《我爱你中国》 《光荣与梦想》 《不忘初心》

图2.1　内容结构与教材实施

单元教学设计是教师分解、传递和落实课程目标的关键一环，是统整单元内所有课时目标、各个教学要素的主要手段，是对教学内容做"结构化"处理的主要抓手。单元整体教学起统领性作用，能够有效地将分散的知识整合。在确定单元学习主题过程中，教师需深入挖掘、分析教材中音乐作品的关键特征，聚焦音乐作品本身的表现特点，挖掘音乐知识、学习过程与情感内涵的教育价值，要分析、整合单元教材中关键的学习内容，在有限的教学时间计划内保障课程高效实施。

第三节 大单元教学各环节实施路径

一、目标设计

（一）概念

大单元教学目标是单元教学活动的出发点和归宿，既体现课程总目标的分解，又是各课时、活动教学目标的统领。单元教学目标承接单元教材教法分析的结果，是单元学习活动、单元教学评价、单元教学资源设计的依据，彰显单元教学明确的导向性。

（二）分类

大单元教学目标的设计在叙写单元目标时需要体现"过程性目标"和"结果性目标"两个维度。

1. **过程性目标**

指向学生音乐学习过程中兴趣、情感、方法、习惯的培养，这类目标体现音乐学习的持续积累与阶梯性成长。

2. **结果性目标**

指向学生在"审美感知""艺术表现""创意实践""文化理解"四个领域的学习实践成果，目标的描述要具体可见，可测可评。

（三）方法

1. 研读课标与教材，突出课标引领

教师需要仔细研读教材中的内容与教学要求，根据课程标准中相应的学段目标要求以及学生的学习基础、学习能力，明确要为学生提供哪些知识与技能，情感、态度、价值观等方面的教学与引导。义务教育段围绕"审美感知""艺术表现""创意实践""文化理解"进行设计；高中学段则从"审美感知""艺术表现""文化理解"三个方面进行设计。

2. 分析基础学情，预设学习难点

对学生的基础学情进行分析。首先，了解学生学习本单元的"客观基础"与"薄弱点"；其次，对照单元教材教法分析出单元内容重点和单元学习要点，并进行比较和判断，预设学生可能会遇到的"学习难点"；最后，制订符合学生学习规律的发展计划，完成凸显教材主要特点的大单元目标。

3. 突出以学生为主体，设计可测可量的学习目标

由于过程性目标和结果性目标的指向有差异，所以，在表述两种类型的目标时需要规范地运用不同的目标叙写要素及方式（见图2.2）。

教学目标
- 过程性目标：行为主体（学生）+行为条件+行为表现+意义指向
- 结果性目标：行为主体（学生）+行为条件+行为表现+表现程度

可量化可评价

图2.2　教学目标叙写要素及方式

4. 根据目标层级和目标类型，规范细化叙写要素

借助行为条件、行为表现、意义指向、表现程度等目标叙写要素，对不同类别和层次的单元学习内容做出水平恰当的描述，同时要与课时目标的表达层级进行区分。大单元目标要具有整体性和概括性，不必过于具体和精细，为进一步分解至课时目标留有一定空间。课时与活动层面的目标要在单元目标基础上，进一步描述出关键的学习经历与具体的学习方法（见图2.3）。

step 1 对标新课标分析核心素养导向下的表现要素和体验方式
1. 分析教材及教法
2. 厘清单元归类及单元内容要点
3. 围绕单元教学基本要求

step 2 分析基础学情
1. 了解学生学习基础、学习能力及薄弱点
2. 制定符合学生理解和展现的体验方式

step 3 预设学习难点
比较和判断，预设学生可能会遇到的学习难点

step 4 区分目标类型和层级 规范细化叙写要素
过程性目标：
指向学生音乐学习过程中兴趣、情感、方法、习惯的培养，这类目标体现音乐学习的持续积累与阶梯性成长
结果性目标：
指向学生在"审美感知""艺术表现"和"文化理解"三个领域的学习实践成果，目标的描述要具体可见，可测可评

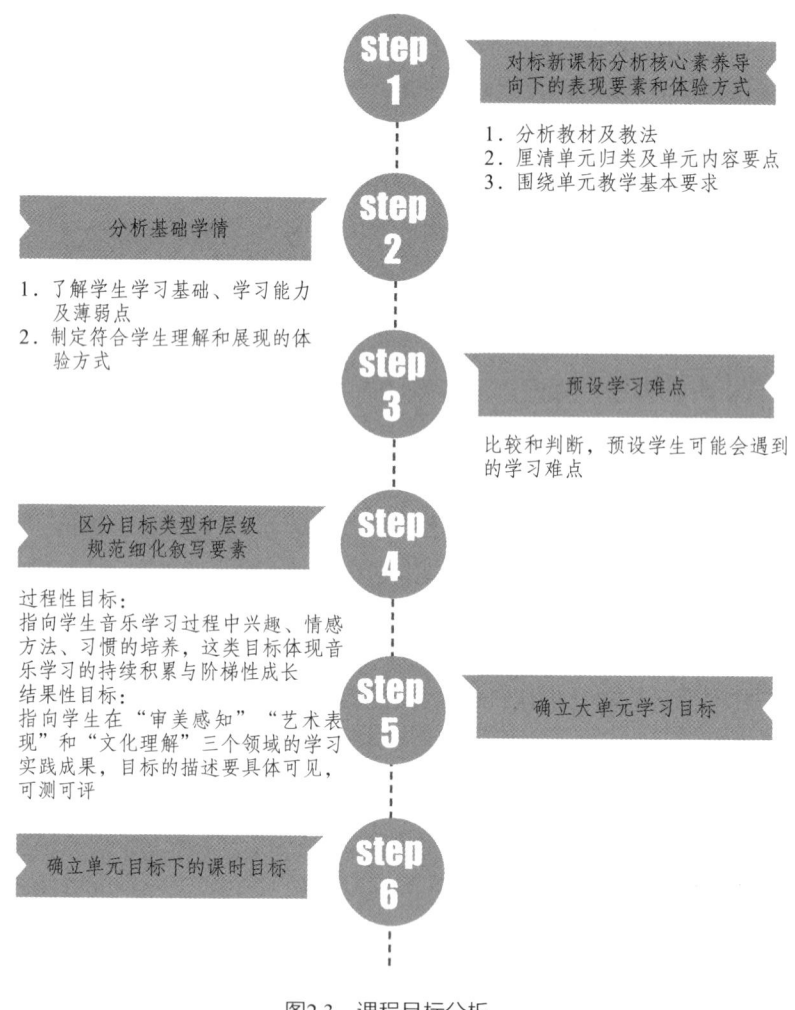

step 5 确立大单元学习目标

step 6 确立单元目标下的课时目标

图2.3　课程目标分析

二、活动设计

（一）概念

大单元学习活动设计是为了达成单元教学目标，聚焦单元内容重点、突破单元学习难点，从而获取知识、提升能力的实践活动。

音乐学科的学习活动围绕"单元核心活动"，包含三层内涵：第一，活动目标的确定是以整体达成单元教学目标为宗旨的；第二，活动内容的设计是

以整体落实单元内容重点为依据，为学生学习、理解单元内容重点提供必要、关键的实践经验；第三，活动的实施要围绕"审美感知""艺术表现""创意实践""文化理解"多个维度的"关键特征"和"本质规律"，促进学生习得相关音乐技能，对标学科核心素养和学业质量测评标准形成特定的学科关键能力。单元核心活动可以是课时中的某一主要环节，也可以是整个课时或跨越课时的学习活动。

（二）分类

单元学习活动根据实施的时间可分为课前活动、课内活动和课后活动。根据组织形式可分为独立活动与合作活动。根据单元目标及内容分类，音乐学科的"单元核心活动"可分为"体验与探究""理解与表现"和"拓展与创造"三类活动（见图2.4）

（三）原则

1. 把握重点，抓住关键

核心活动的设计要根据教材教法分析凸显"单元内容重点"，聚焦活动所用教材资源的主要表现特点，在有限的教学时间内把握重要的学习内容，避免活动设计"面面俱到"。还要依据单元教法分析设计的学习要点，设计相应的学习经历和方法、策略，避免活动流程的"模式化"。

2. 目标导向，整体架构

"目标"是活动设计的起点和归宿。活动中运用的资源、策略和具体形式、手段，都是围绕目标达成的需要而展开的。教师应依据目标，结构化地设计活动环节，针对活动重点和难点设计教学方法和策略，从而促使整个活动指向目标的达成。

3. 指向能力，明晰要领

每一个核心活动的设计都要依据不同活动类型，明确课堂实施领域，指向不同"学科关键能力"，明确活动环节中"音乐技能"的关注点，针对内容重点和目标达成的需要，设计学生学习要点和教师指导要点。

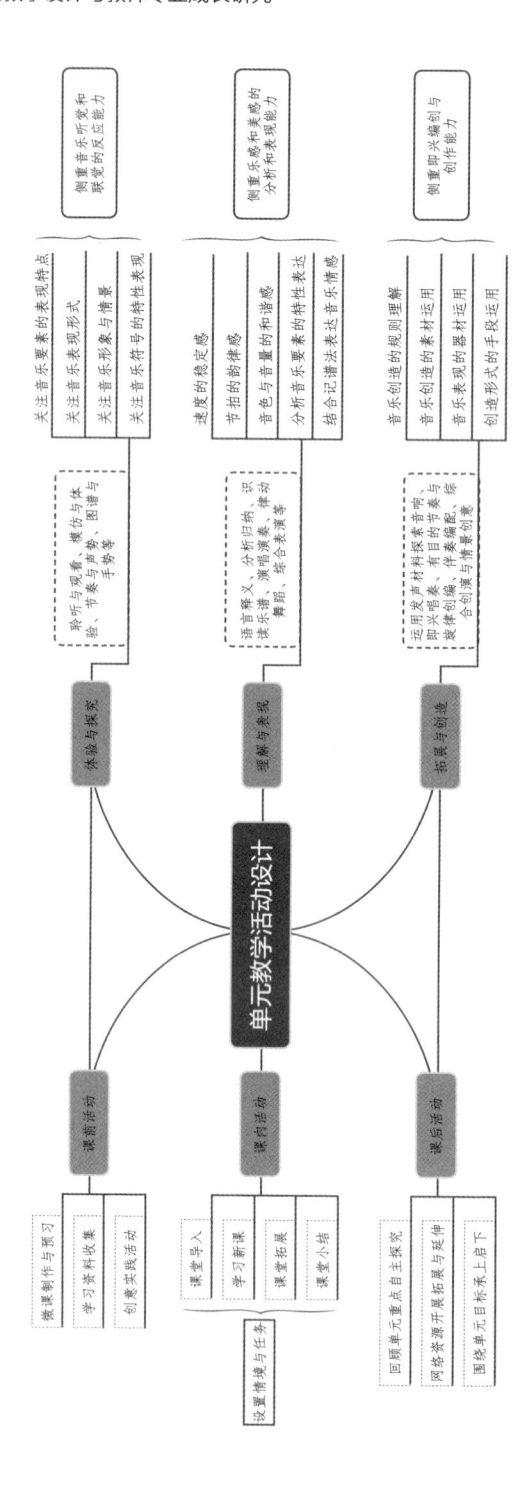

图2.4 单元教学活动设计

4. 评价融入，促进达标

针对活动目标达成和主要环节的学习要点，有针对性地设计"形成性"评价。将学业质量评价标准或评价要点合理、适度地融入学习过程，通过评价来诊断、激励并促进学生改进学习，完善学习方法，提升学习成效，保障和促进教学目标的达成。

（四）活动叙写要素

设计音乐核心活动应注意活动主题、活动类型、活动内容、活动水平、活动意图、活动重点、活动难点、活动评价和活动流程等要素（见图2.5）。

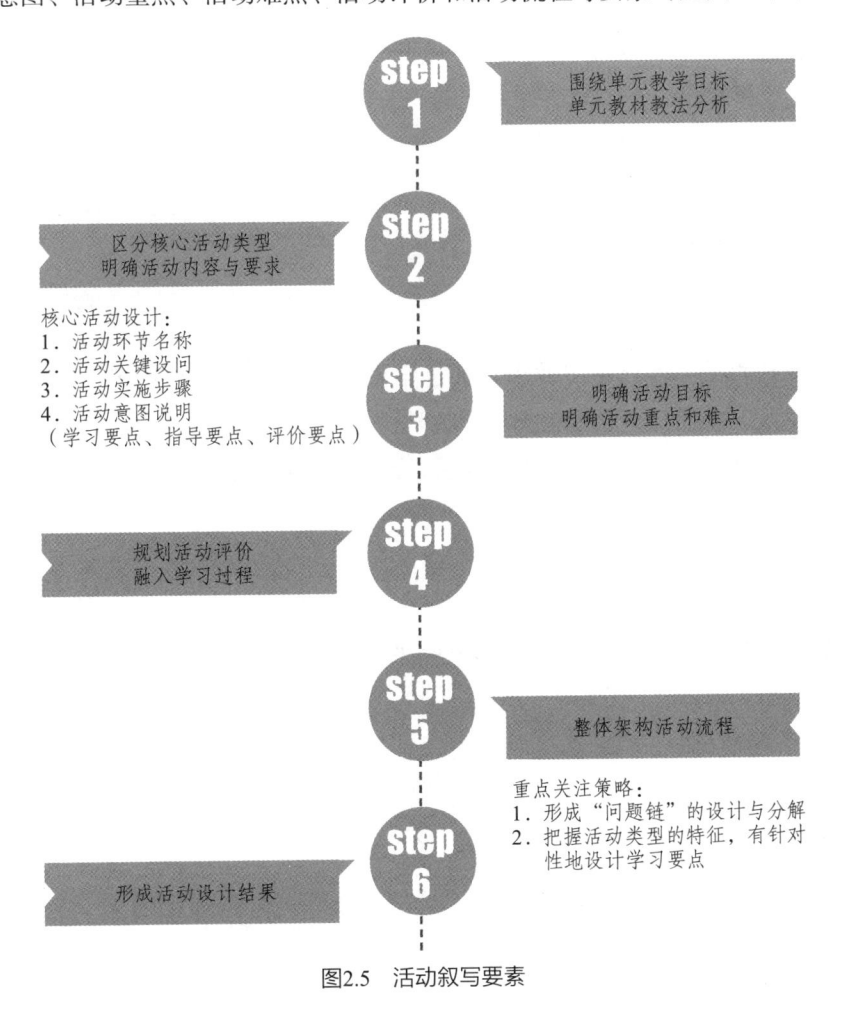

step 1：围绕单元教学目标　单元教材教法分析

step 2：区分核心活动类型　明确活动内容与要求

核心活动设计：
1. 活动环节名称
2. 活动关键设问
3. 活动实施步骤
4. 活动意图说明
（学习要点、指导要点、评价要点）

step 3：明确活动目标　明确活动重点和难点

step 4：规划活动评价　融入学习过程

step 5：整体架构活动流程

重点关注策略：
1. 形成"问题链"的设计与分解
2. 把握活动类型的特征，有针对性地设计学习要点

step 6：形成活动设计结果

图2.5　活动叙写要素

（五）活动设计十要素

第一，架构单元结构图，整合单元设计思路，形成单元大概念。

第二，分析逻辑结构、知识结构、能力结构与价值意义，聚焦核心素养。

第三，明确教学环节活动主体的参与方式及设计意图。

第四，设置情境与任务，将教学活动融入生动的主题化表达。

第五，将体验式学习结构化的合理分布落实到主要教学环节。

第六，明晰教学活动设计模块，结合图文和思维导图进行展现。

第七，遵循学习规律，深挖底层教学逻辑，注重活动的过渡与关联。

第八，对标学业质量测评标准，规划活动评价融入学习过程。

第九，关注学生学习目标的达成，而不是流于教学流程和教师技能的展现。

第十，形成以"单元基本问题—活动关键问题—活动环节的关键设问"为思路的"问题链"导向设计与分解。

三、评价设计

（一）概念

评价是激励、诊断学习效果，促进学生改进和完善学习并反馈教师教学的重要手段。单元评价是指根据单元教学目标，运用科学、合理的评价工具，通过系统收集、分析、整理信息，对单元学习的过程与结果进行价值判断和反馈。

（二）分类

单元评价可分为诊断性评价、形成性评价和总结性评价（见图2.6）。

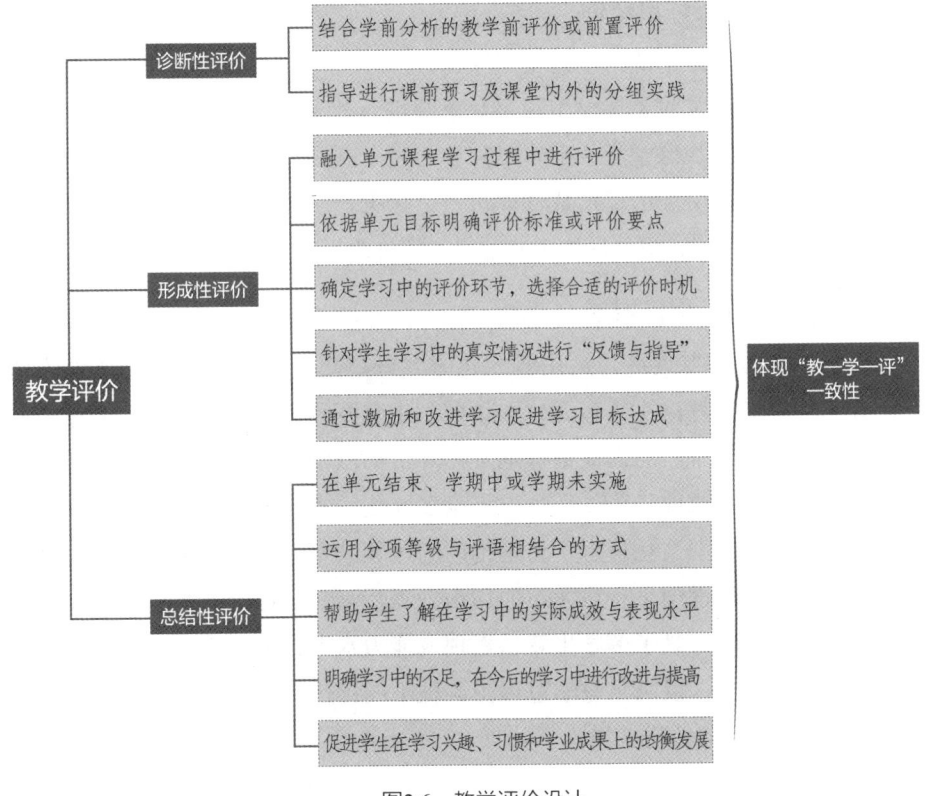

教学评价
- 诊断性评价
  - 结合学前分析的教学前评价或前置评价
  - 指导进行课前预习及课堂内外的分组实践
- 形成性评价
  - 融入单元课程学习过程中进行评价
  - 依据单元目标明确评价标准或评价要点
  - 确定学习中的评价环节，选择合适的评价时机
  - 针对学生学习中的真实情况进行"反馈与指导"
  - 通过激励和改进学习促进学习目标达成
- 总结性评价
  - 在单元结束、学期中或学期末实施
  - 运用分项等级与评语相结合的方式
  - 帮助学生了解在学习中的实际成效与表现水平
  - 明确学习中的不足，在今后的学习中进行改进与提高
  - 促进学生在学习兴趣、习惯和学业成果上的均衡发展

体现"教—学—评"一致性

图2.6　教学评价设计

（三）原则

1. 目标导向，整体规划

单元目标是设计评价活动的重要导向。教师要形成和促进学生在学习中从理解单元基本问题的角度，整体设计和规划单元评价活动。遵循"目标基于课标→学习依据目标→评价导向达标"的实践操作路径，在评价活动设计过程中，教师应把握单元内容重点，从"审美感知""艺术表现""创意实践""文化理解"多个不同维度，根据目标中的具体学习行为表现确定评价重点，根据行为表现程度设定合理的评价标准，使评价活动能起到检验目标达成的作用。教师应结合学业质量测评指标对评价维度、评价内容、评价观测点、评价标准、评价途径与方法等做出整体规划和预设，聚焦单元核心内容的学习理解和表现。

2. 融入活动，促进达标

评价是教学过程中的一个重要组成部分。评价不仅起到检验学业成效的作用，同时也是教师及时掌握学生学习状态并进行教学调控的必要手段。从音乐学科课时总量设置和课堂教学的实际需要出发，教师宜多采用融入单元教学活动和具体音乐学习情境的"形成性评价"，依据评价要点或标准，设计表现性活动并嵌入学习过程，更好地体现并落实"评价改进学习"的理念。

3. 多元评价，促进发展

根据单元目标与重点，运用多元化方式开展单元评价。多元化评价体现在三方面：第一，评价主体多元化，指向学生自我评价、教师对学生的评价以及学生之间相互评价，有助于更好地发挥评价的激励功能，促进学生改进、完善学习，提高学习成效。第二，评价维度多元化，指向评价的设计对"审美感知""艺术表现""文化理解"多个维度的兼顾，更好地体现单元评价的整体目标导向原则，促进学生音乐学习的均衡发展。第三，评价方式多元化，指向运用多样化的评价工具了解学生音乐表现或能力水平，包括简单核查表、等级评价、学生评语等，以满足教学过程中各种不同评价目的的需要，更好地发挥评价对学习的诊断与改进功能。

（四）方法与流程（见图2.7）

第一部分 教学设计

关键方法

- 深挖教材与教法
- 对标新课标突破核心素养
- 以学生为中心，激发自主探究

关键方法

- 评价要点设计应基于活动目标达成的需要
- 有侧重地兼顾学生音乐兴趣与情感的激发、习惯与能力培养，以及知识与技能的掌握
- 根据活动目标合理分布必要的评价环节中，把握适当的评价时机
- 聚焦重点活动落实突破与难点的突破
- 根据学情及时予以反馈和指导，做出相应的预设

关键方法

- 依据不同评价目的和评价主体选择不同的评价工具，观察记录学生的学习成效和表现
- 依据学科内涵和评价标准结合给予学生的"等级"与"评语"
- 以积极鼓励为导向，兼顾客观评价与学生心理和情感特点

诊断性评价
- 演变学情分析
- 分析和评价教学重难点

形成性评价
- 把握活动目标与评价要点
- 确定活动评价要点
- 明确评价环节与主体
- 融入活动加强反馈
- 促成目标达成

总结性评价
- 依据评价标准
- 设计评价任务
- 明确评价目的与主体
- 选择评价工具
- 确定评价等级
- 反馈评价结果

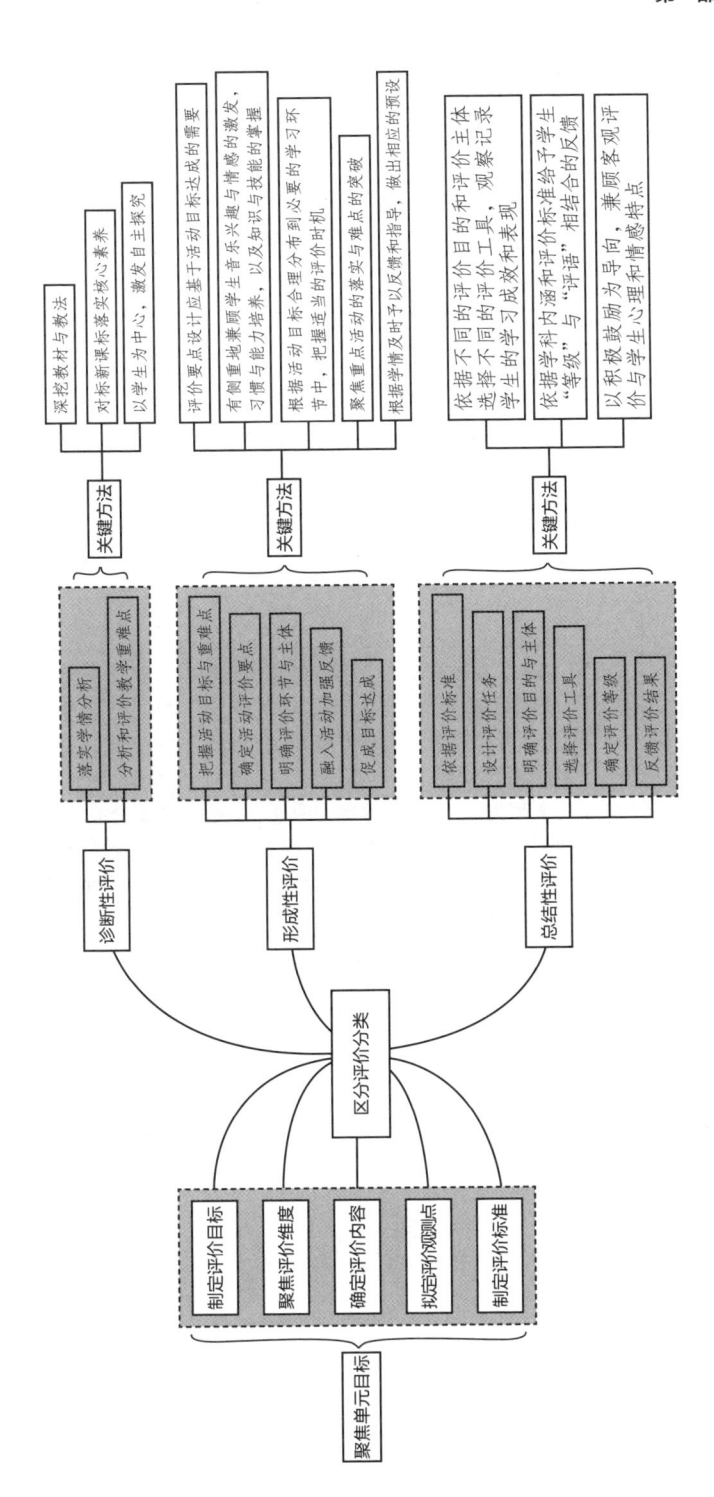

区分评价分类

- 制定评价目标
- 聚焦评价维度
- 确定评价内容
- 拟定评价观测点
- 制定评价标准

聚焦单元目标

图2.7 评价方法与流程

023

（五）单元评价指标框架（见表2.3）

表2.3　单元评价指标

设计要素	关注要点		
评价维度	□审美感知	□艺术表现	□文化理解
评价内容	□认知音响特征 □认知作品体裁与形式 □认知音乐表现特征	□乐于参与个体或群体的音乐表现实践 □能享受音乐实践活动的乐趣	□理解音乐文化的重要构成 □关注音乐作品表达的音乐现象
	□认知音乐表现要素 □体验音乐美感 □领悟作品表现意图 □感知作品情绪、情感、意境与意志并产生共鸣 □体验、辨识并描述音乐的时代风格和民族风格 □评价作品的社会功能	□能伴随感性经验的积累深化表现对音乐的理解 □参与音乐赏析中适当的歌唱、合唱、创编等艺术实践活动 □展现音乐艺术表现技能，增强艺术表达的自信 □展现协作能力和团队精神	□认知作品产生的历史文化背景和风格特征 □熟悉和热爱中华民族的音乐创造成果 □探究不同音乐作品其独特风格和文化内涵 □激发民族自豪感，坚定文化自信，培养爱国主义情操 □能以开阔的视野体验、学习、理解世界其他国家和民族的优秀音乐文化 □拥有尊重文化多样性的人文情怀

续 表

设计要素	关注要点		
评价观测点	□音乐的聆听、模仿、体验与表达 □音乐的听觉与联觉反应，乐感与美感的表现 □能根据审美情趣和爱好，选择适宜的音乐进行欣赏，并与他人交流对音乐作品的看法和观点 □能根据所学知识判断、识别其风格流派或民族、地域特征	□即兴创编与音乐创作的思维与表达 □参与音乐表现活动的意愿与态度 □协同学习的意识与愿望 □对音乐情感、文化内涵的理解性表达	□在欣赏作品时，能有意识地对音乐形式与表现内容的关系进行探究 □能对一些不同地域、风格流派或表现形式的音乐作品进行比较 □能运用现代信息技术搜寻和积累音乐资料，并结合所学知识与他人探讨、交流音乐作品的风格特点和文化特征
评价标准	等级标准：□优秀　□良好　□合格　□需努力		
评价主体	□自评　□互评　□师评		

四、大单元教学设计要素

1. 基于素养，系统分析

整合单元规划和课时设计，必须建立在新课程标准、单元内容、基本学情和教学资源的深度分析基础上的"再建构"。

2. 整体设计，合理规划

课时教学实施前，要在系统分析的基础上组建大单元，进行单元整体规划，完成大单元整体规划下的课时设计。

3. 立足学生，优化活动

确定主题—明确目标—逆向设计（评价早于活动设计）—结构化任务、递进性活动—课型、课时、评价的统筹安排与科学设计。

4. 目标导向，多元评价

大单元目标导向下的评价要素相互联结与整合，将诊断性评价、形成性评价与总结性评价相结合，有效促进"教—学—评"一致性的实现。

五、大单元教学设计整体框架（见图2.8）

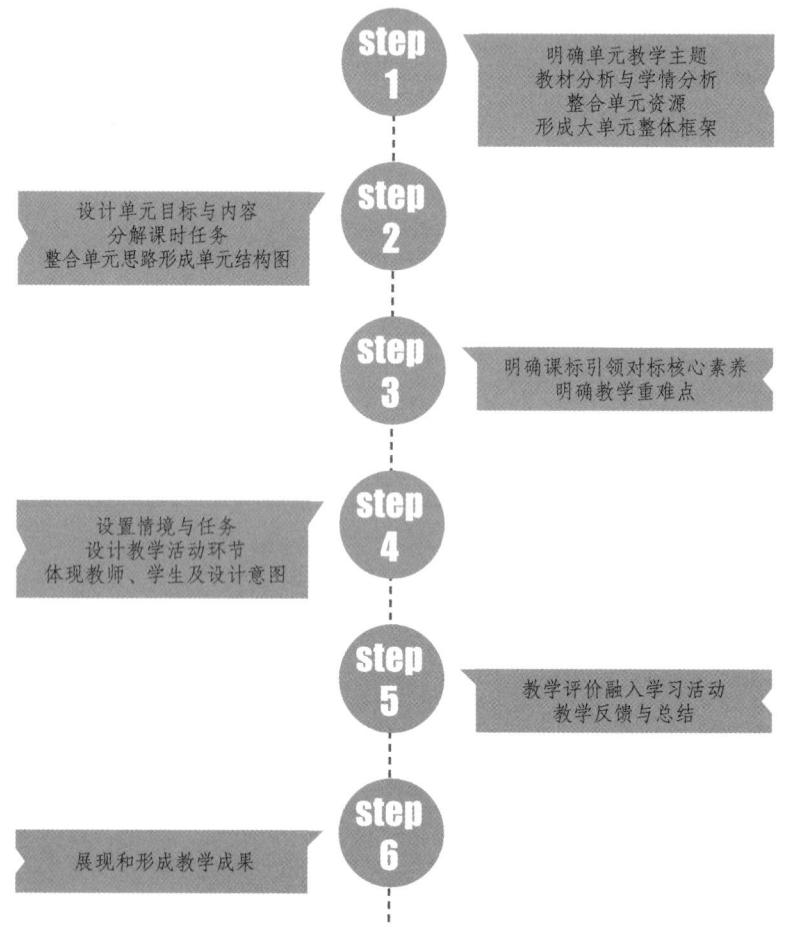

step 1　明确单元教学主题　教材分析与学情分析　整合单元资源　形成大单元整体框架

step 2　设计单元目标与内容　分解课时任务　整合单元思路形成单元结构图

step 3　明确课标引领对标核心素养　明确教学重难点

step 4　设置情境与任务　设计教学活动环节　体现教师、学生及设计意图

step 5　教学评价融入学习活动　教学反馈与总结

step 6　展现和形成教学成果

图2.8　大单元教学设计整体框架

第三章　教学设计各环节的基本要素及规范格式

教学设计是根据课程标准的要求和教学对象的特点，有序安排教学诸要素，确定合适的教学方案的设想和计划。音乐教学设计是音乐教师在中小学开展音乐课堂教学活动的基础，也是教师更高效地实现教学目标，完成教学任务的根本保证。

第一节　教学设计各环节写作规范

一个完整的教学设计包括教材分析、学情分析、教学目标、教学重点、教学难点、教学过程、教学反思等教学环节。音乐教学设计则根据音乐学科课程标准的要求和不同学段教学对象的特点，有序安排教学各环节，确定最优教学方案的计划过程和操作程序。作为新时代音乐教师，应深入理解审美感知、艺术表现、创意实践、文化理解四个方面音乐学科核心素养的内涵指向，紧紧围绕如何培养学生的音乐学科核心素养去设计教学环节并开展各项教学活动，富有针对性地培育和增强学生的素养。

一、教材分析

教材分析是教师在制定教学设计预案前一项重要且基础的工作，是教师备好课、上好课的基本保障，对完成高品质的教学，实践提升课堂教学质量有着重要作用。"善始者，事半成。"教学设计前期的教材分析尤为重要，教学效果的好坏，课堂教学的深度、广度都与教师对教学内容的全面解析密切相关。首先，不仅要针对课堂教学内容做单一分析，还要始终坚持以学生为主体，结合社会大背景做整体分析；其次，教材内容分析不仅仅停留在浅显的表层探究，还要系统地、全面地、多维度地剖析教学内容，创造性地理解教学内容；最后，音乐教学内容应顺应时代的发展，不应局限于教科书中的音乐作品，音乐作为人文类学科所涉及的文化领域、情感价值，以及相关学科、知识等都值得深入探究。全方位探究教学内容，为实现由表及里、由浅入深的课堂教学筑牢基石。

规范写作范例：高中歌唱课《槐花几时开》内容分析

本课是基于人民音乐出版社高中音乐歌唱课第七单元《浓郁乡情》教学内容下衍生的地方性音乐课程，主要内容是聆听—感知—演唱—合作—探究—拓展—总结四川民歌《槐花几时开》，感知其基本风格特点，提升其歌唱的实践能力，增强团队协作的意识，探究歌曲的音韵美，从而感知"小"作品的"大"能量。

民歌是广大人民群众表达自己感情的口头创作，是地方语言的音乐性表达，是生活的复刻，是历史的见证，是情怀的体现。《槐花几时开》是一首篇幅短小但情感丰富的四川山歌，流行于"万里长江第一城"——宜宾。全曲共四个乐句，以远景（起）—近景（承）—母亲的问（转）—女儿的答（合）展开；歌词由叙事性歌词和抒情性衬词构成，运用了以花起兴、借花喻人的创作手法；旋律高低起伏，音域较为宽广；节奏张弛有度，陈述性的部分较紧凑，表达情绪的衬词部分则是自由舒展。讲述了槐花待开时节，一位少女急切盼望心上人归来，富有戏剧性的音乐故事。这首短小质朴的四川山歌蕴含了无穷的审美空间和深层次的文化底蕴，展现了音乐结构的对称美；自然环境的生态美；母女二人的亲情美；一问一答的灵动美；曲调语言的音韵美等。

二、学情分析

学情分析是确定教与学目标的基础。当代音乐教学中，学生早已成为课堂教学的主体，要让学生开心地学、高效地学，教师必须提前对学生的学习兴趣、学习习惯、学习方式、学习进程、学习效果等情况有充分而细致的了解。首先，了解所授课学生所处的年龄段，不同学段、年级的学生，其生理和心理的发育和认知不同，教师要顺应学生生长发育特点，灵活地开展课堂教学；其次，了解学生该课程的能力水平，分析学生已有的知识结构和艺术实践技能水平，以此从深度、广度以及难度上考虑，设定相匹配的教学活动；最后，了解不同班级学生的学习能力和学习风格，针对不同的集体和个人制定出科学的音乐教学设计方案，展开因材施教的教学风格和过程，充分调动学生的能动性，深入参与课堂教学。

规范写作范例：高中歌唱课《槐花几时开》学情分析

高中学生情感表达相对含蓄，要以合理有趣的教学设计开展歌唱教学，如带有情境营造的呼吸练习，以作品展开的发声练习、和声练习，有民歌最根本的传唱手段——口口相传，有师生合作体验歌曲的不同演唱形式等。高中学生已积累了较丰富的人文知识，具备理性探究能力，在探究环节，应将课堂更多地交给学生，师生协作，提炼总结。

《浓郁乡情》处于歌唱模块课程的第七单元，此时学生已具备歌唱的理论和演唱基础，教师将课堂交给学生，能很好地发挥学生的能动性。

三、教学目标

音乐教学目标是教师制定音乐教学设计的基础和起点，更是课堂教学的核心。新课标通过学科核心素养与课程目标有机融合，规避了"三维目标"三者相对割裂的问题。不论是义务教育阶段艺术课程学科素养所提出的"审美感知、艺术表现、创意实践、文化理解"，还是普通高中音乐学科核心素养所提出的"审美感知、艺术表现、文化理解"，都为音乐学科课堂教学目标的设定提出新要求并且指明了方向。教学目标的确立应始终围绕如何感知美，如何表现美，如何理解美，如何创造美展开，切实贯彻"美"的教育。在语言表述中需要包括行为主体、行为活动、行为条件以及行为结果。例如，通过聆听音乐，从音乐要素出发，初步感知音乐的风格特点。在具体教学目标设定上要遵循具体、明确、恰当、适中的原则。

（1）审美感知。通过从音乐音响特征和音乐形式要素（节奏、旋律、速度、力度、曲式、和声、调式、音色等）出发，感知音乐作品所具有的音乐表现特征，感知音乐作品表达的情绪、情感、意境、意志并产生共情，感悟音乐之美。

（2）艺术表现。通过歌唱、舞蹈、演奏、编创等艺术实践活动，提升音乐审美能力的同时提升音乐艺术表现技能，享受音乐实践和表现给予的美好，增强艺术表现的自信，并且在艺术实践活动中展现协作能力，培养团队精神。

（3）创意实践。通过丰富的创意实践，有机联动其他有关学科，激发想象力、开拓创造力、增强自信心，提高艺术实践能力，提升音乐的生命力和艺术价值，为学生的创新意识、创新思维、创新能力蓄力。

（4）文化理解。通过音乐与人文类学科的有机结合，引导学生理解不同文化语境中音乐艺术丰厚的人文内涵，感悟中国民族音乐深厚的文化内涵，坚定文化自信，开阔音乐视野，了解世界其他国家和民族优秀的音乐文化。

规范写作范例一：高中歌唱课《槐花几时开》教学目标

（1）通过聆听—分析—演唱—探究《槐花几时开》，感知歌曲所具有的音乐表现特征，探究歌曲曲调与语言的音韵美。（审美感知）

（2）通过有趣且有效的歌唱学习环节，激发学习兴趣，在把握歌曲音乐风格、深入了解音乐作品的同时，提高歌唱水平，并且通过师生的合作演唱，增强协作能力。（艺术表现）

（3）通过聆听—分析—演唱—探究—演唱的学习过程，深入感知四川民歌《槐花几时开》，探究其独特的风格和丰厚的文化内涵，正确认识方言与民歌的关系，引发对民族音乐的认同感，坚定文化自信。（文化理解）

规范写作范例二：人民音乐出版社四年级下册第五课《森林狂想曲》教学目标

（1）感受乐曲情绪及节奏的变化。能够听辨出乐曲各段主题音乐出现的顺序及次数，增强对音乐的记忆力和感受力。（审美感知）

（2）通过模仿小动物的声音、有感情地演唱三段主题旋律、随乐起舞、模仿乐器演奏动作，身临其境，表现大自然的美。（艺术表现）

（3）编创歌词、创编舞蹈动作，增强音乐创造力。（创意实践）

（4）了解创作背景，聆听乐曲，产生热爱自然、保护自然的感情。（文化理解）

四、教学重点及难点

想要完成一节流畅、高效的音乐课,务必精准定位教学中的重点以及难点。教学重、难点的确立依据仍然是音乐学科的核心素养。教学重点是对教材进行深度剖析后确定的最基础、最核心的教学内容。完成好该项内容的教学,才能确保教学目标落地,进而提升学生的音乐素养。教学难点则是在教学实施过程中教师不易落实且学生不易掌握、容易混淆的音乐知识和艺术实践技能。难点不一定是重点,但有些教学内容既是重点也是难点,教学难点要依据学生具体情况来定,运用有针对性的教学手段突破教学过程中的难点,以确保教学目标的达成和学生音乐素养的形成。

规范写作范例:高中歌唱课《槐花几时开》教学重、难点
(1)教学重点:把握歌曲的风格,演唱四川民歌《槐花几时开》。
(2)教学难点:运用方言演唱歌曲,并深刻感知曲调和语言的音韵美。

五、教学过程

教学过程指师生在共同实现教学任务中的活动状态变化及其时间流程。教师、学生、教学内容是构成教学过程的三大要素。教师结合教材分析、学情分析、教学目标、教学重点以及难点设计课堂实践教学流程,在教学过程中引导学生获得感性认知和理解知识,组织学生进行艺术实践,拓展探究关联知识,让学生充分感知美、表现美、理解美、创造美,进而促进音乐学科素养的形成。

音乐学科课程包括:音乐鉴赏、歌唱、演奏、舞蹈、戏剧、编创等不同模块课,其教学过程设计环节有许多相似之处,但也有区别。例如,教学各环节应紧密连接、环环相扣,构成富有弹性且科学的教学框架。在设计构思时还应着重思考其为何如此设计,该环节的设计意图是什么,并且将教学过程中的明线与暗线不着痕迹、连贯地嵌入其中,展开具体教学实践(见图3.1)。

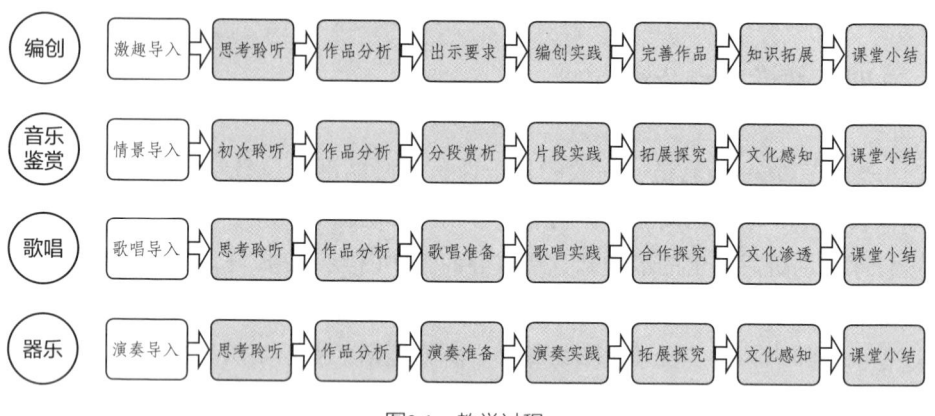

编创	激趣导入 → 思考聆听 → 作品分析 → 出示要求 → 编创实践 → 完善作品 → 知识拓展 → 课堂小结
音乐鉴赏	情景导入 → 初次聆听 → 作品分析 → 分段赏析 → 片段实践 → 拓展探究 → 文化感知 → 课堂小结
歌唱	歌唱导入 → 思考聆听 → 作品分析 → 歌唱准备 → 歌唱实践 → 合作探究 → 文化渗透 → 课堂小结
器乐	演奏导入 → 思考聆听 → 作品分析 → 演奏准备 → 演奏实践 → 拓展探究 → 文化感知 → 课堂小结

图3.1 教学过程

规范写作范例参考第二节高中歌唱课《槐花几时开》教学过程

六、教学反思

教学反思是教学设计的延伸，也是教学设计的重要组成部分。教学反思是教师对教学实践的再认识，总结教学过程中的优点与不足，反观教学工作中的得与失，从而进一步提高教育教学水平，为实现音乐素养的全面落地保驾护航。教学反思是教师教学能力提升最重要的手段之一，教师可以通过反思自己的教学实践认识和改变自己，培养科学的思维模式，提升解决问题的能力，掌握有效的学习方法。可以说，教学反思是教师不可忽略的一个教学环节。

教师教学反思的过程，是教师借助行动研究，不断探讨与解决教学目的、教学工具和自身方面的问题，不断提升教学实践的合理性，不断提高教学效益和教科研能力，促进教师专业化的过程。也是教师直接探究和解决教学中的实际问题，不断追求教学实践合理性，全面发展的过程。教师反思的过程经历一般分为四个阶段，即具体经验阶段—观察分析阶段—重新概括阶段—积极验证阶段。教学反思秉持以提升学生音乐学科素养为根本，贯彻科学性、客观性、发展性、激励性、指向性、时效性和可操作性原则。

美国心理学家波斯纳曾提出教师成长公式：经验+反思=成长。我国著名心理学家林崇德提出：教学过程+反思=优秀教师。因此，教学反思对于教师的成长，对于课堂教学质量的提升，对于学生素养的提升至关重要。

规范写作范例：高中歌唱课《槐花几时开》教学反思

（1）《槐花几时开》中的七个教学环节（导入—赏析—演唱—合作—探究—拓展—总结）环环相扣、层层推进。教学过程中致力让学生充分感知、理解四川方言与四川民歌的音韵感，引导学生用自然、科学的方式演唱歌曲，并且有意识地引领学生对文化内涵、人文精神层面的探究，尤其是方言与音乐的音韵美，通过方言、地域、文化理解民族音乐，了解民歌的独特魅力以及深厚的文化内涵。突出歌唱实践性，将听、评、唱、演有机融入课堂教学中，培养学生的音乐素养，增强学生对传统音乐文化的认同，在潜移默化中落实立德树人的根本任务。

（2）在《槐花几时开》歌唱实践中，以歌词"高高山（sān）上（sáng）"（四川方言）创设情境，在有趣的师生互动中完成了声乐艺术的基础练习。学生学习了声乐相关知识，同时避免了歌唱教学过于"专业化"和"技术化"，激发了学生对民歌演唱的学习兴趣。在民歌教学中减少了钢琴的使用，回归民歌传统的传唱方式——"口口相传"，仅在歌曲旋律、节奏难度较大的地方使用钢琴辅助教学，让学生更直接、真实地感受民歌风貌。通过情景式、合作式、探究式的歌唱教学，让学生真实地感知、理解并演唱歌曲，完成歌唱教学实践。

（3）在《槐花几时开》教学中加入合唱、表演唱等演唱形式，激发学生对歌唱的兴趣，促使其学习声乐演唱的技能，增加歌唱实践的经验。在合作式、参与式的歌唱活动中，学生的合作意识不断增强，协作精神得到培养，为选择性必修课程中的合唱模块课堂教学的顺利完成奠定了基础。

（4）关于歌唱课，尤其是在民歌声乐教学中，优化教学手段、提升课堂教学的广度、"去专业化"地完成声乐艺术的基础训练以及调配歌唱实践与音乐感知、文化滋养的课堂比重等问题都值得思考探究。

第二节　教学设计基本格式

音乐学科教学设计是音乐教师教学的实施方案，关于教学设计的编写并无统一固定的格式，现常用的书写格式主要是图表式和文字式，文字式又分为叙述式与对话式。

不同的书写格式并无好坏之分,虽然它们的表现形式不同,但目的都是以音乐学科核心素养为内核,成系统地规划自己的教学方案,使其能有效辅助音乐教师进行课堂教学。当我们在选择教学设计编写格式时,既要清楚不同学段、不同程度学生的需求,又要充分认识使用教学设计的教师本身。对于教学经验相对不足的新教师,对话式教学设计更能帮助其规范和精练教学语言;对于有一定教学经验的教师,图表式教学设计更利于其梳理教学逻辑,为教学实践提供了弹性空间;对于资深教师,叙述式教学设计更能简洁明了地呈现其教学实施方案,为师生具体实施课堂教学提供极大的发展空间。选择自己得心应手,且能最大限度辅助教学实际的教学设计编写格式对每位教师而言意义非凡。

一、图表式教学设计

图表式教学设计是指采用图文、表格、导图等形式来呈现教学设计各部分和教学实践各环节,根据教学构思和教学实际将教学设计制成一张表格。通过图表直观呈现出教学设计的各环节,具有一目了然、言简意赅的特点。教学实践过程通过图表一一对应地呈现教师活动、学生活动以及各环节的设计意图,使教学活动更有逻辑地推进,并且有助于评价三者的对应关系及判断相应的师生活动是否符合教学设计意图。该编写格式适合有一定教学经验、勤于学习新鲜事物的音乐教师使用。

以人民音乐出版社出版的高中音乐教材("以下简称"人音版)歌唱模块课第二单元《理想之光》第一课时为例。

主题单元	第二单元《理想之光》	授课年级	高一年级	授课课时	第一课时
指导思想	\multicolumn{5}{l	}{1．习近平总书记在庆祝中国共产党成立100周年大会上的讲话中指出：未来属于青年，希望寄予青年。新时代的中国青年要以实现中华民族伟大复兴为己任，增强做中国人的志气、骨气、底气，不负时代，不负韶华，不负党和人民的殷切期望。 2．2019年，中共中央、国务院印发的《新时代爱国主义教育实施纲要》指出：新时代爱国主义教育要面向全体人民、聚焦青少年，充分发挥课堂教学的主渠道作用。应紧紧抓住青少年阶段的"拔节孕穗期"，以音乐为媒介，使高中学生树立崇高理想，唱响爱党爱国爱社会主义新时代主旋律。 3．《高中音乐课程标准》（2017年版）指出：新课标提出的学科核心素养即"审美感知""艺术表现""文化理解"，遵循了《国家中长期教育改革和发展规划纲要（2010—2020年）》中所提出的"以人为本""以德育为先""以能力为重"的指导思想。歌唱模块课程是培育音乐学科核心素养的主要课程之一，它以歌唱实践为核心，并结合了听、评、唱、演等多种综合性活动。该课程为所有学生提供了必要的歌唱知识和技能教学，帮助他们形成正确的歌唱审美观，培养他们的歌唱能力，并树立正确的思想意识和文化价值观。 （指导提示：行为源于思想，思想决定行动。在教学设计中，教师应当加入指导思想的编写。这样不仅能够明确指导思想和坚定正确的方向，还能有效提升工作效率并深入培育学科素养。在编写教学设计时，教师需要提前学习、了解和体悟国家的方针政策、指导性文件以及相应的课程标准等。通过这些准备工作，建立起教学设计与指导思想之间的紧密联系，并确立教学的顶层设计。基于这一框架，教师可以进一步构思出具体的教学设计方案。）}
教材分析	\multicolumn{5}{l	}{本节课是高中音乐歌唱课程第二单元的第一课时，主要内容包括赏析与演唱《清晰的记忆》《我为共产主义把青春贡献》和《我们从古田再出发》三首歌曲片段。通过这些活动，学生将了解歌唱艺术、演唱形式及发声基础，同时培养音乐感知力。实践演唱《清晰的记忆》等歌曲，让学生掌握科学的歌唱方法，并能够声情并茂地表达，以此赞美伟大的中国共产党和新时代。这为下一课时完成《不忘初心》的歌唱实践奠定了基础。通过对这三首歌曲的深入学习，潜移默化中激发学生的爱国热情，引导他们表达爱国情感、坚定强国意志、实践报国之行，并真正理解"诗言志，歌永言，声依永，律和声"的深意。}

续 表

主题单元	第二单元《理想之光》	授课年级	高一年级	授课课时	第一课时
教材分析					

教材分析：

1. 《清晰的记忆》由田农作词、朱践耳作曲，创作于1981年。这首歌表达了词曲作者对党和国家的真挚爱意。歌曲分为三个部分：第一部分节奏缓慢，音乐徐缓和从容，情绪深沉而委婉，通过切分节奏的使用，使音乐仿佛是喃喃自语的口语表达。第二部分以高音区开始，音乐变得热情奔放，节奏舒展，突出了中心主题；随后节奏加快，逐步将音乐推向高潮。第三部分的音乐素材基于第二部分的主题发展而来，更加激昂和明亮，最终以充满力量的颂歌式音调结束，点明了"我的理想之歌，来自伟大的'七月一'"。该作品是以真情实感为支撑的经典颂歌类型，它基于无数经历了党和国家伟大变革发展的亲历者的体验和感受。通过十分真实和真切的情感心路历程的变化，准确表达了与党和国家共同奋进的亲历者的深情。

2. 《我为共产主义把青春贡献》是歌剧《江姐》中主人公江姐的经典唱段。这部民族歌剧由阎肃编剧，羊鸣、姜春阳、金砂等人集体创作于1964年。在音乐创作上，该剧广泛吸纳了四川清音、川剧等多种传统音乐元素。该唱段采用了三段体结构：第一部分通过比喻和象征手法赞颂春蚕、蜜蜂的习性，暗喻共产党人甘愿为劳苦大众解放而牺牲生命的崇高品质，突出革命者坚定不移的信念。第二部分通过节奏、速度、力度的变化细腻刻画人物内心情感，展现共产党人宽广博大的胸襟。第三部分音乐突然加速，音符短促密集，情绪变得高昂激动。这一部分采用传统戏曲"紧拉慢唱"的音乐形式，表现了江姐柔中带刚、坚贞不屈、慷慨赴死、英勇献身的革命者伟大胸怀。

3. 《我们从古田再出发》是一首展示强军力量的进行曲风格的创作歌曲。作品以1929年12月28—29日召开的"古田会议"和2014年10月30日"新古田会议"为创作背景。该作品通过追忆古田会议的历史和重温党的建军思想，坚守党领导军队的原则。它体现了人民军队始终不忘初心，并歌颂了当代军人的精神风貌与高昂斗志。音乐与行进的节奏巧妙融合，展现了新时代军队的坚定信念，以及永远忠于党和人民的坚强决心。

（指导提示：一、遵循课程标准，从学科核心要素的角度深入分析教材。仔细研读教材，理解其总体要求与基本内容，思考编者选择特定曲目的目的。明确教学内容与音乐学科核心要素之间的联系，以增强教学设计和实践的针对性及实效性。二、细致分析音乐作品。从音乐本身出发，通过多次聆听和品鉴，基于音乐要素挖掘作品的关键特征，并剖析其独特风格。探寻音乐的情感价值，并思考其背后的深厚文化内涵。在此过程中，确保对音乐作品的认知既专业又科学。三、坚持以学生为中心，围绕培养学生的音乐学科核心素养进行分析和研究。提前识别教学的重点与难点，并在教材分析中进行有针对性的思考。整合关键教学内容，避免仅停留在表面的作品分析、讲解上。）

续 表

主题单元	第二单元《理想之光》	授课年级	高一年级	授课课时	第一课时
学情分析					

1.《理想之光》是高中音乐歌唱课的第二单元。通过学习第一单元《美丽人声》，学生已对歌唱课有了一定的了解并激发了兴趣，尤其是对歌唱实践的兴趣。鉴于高中生的年龄和学习特点，本课的教学设计应循序渐进，采用环环相扣的教学环节和充满活力的课堂教学来激发学生的学习兴趣。教学过程中，教师应引导学生成为课堂的主体，改变传统教学中过于专业化和技术化的倾向。特别是在歌唱实践环节，教师应由浅入深指导，确保学生有足够的自信和兴趣积极参与。

2.本单元《理想之光》主要聚焦于歌颂中国共产党的声乐作品。考虑到高中生已有较为丰富的人文知识、个人情感体验和理性探究能力，教师应引导学生体验音乐的纯美，感悟情感的真挚，领会意境的深远。同时，在教学中应强化民族意识，激发民族自豪感，深入探索和体验三首歌曲共同的主旨和立意，进而引导学生树立崇高理想。

3.高中生可以通过网络进行学习，并通过创设情境、思考探究活动等多种形式自主完成音乐学习，拓展文化理解的深度与广度。这将有助于学生更准确地完成歌曲演唱，实现音乐课程学习的综合性、实践性和关联性。

（指导提示：一、分析学生的生理和心理特征。不同年龄阶段的学生在身心发展上各有特点，包括情绪、情感、思维、意志、能力和性格等方面的差异。因此，他们适合的音乐知识、学习兴趣和表达方式也各不相同。教师需要有针对性地、预见性和功效性地分析学生的身心特征。二、考虑学生已有的认知基础和经验。教师应针对本节课、本单元或本课程的教学内容，确定学生需要掌握的知识和具备的生活经验。接着，分析学生是否已具备这些知识和经验，以确定新课的起点，并确保新旧知识之间的有机衔接。此外，教师应调整教学难点，制定合适的教学环节和方法。三、面对行政班级时，教师应分析学生的个体差异，包括学习能力、风格、兴趣以及智力和非智力因素等。教师既要考虑到整体情况，也要思考如何因材施教、灵活教学，以尽可能发挥学生的长处并弥补不足。四、始终坚持以学生的兴趣为出发点进行分析。教师应增强终身学习的意识，与时俱进，充分了解当代学生在音乐学科学习上的兴趣点。将这些兴趣点与学生感兴趣或已掌握的相关学科和知识紧密结合，提升音乐课堂的有效性，充分发挥学生的主观能动性。）

续 表

主题单元	第二单元《理想之光》	授课年级	高一年级	授课课时	第一课时
教学目标	\multicolumn{5}{l	}{1．通过聆听、分析、片段演唱等教学环节对《清晰的记忆》《我为共产主义把青春贡献》《我们从古田再出发》进行探究学习，从音乐要素出发，感知歌曲所具有的音乐表现特征，体验音乐的纯美，感悟情感的真挚，领会意境的深远，从而提升音乐审美能力。（审美感知） 2．通过有指导性、针对性的歌唱学习环节，激发学生歌唱学习的兴趣，把握歌曲的基本风格，融入自身的情感体验，形成科学的歌唱发声观念，养成良好的歌唱习惯，为今后歌唱与合唱学习打好基础。（艺术表现） 3．通过三首声乐作品的深入学习，感悟中国共产党的"为有牺牲多壮志，敢教日月换新天"的大无畏气概，以史为鉴、远观未来，不忘初心、牢记使命，树立崇高理想，为实现强国之梦而努力学习。（文化理解） （指导提示：一、学校音乐课旨在融合专业音乐理论知识与艺术表演技能的基础上，通过重构课程来提高和发展学生的音乐素养。因此，音乐教师在设定教学目标时，需要紧密联系新版课程标准，始终以落实音乐学科核心素养为中心进行思考分析。二、教学目标的设定应真实务实，根据"教"与"学"的实际情况来确定。在制定教学目标时，要详细、明确且真切地思考和编写，切忌泛泛而谈。三、以学生为中心，在描述教学目标时，主体必须是学生。始终从学生的角度出发，描述学习的变化及成果，而非教学的过程。四、音乐学科核心素养的各项要素既有独立性也有关联性。在设定目标时，尤其要关注这些核心要素之间的内在联系，并将它们串联起来，升华到美育和立德树人的学科目标上，避免将这些核心要素割裂开来。）
教学重点	\multicolumn{5}{l	}{通过多首声乐作品的赏析和片段演唱，感知音乐、演唱的风格特点，理解歌唱的不同类别，体悟科学的歌唱发声方式，进而了解音乐文化内涵，为第二课时《不忘初心》的歌唱实践打下坚实基础}
教学难点	\multicolumn{5}{l	}{以音乐为媒介，突出歌唱实践的核心地位，激发学生的学习兴趣，感知歌唱发声的基本方法，充分发挥学生的能动性，引导学生探究歌曲中的文化内涵和立意，通过音乐进行有效的爱国主义教育，形成"思政—音乐"一体化教学}

续 表

| 主题单元 | 第二单元《理想之光》 | 授课年级 | 高一年级 | 授课课时 | 第一课时 |

教学过程

（指导提示：一、图表式教学设计应简洁明了地展现教师的教学环节和学生的学习活动。每个环节的设计意图也要清晰呈现。二、教学环节和学习活动通过简练的文字描述，确保"教"与"学"的实施路径明确。避免过度详细，以便教学时灵活调整。三、教师应明确每个教学环节的目的。通过书写教学意图，可以重新审视教学过程的逻辑性，确保其符合教学目标并能够实现预期成果，从而确保每个环节有效促进学生素养的提升。）

教学环节	教师活动	学生活动	设计意图
前置学习	教师组织学生以小组的形式利用课余时间搜集与红船精神、红岩精神、古田会议、中国梦等主题相关的音乐作品，并且利用网络验收小组学习成果	学生组成不同的学习小组，利用网络搜集、聆听与红船精神、红岩精神、古田会议、中国梦等主题相关的歌曲，并以文字、音频、视频、PPT等多种形式在班级群里分享，推荐给全班同学及老师	利用网络搜集与本单元相关的音乐，帮助学生迅速将注意力集中到本单元的学习内容上。通过各小组的分享，增强学生对红色音乐文化的了解，进而帮助学生更加轻松、从容地进入正式的课堂学习
导入环节	（1）教师播放庆祝中国共产党成立100周年大会精彩节选（共青团员、少先队员代表集体致献辞《请党放心，强国有我》的朗诵片段与歌曲《唱支山歌给党听》的演唱片段）。（2）通过《唱支山歌给党听》引出由同一作曲家朱践耳创作的作品《清晰的记忆》	（1）学生观看庆祝中国共产党成立100周年大会精彩节选（共青团员、少先队员代表集体致献辞《请党放心，强国有我》的朗诵片段与歌曲《唱支山歌给党听》的演唱片段）。（2）分享观看感受	通过具有针对性的视频片段，以诗歌、朗诵、音乐为素材，迅速聚焦本单元的学习内容，点燃学生们的爱国热情，同时激发学生的学习兴趣，营造学习氛围，活跃课堂气氛，以顺利导入新课

续表

主题单元	第二单元《理想之光》	授课年级	高一年级	授课课时	第一课时

教学环节	教师活动	学生活动	设计意图
赏析歌曲《清晰的记忆》	（1）完整聆听。教师引导学生完整聆听歌曲，带领学生从力度、速度、旋律、节奏等音乐要素角度出发进行思考，为歌曲划分段落。思考歌曲中不同段落的"我"分别代指谁？感知歌曲三个富有情感对比的段落，感受词曲作者对党真挚而朴素的情感。 （2）教师引导学生赏析歌曲的第一部分（A），思考该部分音乐力度、速度、旋律、音区有何具体表现，引导学生思考聆听并且给出歌唱指导，带领学生进行片段演唱实践	（1）完整聆听。学生带着问题聆听歌曲，感受音乐的风格特点、情绪起伏和情感变化。通过对歌曲的段落划分，感知歌曲的音乐内涵。 （2）聆听第一部分（A）并感知该部分力度较轻柔，速度稍慢，旋律平稳，起伏较小，多以中低音区进行等音乐特征，并跟随教师的歌唱提示，以正确的歌唱姿势、歌唱呼吸、歌唱状态完成该部分的演唱	（1）完整聆听：通过完整的第一次聆听，让学生对歌曲有整体性的了解，引导学生关注音乐本体，并且结合音乐鉴赏课程所学知识，为音乐划分段落，关注歌词，聚焦歌曲质朴的情感内涵，为接下来的分段学习奠定基础。 （2）学习第一部分（A），在对歌曲有了整体感知后，再分段深入学习，通过赏析，引导学生认识作品，感知该部分歌曲情感是如何通过音乐传递的。通过片段体验，增强歌唱课学习氛围，在简谱视唱—加入歌唱姿势要求下的"u"母音演唱—加入弱起的歌唱提示下的歌词演唱的推进下，层层叠进，学习难度较低，从而培养学生良好的歌唱习惯，弱起的歌唱学习也为本单元第二课时的歌唱实践《不忘初心》打下了基础

续　表

主题单元	第二单元《理想之光》	授课年级	高一年级	授课课时	第一课时		
教学环节		教师活动			学生活动		设计意图
赏析歌曲《清晰的记忆》		（3）教师就歌唱的姿势给出提示和要求，并以"u"进行歌唱练习。教师给出重难点提示，如这首歌曲的第一部分中的每一乐句都是由弱起开始，注意呼吸，打开五官，以饱满的状态开启演唱实践。 （4）教师引导学生对比第一部分，思考第二部分（B）在力度、速度、旋律、音区上都有着怎样的变化，同时请学生以整齐的歌唱姿势和状态随乐轻声哼唱，找寻音乐本身与演唱者的情感最为浓烈的乐句，引导学生通过歌唱实践进行重点赏析，结合穆旦1941年创作的诗歌《赞美》与《义勇军进行曲》进行深入探究，引导学生感知力度、速度等音乐要素的变化，了解相同创作手法以及相似的情感表达，理解该部分音乐所传递的音乐内涵。 （5）教师引导学生自主聆听、演唱、感知，明确歌中提到的理想是什么			（3）对比歌曲第一部分（A），思考、聆听、哼唱第二部分，与教师、同学一同感知、分析音乐各项要素的对比变化，演唱音乐中情绪最浓烈的乐句，寻找歌中理想，通过朗诵穆旦创作的诗歌《赞美》、演唱《义勇军进行曲》片段，感知艺术创作相似的手法和情感价值内涵，进而理解书中"诗言志，歌永言，声依永，律和声"的文化内涵。 （4）通过聆听、演唱第三部分（C），结合所学知识自主分析该部分的音乐特点，寻找理想答案，以青春之奋斗，坚定理想信念		（3）学习第二部分（B），通过对比赏析，引导学生感知该乐段的音乐风格，一同找寻歌中情感最浓烈的乐句，并在教师的指导下完成歌唱体验，感知歌曲的情感，熟悉歌曲演唱的基本要求和方法。通过对重点乐句的进一步解读，从学生更为熟悉的诗歌切入，找寻诗歌与音乐的关联，让学生在音乐演唱中解读歌曲的内涵，感知音乐和文学的内在联系，培养音乐审美，理解歌唱艺术。 （4）运用赏析歌曲前两个部分的方法，引导学生自主赏析歌曲的第三部分，并且深化歌曲的音乐思想内涵，以音乐展开新时代爱国主义教育，充分发挥课堂教学的主渠道作用

041

续 表

主题单元	第二单元《理想之光》	授课年级	高一年级	授课课时	第一课时
教学环节	教师活动		学生活动		设计意图
认识歌唱艺术	结合《清晰的记忆》引导学生认识歌唱艺术以及人声的分类		完整聆听《清晰的记忆》女高音版与分段聆听男中音版，认识歌唱艺术的同时了解人声的分类		结合学习的内容，再次引导学生认识歌唱艺术以及人声分类，增强知识学习的兴趣及有效性
探究活动	教师组织学生进行小组活动：聆听《我为共产主义把青春贡献》与《我们从古田再出发》，结合所学知识和赏析音乐的方法，完成表格		学生进行小组合作，结合音像资料、乐谱、所学知识思考探究，填写表格的同时感知歌曲中的英雄气概和革命者的精神信念		紧密结合以上所学知识，引导学生以团队的形式自主赏析两首歌曲，巩固所学知识，厚植爱国情怀，调动学生的能动性。合作性学习也是对学生协作能力的培养，有助于增强学生的团队意识

续 表

主题单元	第二单元《理想之光》	授课年级	高一年级	授课课时	第一课时	
教学环节	教师活动		学生活动		设计意图	
片段赏析	（1）引导学生重点赏析《我为共产主义把青春贡献》中"紧拉慢唱"部分。播放歌曲第三部分中的"紧拉慢唱"部分，同时，教师跟随伴奏敲击紧密的拍点，引导学生跟着歌曲的节奏朗读歌词和歌唱实践，感知"紧拉慢唱"的艺术风格特点和情绪变化，再结合歌词"粉碎你旧世界奴役的锁链，为后代换来那幸福的明天"，引导学生了解江姐为了革命的胜利抛头颅洒热血、慷慨赴死、英勇献身的革命者的决心和伟大胸怀		（1）学生通过读谱、聆听、朗诵、歌唱等形式，了解"紧拉慢唱"的风格特征，以及歌曲所传递的情绪，充分感知以江姐为代表的革命者的决心、信心和伟大胸襟		（1）摘选重点乐句进行详细赏析，通过赏析、实践等教学手段自然地完成教材拓展与研究的第二题学习；同时，在潜移默化中高涨学生的爱国热情，使其对革命先烈充满敬畏之心	

续 表

主题单元	第二单元《理想之光》	授课年级	高一年级	授课课时	第一课时
教学环节	教师活动		学生活动		设计意图
片段赏析	（2）教师引导学生重点赏析《我们从古田再出发》的重点乐句"不忘我们是谁，不忘是为了谁"。通过聆听、读谱明确歌中一共出现几次，对比每一次有何变化，引导学生视唱谱例上"不忘我们是谁，不忘是为了谁"不同的两条旋律，歌唱实践前，带领学生完成歌唱姿势调整、微笑叹气等歌唱准备，提示学生正确把握歌曲的进行曲风格。通过演唱提示学生着重感受如同歌曲《清晰的记忆》中重复的歌词一样，音乐一定会随着歌词的重复而不断发展，了解歌唱情绪的推进动力来源于歌唱的呼吸。在教师的呼吸提示下，师生一同唱响"不忘我们是谁，不忘是为了谁"，唱响人民军队忠于党的决心，唱响强军战歌		（2）学生读谱聆听音乐，回答教师提出的问题，通过视唱和歌唱实践感知音乐情绪的变化发展，通过歌唱实践，再次认识科学的歌唱方法及要求，提升自己的歌唱技能。在对歌曲作品深入赏析和歌唱的同时，感知音乐的内在力量，坚定理想信念		（2）通过摘选重点乐句进行详细赏析，引导学生深刻感受大国的崛起和强军的力量。在片段演唱等教学环节中，不仅帮助学生巩固歌唱姿势、发声和呼吸的基本方法，还在潜移默化中激发学生的爱国热情，增强他们的民族自豪感

续 表

主题单元	第二单元《理想之光》	授课年级	高一年级	授课课时	第一课时

教学环节	教师活动	学生活动	设计意图
课堂小结	教师出示电视剧《觉醒年代》剧照和台词，进行总结。让学生了解无论是觉醒年代、战争时期还是太平盛世，作为民族希望的青年务必要以实现中华民族伟大复兴为己任，增强做中国人的志气、骨气、底气，不负历史，不负时代，不负人民	通过回顾历史、结合现实并展望未来，学生们树立了坚定的理想信念，并且高涨了他们的爱国热情	通过大家喜爱的革命历史题材电视剧《觉醒年代》的部分精选台词，我们能够引发学生的共鸣，激发他们高涨的爱国热情。这不仅能引导学生牢记历史，还能激励他们勇敢地承担起自己的使命。我们希望这些台词能鼓舞学生树立正确的人生理想，并为自己的梦想以及祖国的期望义无反顾地勇往直前，成为最美的追梦人
教学反思	无论是红色音乐文化还是歌唱艺术，短短的一节课很难全方位精准地体现它们。由于学生的关注度和知识储备有限，教师需要对教材知识进行深度挖掘和梳理。教学设计的各环节基本准确，极大地促进了课堂教学。通过层层递进的教学环节，我们紧抓中国共产党成立一百周年的契机，并结合能有效激发学生学习兴趣的相关素材，做到了深入浅出，寓教于乐。课堂环节设计结合了听、赏、鉴和歌唱体验，将歌唱理论学习与音乐赏析相融合。在教学过程中，我们有意识地引导学生自主感知音乐的思想内涵，以加深他们的理解和感悟。同时，我们也引导学生自主探究学习，有效增强了学生的协作能力，从而有效地激活了课堂。这为第二课时的《不忘初心》歌唱及二声部教学实践打下了基础。 （指导提示：一、针对教学设计中的特定环节进行反思。例如，分析学情是否充分，评估教学目标设定的适宜性，检查教学时间分配的合理性，以及问题设计的科学性等。二、主要针对课堂教学过程中的特定环节进行反思。确保每个教学环节的设计意图得以实现，教学流程逻辑性强，教学内容难易适中，重点和难点得到有效解决，学生在每个环节都能积极参与，并通过教学实践提升音乐素养。三、教学反思须深入且及时。片面或延迟的反思会削弱其效果，严重影响课堂教学的改进与提升。）		

二、对话式教学设计

对话式教学设计是指教师对课堂教学各环节进行充分、细致的预设，以师生对话的形式来呈现。对话式教学设计如同一个生动的剧本，预设了整个音乐课堂的所有剧情，对课堂教学实践有导向性。通过对师生对话式的教学过程描绘，将教师的教育理念、教学方法、学科教学素养和教育实施能力具体编写出来，虽然无法完全预设课堂实践的全貌，但通过充分的预设增加了教师对课堂教学的掌控能力，降低了课堂实践不可预料事件发生的概率。这种提前准备、充分预设的教学设计适合教学经验不足的年轻教师，对于新教师的成长也有积极促进作用，但对话式教学设计虽能详细记录教师与学生的活动和语言，但切忌语言啰唆、交代不明，要注意预设师生对话之间的逻辑思维和精练用语。

下面以高中歌唱模块课《槐花几时开》的教学过程为例进行阐释（其他环节参考第一节内容）。

1. 导入：教师现场演唱《槐花几时开》，学生初步感知。

教师：请同学们仔细聆听，思考歌曲属于民歌三大体裁中的哪一类？

学生：山歌。

教师：在哪里歌唱？为何而唱？

学生：高高山上；望郎来……

【设计意图】通过教师的现场演唱，以歌声直抒胸臆，并营造学习氛围，活跃课堂气氛，激发学生学习兴趣，让学生带着问题聆听歌曲，初步感知《槐花几时开》，从而导入新课。

2. 赏析：聆听音乐，阅读歌谱，随乐哼唱，思考问题，互动讨论，完成表格，深入感知。

教师：歌曲由几个乐句构成？歌曲的旋律、节奏和语言有何特点？

（聆听音乐，互动讨论）

学生：四个乐句；旋律高低起伏，节奏自由；运用四川方言演唱……

音乐结构	旋律特点	节奏特点	语言特点
四个乐句以远景—近景—母亲问—女儿答展开，构成了音乐的起承转合	旋律高低起伏，婉转悠扬，音域比较宽广	节奏长短结合，更显自由灵动，衬词部分更加自由舒展，叙事性歌词则相对紧凑	使用四川方言演唱，更具地方特色

教师：这就形成了有别于我国其他地区山歌的特有风格，四川的山歌既高亢又婉转，既直接又内秀。

【设计意图】学生通过聆听、读谱、哼唱和思考，深入认识了《槐花几时开》，在师生的互动交流中完成了对该作品的赏析，也进一步了解了这首四川民歌，为演唱打下了基础。

3. 演唱：通过"去专业化"的歌唱基础训练以及回归传统的民歌传唱方式——"口口相传"，完成歌曲演唱。

第一，呼吸练习。

教师：调整坐姿，想象自己置身于连绵不断、郁郁葱葱的川南丘陵之中，空气自然也是极好的，在这样的环境下，我相信大家的心情也是极好的，我们要做的第一件事情就是微笑，先微笑着深吸气，再跟着我一起微笑着叹气。

（学生与老师一起微笑着叹气，感受歌唱的呼吸方式。）

第二，发声练习。

教师：带着微笑呼吸。我们用四川话来亮一嗓子"高高山（sān）上（sáng）"，感觉好似在用声音的抛物线去跟远山上的那一棵槐树打招呼。

（学生与老师一起以四川话"高高山（sān）上（sáng）"进行发声练习，感受民歌演唱的基础发声方法。）

教师：根据钢琴的提示，我们来唱一唱不同音高的"高高山（sān）上（sáng）"，注意微笑呼吸的保持。

发声练习谱例：

$1=^{b}E\ \frac{2}{4}$

1 1 1 6	6 -	3 3 3 1	1 -
高 高 山 上		高 高 山 上	

6 6 6 3	3 -	i i i 6	6 -
高 高 山 上		高 高 山 上	

（学生跟随钢琴以四川话"高高山（sān）上（sáng）"展开发声练习，感受高低音区歌唱状态的统一，为和声练习做准备。）

第三，和声练习。

教师：不同音高的"高高山（sān）上（sáng）"一起唱会有什么效果呢？左边的同学唱一声部，右边的同学唱二声部，我们试着来配合一次，完成"高高山（sān）上（sáng）"的二部合唱。注意老师的指挥手势，注意声部间的平衡。

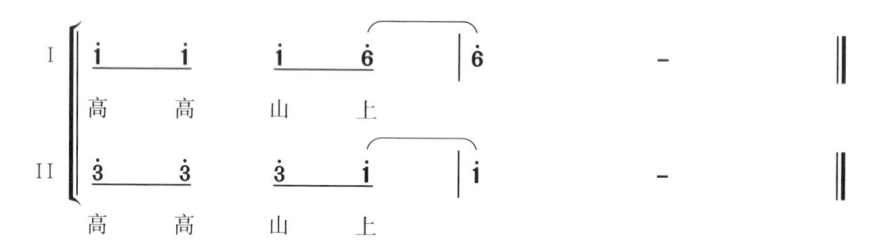

$$
\begin{array}{l}
\text{I} \quad | \; \dot{1} \quad \dot{1} \quad \dot{1} \quad \dot{6} \; | \; \dot{6} \quad - \; \| \\
\quad\quad\;\; 高 \quad 高 \quad 山 \quad\;\; 上 \\
\text{II} \; | \; \dot{3} \quad \dot{3} \quad \dot{3} \quad \dot{1} \; | \; \dot{1} \quad - \; \| \\
\quad\quad\;\; 高 \quad 高 \quad 山 \quad\;\; 上
\end{array}
$$

第四，以"口口相传"为基础的歌唱教学。

教师：在演唱《槐花几时开》之前，请同学们告诉我民歌是如何传唱的？

学生：口口相传。

教师：我们用民歌原本的传唱方式演唱这首《槐花几时开》。首先，请仔细听前两个关于景色描写的乐句，再请同学们传唱这两个乐句。

（教师演唱，学生聆听，随即演唱，完成与老师间的传唱。根据学生的具体情况再有针对性地解决。）

教师：通过赏析，我们知道了第一乐句是对远景的描绘，而第二乐句是有关近景的描述，那同学们能不能通过声音将远景与近景的对比演唱出来呢？

（学生根据老师的手势提示，对比演唱一、二乐句，诠释更加立体的自然景色。）

教师：接下来请同学们仔细聆听有关人物刻画的三、四乐句，听后请同学们传唱。

（教师演唱，学生聆听，随即演唱，完成与老师间的传唱。根据学生的具体情况再进行有针对性的难点突破。）

教师：请问歌中母亲提问的时候是怎样的神态和语气？伴随了怎样的肢体动作呢？女儿在回答母亲突如其来的问题时又是怎样的表现呢？

学生：母亲是好奇、关心的语气。（经过尝试后）身体会前倾和点头。女儿是害羞、不知所措的表现。

教师：代入我们分析到的人物特质和肢体动作，再次诠释歌中的母亲和女儿，用歌声使人物形象更加真实、丰满。

（学生根据老师的肢体动作提示，演唱三、四乐句，塑造人物形象。）

【设计意图】改变传统的"教"与"学"，通过有趣的歌唱环节层层铺设，环环紧扣，从情景化的呼吸练习到结合音乐和方言的发声及和声练习再到"口口相传"的歌唱学习，激发学生的学习兴趣，并且有针对性地解决歌曲中的重难点，在教师的帮助下，能用正确的歌唱方法、较地道的四川方言和自己对该作品的情感理解、演绎歌曲。在演唱环节的教学中，避免了声乐教学的过分"专业化"和"技术化"，为随后的合作演唱实践打下了基础。

4. 合作：以合唱和表演唱两种演唱形式进行合作演唱，增加歌唱艺术的学习体验。

第一，合唱。

教师：其实在练声的时候我们体验了二声部演唱"高高山（sān）上（sáng）"，这样的景色更有层次，更加丰满，按照之前的声部划分，以歌声描绘景色。

（学生分声部练习后完成二声部合唱，教师根据学生的具体情况，有针对性地解决问题，完成合唱。）

第二，表演唱。

教师：我相信每个人对歌中的母亲和女儿的理解和认识都是不一样的，请同学们根据自己的理解演绎这两个人物，不必局限于现在坐着的状态。

（学生根据自己的理解诠释歌中的母亲与女儿。）

【设计意图】上一环节中的和声训练为该环节埋下了伏笔，在此环节，通过二声部合唱和表演唱，体验歌唱的不同形式，激发歌唱学习的兴趣，从而更好地增强歌唱的音乐表现力，进一步感知歌曲的艺术价值。合作性学习也是对学生协作能力的培养，有助于增强学生的团队意识。

5. 探究：通过三个小实验，探究《槐花几时开》音乐与方言之间的关系。

教师：《槐花几时开》的音乐（曲调节奏）与语言（四川方言）之间有何关系？我们通过三个小实验一探究竟。

实验一：分别演唱和朗读第一乐句，并描绘出旋律线和语音线。

教师：通过我们描绘的旋律线和语音线，我们可以得到怎样的结论？

学生：旋律线与语音线极为相似……

实验二：对比高高山（shān）上（shàng）、高高山（sān）上（sáng）与 i i i 6 的契合度。

教师：通过普通话和四川方言的对比演唱（i i i 6），我们可以得到怎样的结论？

学生：方言降调演唱，感觉更好，契合度更高。

实验三：对比日常用语的语言、歌曲节奏和歌词。

A：今天中午吃啥子安？

B：哎呀，我也不晓得嘛！

A：那我们去吃火锅嘛，要得不安？

B：好呀！

教师：以上日常对话的构成与节奏有何特点？

学生：都是由叙事性部分和抒情性部分组成，在陈述性的部分较紧凑，表达情绪的衬词部分则是自由舒展。

教师：通过以上三个小实验，我们发现《槐花几时开》的音乐与四川方言之间有哪些联系呢？

学生：二者之间紧密联系……

教师：音乐（旋律节奏）与语言（四川方言）紧密结合，形成了独特的音韵美，四川话是巴蜀文化的活化石，承载了巴蜀大地丰厚而悠久的文化内涵。请同学们完整地朗读歌词，根据朗读时的音韵起伏再次完整演唱《槐花几时开》。

【设计意图】学生通过以上教学环节对《槐花几时开》有了深入的了解，随之抛出问题，让学生思考歌曲的美学价值，着重分析音乐和语言的音韵美。通过三个小实验，运用探究式的学习方式，让学生主动思考，通过师生互动探索其中的奥妙，理解民歌独有的音韵美。

6. 拓展：生成性环节，运用四川方言和普通话演唱《太阳出来喜洋洋》，引导学生自主体验，并思考为什么方言演唱更能烘托"喜洋洋"的气氛，感知四川不同民歌音乐与方言独有的音韵美。

教师：《太阳出来喜洋洋》是我们巴蜀儿女都会演唱的歌曲，现在我们一同跟着歌曲分别用普通话和四川方言来唱一唱，思考哪一个版本更能表达太阳出来时心中喜洋洋的情绪？为什么呢？

学生：四川方言，因为方言跟音乐更加贴切、流畅，与我们四川盆地的生活实际相联系，用方言演唱能共情。

教师：不难发现，四川方言演唱时更能展现每逢太阳出来时，巴蜀儿女内心的喜悦之情。

【设计意图】根据课堂上学生的具体表现，引导学生用不同的语言演唱不同的四川民歌，运用互动式的学习方式再一次感知民歌中音乐（旋律节奏）与语言（方言）独有的音韵美，探究感知民歌、方言、生活三者之间的关系，激发学生对家乡民歌的关注。

7. 总结：分析歌曲的美学价值，理解民歌的文化意义及内涵。

教师：《槐花几时开》这首歌，除了具有音乐与语言的音韵美，还有什么美的体现呢？

学生：景色美、歌词美、人物美……

教师：美好的音乐其实就在我们身边，希望同学们能大胆地发现音乐的美、感知音乐的美、表现音乐的美、理解音乐的美。课后请同学们运用手机歌唱软件录制一段自己最喜欢的民歌并上传，与同学们交流分享。

【设计意图】教师抛出一个开放性问题，引发学生思考，让其自主探究《槐花几时开》丰富的美学价值，感知这首"小"民歌的巨大艺术价值。理解民歌的美学内涵，进行文化浸润，培养民族认同感。通过"教育+互联网"的教学模式，激发学生的学习兴趣，为演唱民歌的艺术实践打下基础。

三、叙述式教学设计

叙述式教学设计与对话式教学设计同属于文字式教学设计，因此格式上有类似之处，但也有诸多区别。叙述式教学设计是指按照教学过程的先后顺序以文字的形式讲述各个环节教学，与对话式一样能呈现出各教学环节的教学内容以及教学方法，从而使教学活动顺利进行，完成既定目标，在重点环节附上教师关键性的提问，并对某些关键环节的设计意图进行简要说明。叙述式的教学设计能够比较清晰地表现出设计者的整体设计、教学目标和教学流程，为教师与学生的课堂实际留下了很大的即兴生成空间。叙述式教学设计相较于对话式教学设计更适合有一定教学经验、课堂调控和驾驭能力都较好的教师使用。

下面以人民音乐出版社四年级下册第五课《森林狂想曲》教学设计中教学过程为例。

一、完整聆听感受

1. 完整聆听音乐，提问导入。

师：播放森林图片，创设情境。同学们，你们去过原始森林吗？现在我们来到大森林一起聆听一段音乐，你能说一说你听到了哪些来自大自然的声音吗？（青蛙的叫声、小鸟的鸣叫、风声、流水声、蟋蟀的叫声、猫头鹰的叫声……）

2. 学生用声效模仿小动物的声音。

师：请你们大胆地发挥想象，你能模仿音乐中小动物的声音吗？

3. 介绍"音效"后完整聆听音乐，找到音效在乐曲中出现的位置。

师：这些声音都是动物真实的叫声重现，这短短的几分钟却是我国作曲家吴金黛历时五年在热带雨林里采集到的。在音乐中，这些声音被称为"音效"。现在请你们完整聆听音乐，边听音效边模仿动物动作。

音效出现位置：引子—间奏—尾声。

二、学唱3个主题旋律

1. 教师出示3个主题旋律谱子，请学生学唱旋律。

主题1：

主题2：

主题3：

$\frac{3}{4}$ 3 | 6 - | 5 35 | 6 - | 5 32 | 16 12 | 3 32 | 3 - | 3ᵛ 3 |

6 - | 5 35 | 6 - | 5 32 | 16 12 | 3 65 | 6 - | 6 （后略）

师：钢琴伴奏，范唱后请学生学唱3个主题的旋律。

三、第一乐段聆听感受

1. 聆听第一乐段，请学生用手指数字表示听到的主题顺序。

师：请同学聆听音乐，并用手指标示你听到的主题旋律1、2、3，教师在黑板上做好记录。

2. 聆听第一乐段，请学生听出三段主题旋律的主奏乐器。

师：请同学们聆听音乐，模仿乐器演奏的动作表示你听到的主奏乐器（学生模仿笛子、小提琴演奏动作）。

3. 聆听主题1，编创歌词，记忆主题旋律。

师：请学生根据主题旋律1编创歌词，并演唱。

4. 聆听主题2，联想音乐画面，为音乐编创身体律动。

师：请学生聆听音乐，结合音乐要素，说一说联想到的音乐画面（小提琴的音色非常优美，动物在举行舞会）。

师：请学生创编符合音乐要素的舞蹈动作。

5. 聆听主题3，联想音乐画面，在最高音6处做出反应。

师：请学生聆听音乐，结合音乐要素，联想音乐画面（音区变高，感觉音乐更加热烈，动物音乐会出现了最精彩的节目等）。

师：请学生聆听音乐，在最高音6处举手，小手晃动加油。

6. 完整聆听第一乐段，请学生用规定动作区分3个主题旋律出现的顺序。

师：请学生聆听音乐，演唱主题1，以舞蹈动作表现主题2，高音6处晃手表现主题3，区分3个主题旋律出现的顺序。

四、第二乐段聆听感受

1. 聆听第二乐段，学生用手指数字表示主题旋律出现的顺序。

师：请同学聆听音乐，并用手指标示你听到的主题旋律1、2、3，教师在黑板上做好记录。

053

2. 聆听第二乐段，请学生用规定动作区分3个主题旋律出现的顺序。

师：请学生聆听音乐。演唱主题1，以舞蹈动作表现主题2，高音6处晃手表现主题3，区分3个主题旋律出现的顺序。

五、完整聆听感受

完整聆听音乐，综合表现。

师：请学生聆听音乐，在音效处模仿动物的动作和声音，以演唱的形式表现主题1，以舞蹈动作表现主题2，高音6处晃手表现主题3，区分乐段和主题。

六、拓展学习

1. 学生观看《森林狂想曲》演奏视频
2. 了解歌曲创作背景

七、课堂小结

（成都市盐道街小学黄颖提供）

第四章　优秀教学设计范例

优秀教学设计是深入、深度研究教与学之后的"成果",须把握新课程理念本质,科学设计课堂每一环节,目标明确、深入浅出、环环相扣、首尾呼应。下面呈现几种中小学优秀教学设计,供大家学习参考。

第一节　单元整体教学设计范例

开展单元整体教学是促进核心素养目标达成的最有效的方式,要求音乐教师必须提高教学设计的站位,即从关注单一的知识点、课时转变到关注单元整体教学。教师需重视知识内在关联,加强教学内容有机整合,从而培养学生的必备品质与关键能力。适应新课标带来的新理念、新要求,让课堂呈现新生态、新气象。

范例一

《国之瑰宝》——京剧艺术单元整体教学设计

成都市第二十中学校　姜　轶

成都树德中学　蒋诗瑶

年级:高一

课时:2课时

【课标引领】

1. 能带着对中华优秀传统文化的思考加深对京剧的了解和体验,从整体上认知京剧艺术的典型艺术特征和文化背景,熟悉和热爱中华民族的国粹艺术,探究其重要地位、独特风格和文化内涵。

2. 通过鉴赏不同类别的传统京剧和现代京剧，感受和体验京剧不同行当的扮相、唱腔、声腔、身段、板式、伴奏、流派等综合艺术表现形式的魅力，能在老师的引导下区别和分析其艺术特征，理解京剧时代发展的变化。

3. 在作品的鉴赏过程中，以唱念做打的不同形式积极参与到音乐实践中，感受不同行当的情绪、情感、情境的不同表达，体验和辨识其艺术表演特征；能在老师引导下参与编创活动并积极展示，深化对京剧艺术的理解。

【教材分析】

京剧，我国知名戏曲剧种。今流行全国。唱腔基本属于板腔体，腔调以西皮、二黄为主，被视为中国国粹。京剧艺术博大精深，文戏武戏各美其美。徽剧是京剧的前身。清乾隆五十五年（1790年），原在南方演出的三庆、四喜、春台、和春四大徽班陆续在北京演出，于嘉庆、道光年间同来自湖北的汉调艺人合作，同时又接受了昆曲、秦腔的部分剧目、曲调和表演方法，并吸收了一些地方民间曲调，通过不断地交流、融合、发展，最终形成京剧。京剧形成后在清朝宫廷内开始快速发展，直至民国得到空前的繁荣。京剧走遍世界各地，分布地以北京为中心，遍及中国，成为介绍、传播中国传统艺术文化的重要媒介。在2010年11月16日，京剧被列入"世界非物质文化遗产代表作名录"。

《我正在城楼观山景》：选自京剧《空城计》，京剧谭派老生片段。《空城计》是京剧传统保留剧目，取材自《三国演义》第95回；剧情讲述蜀汉与曹魏交兵，街亭守将马谡不听诸葛亮部署，致街亭失守；魏将司马懿夺取了街亭后，进逼咽喉要地西城。当时的西城兵力空虚，若立即撤退必被擒拿。诸葛亮临危不乱、急中生智，乃设空城之计，将四个城门打开，每个城门上派20名士兵打扮成百姓模样，洒水扫街，自己则在城楼饮酒抚琴，神情泰然地等候敌军到来……司马懿见状，疑有伏兵，不敢进城，退兵观望——空城之危得解。

《看大王在帐中和衣睡稳》是京剧《霸王别姬》一剧中扮演虞姬的旦角唱段，是"南梆子"声腔演唱的著名唱段。这一唱段将戏里人物的情绪、场景、情景描写得十分细腻。项羽束手无策时，虞姬劝他等待救兵；项羽感到困乏时，虞姬又劝他歇息一会。项羽睡着后，虞姬步出帐外，为驱散愁情唱起了这一唱段。梅兰芳完美地诠释了这一唱段，其寓动于静，节奏平稳，速度较慢，将角色内心的忧虑和悲怆感表现得淋漓尽致，渲染了激战前夜难耐的寂静与凄凉。

已学内容	本单元主要内容	后续相关学习内容
◇京剧概念、唱腔、行当 ◇课前微课学习《京剧溯源》	◇京剧溯源 ◇概述京剧的行当、艺术表演形式和表演技法 ◇京剧不同行当的扮相、声腔、身段、伴奏等典型艺术表现特征（以"老生"和"旦"为例） ◇京剧艺术多元化的表现形式探究和思考 ◇了解、体验京剧现代戏和京剧传统戏在音乐形态和艺术表演方面的区别	◇微课学习：《京剧脸谱》 ◇收集资料，了解京剧行当"净""丑"的相关知识并体验

【学情分析】

高一为高中起始阶段，学生生理、心理已基本成熟，具有独立的自我意识和明确的兴趣爱好；获得知识和信息的途径较多。越来越关注自我情感表达，易于被新的音乐形式吸引，乐于尝试更多创意性的表达，也更关注社会现象对艺术的影响。本堂课将京剧的历史和文化内涵融入教学，强化学生的民族意识，激发学生的民族自豪感，在鉴赏过程中鼓励学生从欣赏到进行模仿再到创造性展示和表达，深入探索和体验京剧艺术的独特魅力。

【整合思路】

本堂课的教学设计贯穿横向与纵向两条主线。横向以京剧作品鉴赏为主线，让学生理解和感悟京剧的艺术表现特征；纵向以文化理解步步渗透，追溯京剧的诞生、发展与流派，以及不同时代背景下京剧的历史意义、文化特征、艺术特性，激发学生的民族自豪感，引发学生积极关注和探索京剧的传承与发展。

【大概念】

从京剧发展、京剧行当、表现形式和表演技法入手,感受京剧的独特魅力与丰富的文化内涵,探究京剧不同历史文化背景下衍生出的艺术分类和独特艺术特征。

【情境与任务】

情景:"青春京剧社"战队比拼。

任务:知识闯关(京剧表演小课堂)。

【单元目标】

1. 学生能通过赏析京剧片段,感受京剧中不同行当的唱腔、声腔、身段、伴奏等综合艺术表现形式的魅力,能在老师的引导下区别和分析其艺术特征。

2. 学生能以唱念做打的不同形式积极参与音乐实践,体验不同时代、不同行当的表演特征;能参与创编活动并积极展示。

3. 学生在感知和体验过程中,感受京剧表演的艺术魅力,了解京剧艺术的发展轨迹、历史意义及文化背景,增强民族自豪感,探讨京剧艺术的传承与多元化发展。

【课时划分】

第1课时:京剧传统戏。

第2课时:京剧现代戏。

【单元设计思路】

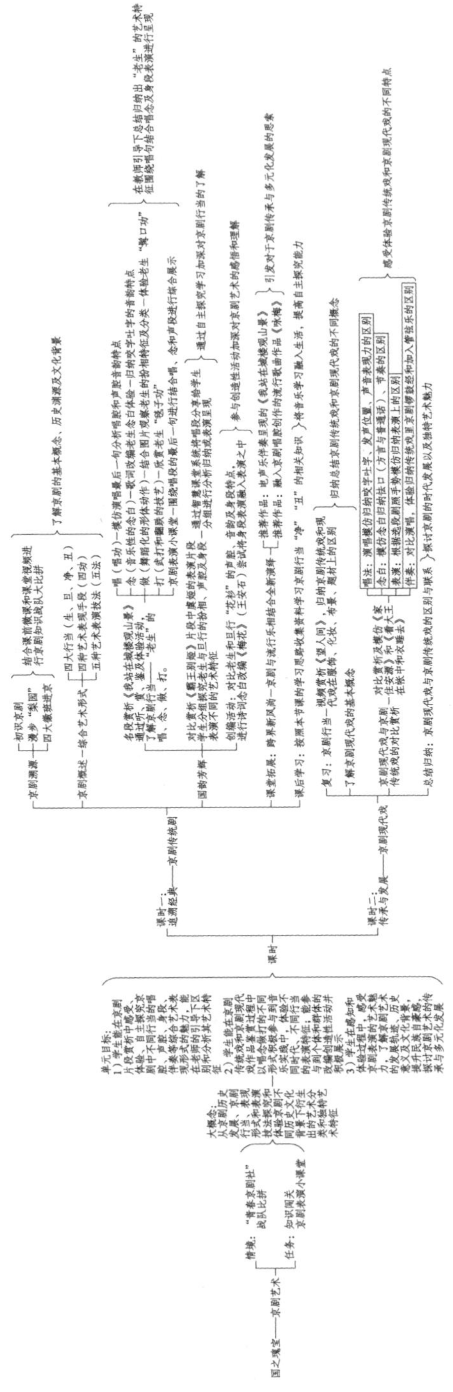
国之瑰宝——京剧艺术
情境："青春京剧社"战队比拼
任务：知识闯关
京剧表演小课堂
大概念：从京剧历史发展、京剧行当、表现形式和表演技法探究和体验京剧不同历史文化背景下衍生出的艺术分类和独特艺术特征
单元目标：
1）学生能在京剧片段赏析中感受、体验、自主探究京剧中不同行当的唱腔、声腔、身段、伴奏等综合艺术表现形式的魅力，能在老师的引导下区别和分析其艺术特征
2）学生能在京剧传统戏和京剧现代戏作品鉴赏过程中以唱念做打的不同形式积极参与到音乐实践中，体验不同时代、不同行当的表演特征；能参与到个体和群体的改编创造性活动并积极展示
3）学生在感知和体验过程中，感受京剧表演的艺术魅力，了解京剧艺术的发展轨迹、历史意义及文化背景，提升民族自豪感，探讨京剧艺术的传承与多元化发展
课时
课时一：追溯经典——京剧传统剧
京剧溯源
初识京剧
漫步"梨园"
四大徽班进京
结合课前微课和课堂视频进行京剧知识战队大比拼
京剧概述—综合艺术形式
四大行当（生、旦、净、丑）
四种艺术表现手段（四功）
五种艺术表演技法（五法）
了解京剧的基本概念、历史渊源及文化背景
国韵芳辉
名段赏析《我站在城楼观山景》通过听、赏、鉴及体验活动，了解京剧行当——"老生"的唱、念、做、打。
唱（唱功）—模仿演唱最后一句分析唱腔和声腔音韵特点
念（音乐性的念白）—歌词改编老生念白体验—归纳咬字吐字的音韵特点
做（舞蹈化的形体动作）—结合图片观察老生的扮相特征及分类—体验老生"髯口功"
打（武打和翻跌的技艺）—欣赏老生"毯子功"
京剧表演小课堂—围绕唱段的最后一句进行结合唱、念和声段进行综合展示
在教师引导下总结归纳出"老生"的艺术特征围绕唱句结合唱念及身段表演进行呈现
对比赏析《霸王别姬》片段中虞姬的表演片段学生分组探究老生与旦行的扮相、声腔及身段表演不同的艺术特征
通过智慧课堂系统将唱段分享给学生分组进行分析归纳或表演呈现
通过自主探究学习加深对京剧行当的了解
创编活动：对比老生和旦行"花衫"的声腔、音韵及身段特点，进行诗词念白改编《梅花》（王安石）尝试将身段表演融入表演之中
参与创造性活动加深对京剧艺术的感悟和理解
课堂拓展：跨界新风尚—京剧与流行乐相结合全新演绎
推荐作品：电声乐伴奏呈现的《我站在城楼观山景》
推荐作品：融入京剧唱腔创作的流行歌曲作品《咏梅》
引发对于京剧传承与多元化发展的思索
课后学习：按照本节课的学习思路收集资料学习京剧行当"净""丑"的相关知识
将音乐学习融入生活，提高自主探究能力
课时二：传承与发展——京剧现代戏
复习：京剧行当—视频赏析《望人间》，归纳京剧传统戏和现代戏在服饰、化妆、布景、题材上的区别
了解京剧现代戏的基本概念
归纳总结京剧传统戏和京剧现代戏的不同概念
京剧现代戏与京剧传统戏的对比赏析
对比赏析及模仿《家住安源》和《看大王在帐中和衣睡去》
唱法：演唱模仿归纳咬字吐字、发声位置、声音表现力的区别
念白：模仿念白归纳怯口（方言与普通话）、节奏的区别
表演：根据选段剧照手势模仿归纳表演上的区别
伴奏：对比演唱，体验归纳传统戏里京剧锣鼓经和加入管弦乐的区别
感受体验京剧传统戏和京剧现代戏的不同特点
总结归纳：京剧现代戏与京剧传统戏的区别与联系
探讨京剧的时代发展以及独特艺术魅力

【单元四大结构】

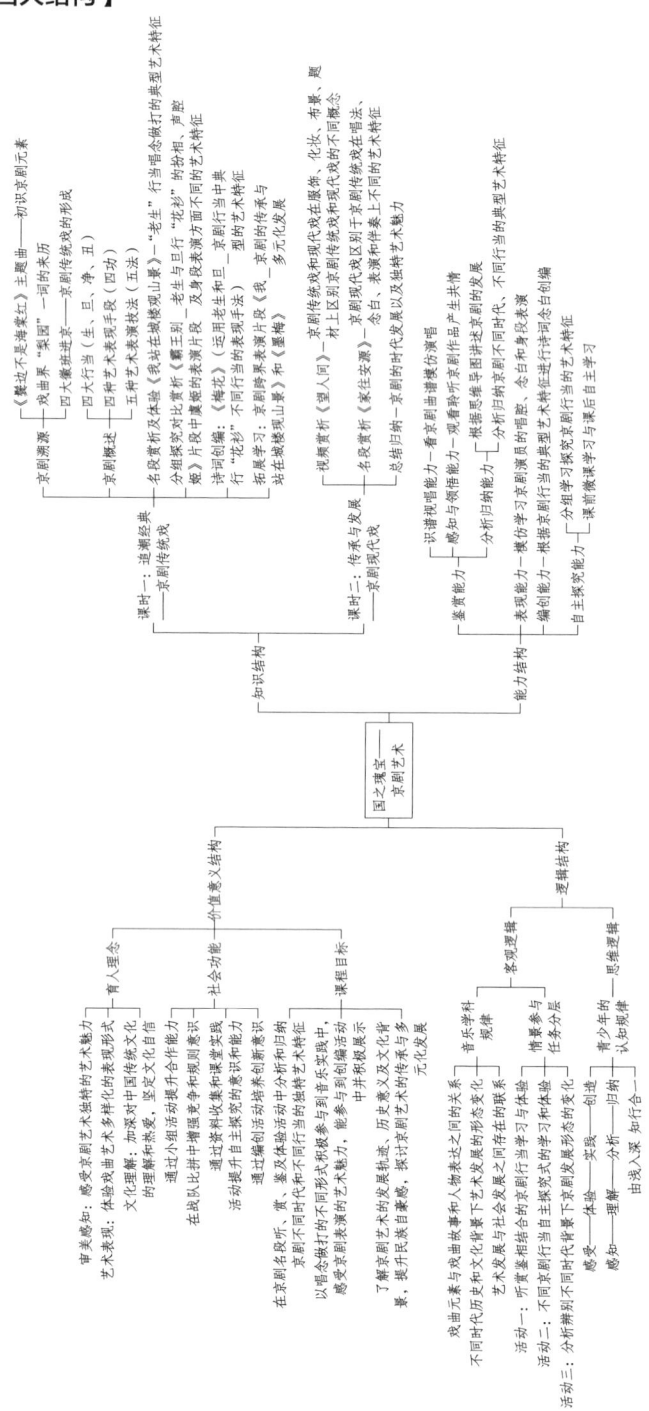

（此页为"国之瑰宝——京剧艺术"单元结构思维导图，主要分为知识结构、能力结构、价值意义结构、逻辑结构四大部分）

知识结构

课时一：溯源经典——京剧传统戏
- 京剧源流：《说这不是梅兰红》一词的来历——戏曲界"梨园"——初识京剧元素
- 京剧概述：四大徽班进京——京剧传统戏的形成
- 四大行当（生、旦、净、丑）
- 五种艺术表现手段（四功五法）
- 名段赏析及体验《我站在城楼观山景》——"老生"与旦行"花衫"行当怎么做打的典型艺术特征
- 分组探究对比赏析《霸王别姬》片段及身段表演不同表现手法——"老生"与旦行型的艺术特征
- 诗词创编：《梅妃》《运用旦行的表现手段》京剧的传承与发展学习：不同行当的表演片段《我》型多元化发展
- 拓展学习：京剧唱腔表演片段《霸王》

课时二：传承与发展——京剧现代戏
- 京剧传统戏和现代戏在服装、化妆、布景、表演和伴奏上不同的艺术特征
- 京剧传统戏到京剧现代戏的发展概念
- 视频赏析《红人间》——京剧现代戏社区到京剧现代戏在唱、念、做、打子到京剧现代戏任舞台
- 名段赏析《家在安源》表演和伴奏以及创始特色艺术魅力
- 总结归纳一京剧时代的发展以及如何开始传承与发展

能力结构
- 鉴赏能力：识谱视唱能力——看京剧曲谱演唱
- 表现能力：感知与领悟能力——观看聆听京剧作品产生共鸣
- 编创能力：模仿表演能力——根据思考图识京剧当中唱段、念白和身段表演
- 自主探究能力：分析归纳能力——分析归纳学习京剧当典型艺术特征在京剧行当创编
- 课堂微课学习与课后自主学习

价值意义结构

育人理念
- 审美感知：感受京剧曲艺术独特化的表现的艺术魅力
- 艺术表现：体验戏曲京剧艺术多样化的表现形式
- 文化理解：加深对中国传统文化的理解和热爱，坚定文化自信
- 在团队比赛中增强竞争和规则意识

社会功能
- 通过实践活动提高学生的音乐实践能力
- 通过编创活动培养创新意识

课程目标
- 在京剧表演及鉴赏活动中分析和归纳京剧不同时代打的不同形式和艺术特征
- 以情景体验打的不同艺术魅力，能参与到创编活动中并感受京剧表演的艺术美，提升民族自豪感，探讨京剧传承与多元化发展

逻辑结构

客观逻辑
- 音乐学科规律
- 情景参与任务分层

青少年的认知规律

思维逻辑
- 感知—体验—创造
- 听辨—理解—分析—归纳
- 由浅入深、知行合一

活动一：听赏鉴相行当的京剧行当主演及发展形的变化
活动二：不同辨别京剧时代背景下艺术发展及形的变化
活动三：分析京剧行当背景下京剧发展形状变化

一、第一课时：追溯经典——京剧传统戏

【教学过程】

教学环节	教师活动	学生活动	评价标准	设计意图
课前预习	微课制作：《京剧溯源》	明确本单元的学习目标及内容。了解京剧发展历史和典型艺术特征。收集有关京剧声腔的资料，了解京剧的基本知识	能够明确本单元的学习目标和学习任务，了解本节课的学习内容，结合初中阶段的知识储备收集相关资料	通过网络学习和资料收集，让学生在进入课堂学习之前，对京剧的历史有初步的了解，激发同学们的学习好奇心和民族自豪感
导入新课：初识京剧	【问题引领】同学们，上课前请和老师一起欣赏影视作品《鬓边不是海棠红》的主题曲片段。（MV视频伴奏）请大家思考歌曲中融合了中国哪种传统艺术形式？引出课题《国之瑰宝——京剧艺术》。同学们结合刚刚欣赏的片段，说一说歌曲结合了哪种中国传统艺术形式呢？是的，京剧！没错，在歌曲副歌部分"原来……"（老师表演唱）融合了我国京剧的曲调，充分表达了作品的主题。京剧是我国的国粹，近年来得到了不同形式的传承和表现，今天就让我们共同走进《国之瑰宝——京剧艺术》	欣赏与思考：从老师的表演中感受京剧元素的融入，引发课堂思考	学生能从音乐中感受到京剧艺术与现代音乐的融合，产生进一步了解京剧艺术的兴趣	教师从学生熟悉的音乐入手，进行艺术展示，激发学生进一步了解京剧的愿望

续 表

教学环节	教师活动	学生活动	评价标准	设计意图
讲授新课：京剧溯源	说起京剧，距今已有200多年的历史了。让我们来观看一段纪录短片，请同学们观察视频中有哪些令你们印象深刻的京剧元素呢？ 同学们，刚刚这段短片中你们看到了哪些特有的元素呢？ 【教师总结】 京剧脸谱、独特的声腔与身段表演、京剧锣鼓、个性鲜明的京剧人物都给同学们留下了深刻的印象。今天，我们的青春"京剧社"正式开社，课前已经按照同学们的特长及爱好进行了战队分组，一会大家根据京剧元素为战队起名字	欣赏纪录片片段，分享感受和思考。 【学生归纳】 京剧脸谱、京剧人物、京剧锣鼓、京剧声腔与身段表演。 战队分组： 京腔队 京韵队	学生能从视频中观察和挖掘出京剧典型艺术特征；产生探索京剧这门古老艺术的想法	通过观看纪录片，激发学生对京剧这门古老艺术的热爱和民族自豪感；培养学生的艺术感知和领悟能力
讲授新课：京剧概述	【思维引导】 课前同学们已经通过学习微课了解了京剧的基本概念和发展历史，请同学们在老师的引导下，描述京剧的发展历史。 京腔队：漫步梨园 京韵队：四大徽班进京 【归纳总结】京剧艺术的基本形态及表演特征，重点突出京剧艺术的四大行当及四功五法	京剧溯源——初识京剧／漫步"梨园"／四大徽班进京 战队比拼第一关： （1）四大行当：丑、净、旦、生 （2）四功五法：四功，指唱、念、做、打；五法，指手、眼、身、法、步		

续 表

教学环节	教师活动	学生活动	评价标准	设计意图
讲授新课：京剧概述	围绕京剧老生行当的唱念做打四种艺术手法，深刻理解和感悟行当艺术特征，归纳学习方法。 【问题引领】 欣赏京剧片段《我正在城楼观山景》，请问题材来自什么故事？唱段中的演唱属于京剧的哪个行当？声腔和表演有何特点？ 听京剧老生唱段《我正在城楼观山景》，看唱词分析人物和故事背景	学生回答：题材选自京剧《空城计》，行当——老生。 学生总结说出老生的扮相特征及分类：戴三绺黑色或灰或白色胡须；或满胡须；主要扮演中年以上男性角色	学生能根据思维导图简单介绍京剧发展过程，通过战队闯关知识问答掌握京剧行当的基本概念、艺术表现手法、表演技法的基本知识	让学生对京剧艺术历史背景和典型艺术特征形成整体概念和初步印象，通过战队PK的形式激发学习兴趣
讲授新课：国韵芳辉	展示道具"髯口"，介绍"老生"行当扮相的特点及分类（引导学生观察和总结老生的扮相特点）	观察老生的扮相及人物特点。 学一学京剧中老生的念白	学生在听、赏、鉴及体验活动中，能分析归纳其典型艺术特征并积极参与不同行当的表演体验活动	以具有代表性的京剧行当为主线，学生通过对各行当相关的唱、念、做、打方面的感知、理解和体验，了解本堂课目标维度下京剧艺术不同行当的典型艺术特征，领略京剧独特的艺术魅力

063

续　表

教学环节	教师活动	学生活动	评价标准	设计意图
讲授新课：国韵芳辉	老生行当的念白模仿体验： 欣赏视频中的老生的即兴念白，大家猜一猜是哪首流行歌曲的歌词？其行腔和咬字有什么特点？ 学唱并感受老生行当的润腔特点。 跟谱（谱略）教唱前两句，结合欣赏的老生唱段，启发学生归纳总结板式、老生行当的声腔和音韵特点，重点学唱和分析唱腔中咬字的湖广腔和中州韵、疙瘩腔、拖腔和喷口等。 京剧表演小课堂：学生学一学老生的髯口功，结合唱段的前两句进行唱腔和身段展示。 欣赏：视频片段老生的"毯子功"。 简单介绍京剧名家谭鑫培先生的京剧艺术造诣、京剧流派、京剧名家在京剧发展中的历史地位和重要贡献	（念功）模仿体验，感受京剧老生的声腔和音韵特点，进行归纳总结： 咬字：湖广腔和中州韵。 声腔特点： 战队比拼第三关： 【京剧表演小课堂】唱腔学唱及分析。（唱功） 对京剧髯口进行探究，结合髯口功进行唱段展现。 （做功） 欣赏老生行当的打功。 了解老生行当的京剧流派和名家	学生在听、赏、鉴及体验活动中能分析、归纳其典型艺术特征，并积极参与不同行当的表演体验活动 学生能通过小组合作和自主探究完成表演挑战任务，获得积分奖励。 分析归纳出"老生"和"花衫"的典型艺术特征	通过对比赏析，使学生加深对京剧行当的理解和感悟，帮助学生掌握自主探究京剧艺术的方法

续 表

教学环节	教师活动	学生活动	评价标准	设计意图
对比赏析、分组探究	引导学生对比赏析《霸王别姬》片段中虞姬的表演片段《看大王在帐中和衣睡稳》，并分组讨论"生"行与"旦"行唱念做打的基本特征有哪些不同。 结合现代化的智能课堂，给学生推荐课后自学京剧App	【学生分组探究体验】 京腔队：总结生行特征。 京韵队：总结旦行特征。 教师引导，总结归纳		
创编活动	京剧念白创编： 根据"老生"和旦行"青衣"的念白声腔音韵特点，结合身段表演，分组创编王安石的《梅花》并进行展示	战队大比拼第三关：利用京剧道具，参与创造性活动，用京剧念白的方式表达诗词	学生能把握京剧行当典型的人物特征，并能进行对比呈现	加深对京剧艺术的感悟和理解，培养学生的创造能力
课堂拓展：跨界新风尚	播放视频片段： 《我正在城楼观山景》 【问题引领】 你喜欢哪种京剧艺术的表现形式，为什么？ 【教师总结】 随着京剧艺术的发展，其开始与很多不同形式的音乐形式相结合，有了多元化的展现，进入了大众的视野，登上了国际舞台	学生发表自己对京剧多元化发展的看法？ 学生回答： 传统京剧的表达方式风格性更强，更纯粹，具有典型性。 与流行音乐相结合是时代发展的需要，是京剧传承与发展的重要形式	学生深入思考，积极发表对京剧多元化发展的看法	进一步激发学生了解和学习京剧艺术的愿望；同时，引发学生对于京剧传承与多元化发展的思考与探索

【课堂小结】

京剧艺术博大精深，被誉为"国粹"，具有悠久的历史和文化特色。本堂课，我们围绕京剧行当"老生"的独特艺术特征，以点带面，感受、理解和体验了京剧艺术独特的艺术魅力和全新艺术展现。希望我们每一个中国人都成为中华优秀传统文化的保护者和传承者。

【预习与思考】

1. 课后继续拓展学习，了解京剧现代戏的概念。

2. 按照本节课的学习思路，收集资料，学习京剧行当"净""丑"的相关知识，思考不同人物的花脸有什么特点？

二、第二课时：守正创新——京剧现代戏

【教材分析】

1. 《我正在城楼观山景》。选自京剧《空城计》，京剧谭派老生唱段。《空城计》是京剧传统保留剧目，取材自《三国演义》第95回。该剧讲述了蜀汉与曹魏交兵，街亭守将马谡不听诸葛亮部署，致街亭失守；魏将司马懿夺取了街亭后，即进逼咽喉要地西城。当时的西城兵力空虚，若立即撤退必被擒拿。诸葛亮临危不乱、急中生智，乃设空城之计，最终危机得到化解。

2. 《看大王在帐中和衣睡稳》。京剧《霸王别姬》一剧中虞姬（旦角）的唱段，是京剧"南梆子"（西皮）声腔演唱的著名唱段。这一唱段将戏里人物的情绪、场景、情景描绘得十分细腻。

3. 《家住安源》。《家住安源》是现代京剧《杜鹃山》中的一个唱段。故事概况：第一次国内革命战争期间，在湘赣地区有一支自发的农民起义武装。由于他们缺少正确的指导思想和领导，在斗争中屡遭失败。后来，共产党员柯湘被他们救出并参加这支队伍。柯湘用中国共产党的指导思想团结教育这支队伍的战士，揭露地主豪绅及其走狗的反动本质，最终将这支农民武装引上正确的革命道路。《家住安源》是柯湘向自卫军战士诉说自己身世的唱段，通过这一唱段，拉近了领导和战士们的距离，是《杜鹃山》中著名唱段之一。选段角色行当为旦行（青衣），念白与演唱相结合，板式速度、情绪对比大，具有较强的戏剧表演性。

4.《甘洒热血写春秋》。杨子荣是生行的角色，但又不是传统意义上的老生或者武生。这一段就是匪徒们在为杨子荣庆功的时候，杨子荣所唱的一段，表现了杨子荣机智勇敢，深入虎穴当卧底的大无畏精神。

广义上说，五四运动之后直至今天所有反映现实生活的京剧都被视为京剧现代戏，也叫"现代京剧"。狭义上说，现代京剧是中华人民共和国成立之后，在"双百方针"指导下，通过戏曲改革，运用历史唯物主义观点创作的反映社会现实生活的新京剧。现代京剧与传统京剧在发声、音乐结构、念白吐字、润腔、化妆方面都有所不同。

【教学目标】

1. 欣赏《家住安源》《看大王在帐中和衣睡稳》《甘洒热血写春秋》《我正在城楼观山景》经典京剧唱段，引导学生聆听、模唱、欣赏京剧现代戏，通过对京剧唱腔的学习加深对现代京剧题材人物形象的理解，体验其情感表现，了解京剧现代戏的概念。

2. 欣赏《家住安源》《看大王在帐中和衣睡稳》《甘洒热血写春秋》《我正在城楼观山景》等经典京剧唱段，从唱腔、念白、表演、伴奏等方面感受和体验现代京剧与传统京剧在艺术表达上的不同。

3. 通过京剧现代戏的学习，了解京剧传统戏和京剧现代戏的异同，理解艺术发展与社会发展存在的关系，能主动去传承京剧文化。

【教学重难点】

1. 教学重点：京剧传统戏与京剧现代戏艺术表现的对比。

2. 教学难点：京剧传统戏与京剧现代戏念白、唱腔的实践对比感受。

【教学方式】

讲授法、体验法、练习法、演示法、发现法、问答法、示范法。

【教具准备】

多媒体、钢琴、教学音频、教材、教案。

【教学过程】

教学环节	教师活动	学生活动	设计意图及教学方法
课前预习	布置课前预习作业：预习京剧现代戏《甘洒热血写春秋》背景和旋律。观看《京白和韵白》教学视频	自主预习，准备课堂谱例	熟悉京剧现代戏《甘洒热血写春秋》的旋律和背景，节省课堂教学时间。了解念白的常识，提高课堂效率
视频导入	教学方法：示范法、演示法、问答法。播放京剧现代戏《甘洒热血写春秋》视频，问：这是什么行当？这个选段里的老生和《我正在城楼观山景》里的老生有何不同？（出示两组剧照）	学习方法：观察法、发现法、体验法。聆听作品片段并思考回答： 1．老生 2．服饰、化妆、布景、题材均不同	复习、巩固上节课京剧"老生"的相关知识，同时引入京剧现代戏主题
新课教学——京剧现代戏的概念	教学方法：讲授法。（从导入问答中总结现代京剧的基本概念）《甘洒热血写春秋》是京剧现代戏，《我正在城楼观山景》是京剧传统戏。广义上说，五四运动之后直至今天的所有反映现实生活的京剧，都可视为京剧现代戏	学习方法：思考法。跟随教师一起初步了解京剧现代戏的概念	从上一环节的视觉感知中，初步理解京剧现代戏的概念
新课教学——京剧现代戏与京剧传统戏表演的对比（旦行）	教学方法：示范法、问答法、对比法、演示法。教师示范表演京剧传统戏《看大王在帐中和衣睡稳》和京剧现代戏《家住安源》片段，问：两种剧的表演有何不同？	学习方法：发现法、体验法、对比法、观察法。（观看教师示范表演，思考回答）京剧传统戏：比较含蓄，笑不露齿，走路不露足，抬胳臂时不能超过一定的高度；京剧现代戏：表现妇女形象落落大方，没有这些规矩	京剧为综合性表演艺术，加入表演的元素，让学生从表演维度来总结两者的对比

续 表

教学环节	教师活动	学生活动	设计意图及教学方法
新课教学——京剧现代戏与京剧传统戏念白与发声的对比（旦行）	教学方法：讲授法、演示法、示范法、启示法、问答法。 播放京剧现代戏《家住安源》和京剧传统戏《看大王在帐中和衣睡稳》念白片段，请学生模仿： 《家住安源》： 唉，吐不尽满腹苦水，一腔冤愁…… 《看大王在帐中和衣睡稳》："看大王醉卧帐中，我不免去到帐外闲步一回。" 问：两种京剧念白有何不同？ 再次聆听作品片段，请学生模仿、对比、思考： 两种京剧念白的发声方法有何不同？ 请学生运用两种不同的念白表演方式，分组进行表演实践	学习方法：体验法、练习法、发现法、观察法、模仿法。认真欣赏作品片段，模仿念白并思考回答： 京白和韵白的不同，节奏感不同。 京剧传统戏：多用韵白（湖广韵），一般用于京剧中的老生、青衣、花脸、小生、老旦。 京剧现代戏：多用京白（以普通话为基础），常用于花旦、丑角（比较少）。 再次感受两种念白，进行模仿实践，总结出二者的不同： A.《家住安源》念白流动，声音具有宽、厚、高、亮的特点，声音力度对比强（现代）。 B.《看大王在帐中和衣睡稳》念白流动不足，发声使用假嗓、尖声尖气，声音力度对比弱（传统）。 两种京剧念白表演实践与交流	进入本课的重难点教学，让学生通过实践感知来总结京剧现代戏与京剧传统戏念白、发声艺术表现的不同，综合不同舞台表现，进行艺术表演实践

续　表

教学环节	教师活动	学生活动	设计意图及教学方法
新课教学——京剧现代戏与京剧传统戏伴奏的对比（老生）	教学方法：演示法、对比法、问答法。 （过渡语：感受了念白，我们再一起来了解，京剧现代戏和传统戏具有怎样的音乐特征呢？） 教师播放京剧传统戏《我正在城楼观山景》和京剧现代戏《甘洒热血写春秋》伴奏片段，问： 除了服饰、道具、化妆、题材、念白等外，你从两种京剧片段的音乐中还发现有何不同？	学习方法：体验法、对比法、发现法。 学生聆听两个片段，思考回答：伴奏不同。 传统京剧：京胡、京二胡、月琴、板鼓、大锣、小锣、钹。 现代京剧：加入了西洋管弦乐，使场面听起来更加宏大	让学生从配器、伴奏的维度来总结两者的不同，同时强化学生的音乐基础知识
活动体验：学唱表演现代京剧《智取威虎山》选段《甘洒热血写春秋》	教学方法：讲授法、示范法、演示法、问答法。 教师完整播放《甘洒热血写春秋》京剧视频，问：剧中展现了人物怎样的思想感情？ 介绍《甘洒热血写春秋》选段的背景。 播放音频，提问：觉得演唱最有特色的地方是什么？ 教唱特色乐句和念白，对演唱困难部分进行分析讲解。 加入造型演唱	学习方法：体验法、练习法、发现法。 欣赏《甘洒热血写春秋》思考： 1. 回答：表现了杨子荣机智勇敢，深入虎穴当卧底，并要取得最后胜利的决心和信心。 2. 了解选段背景。 3. 对照谱例听音频，找出具有演唱特色的一句：最后一句拖腔+念白。 4. 练习演唱最后一句拖腔和念白。 5. 京剧表演	结合上一环节的学习，教师再通过介绍歌曲背景、教唱等活动，让学生加入到实际表演中，切身体验京剧，从西皮唱腔（唱）、京剧念白（念）、京剧表演（做）、打京剧四功的教学，让学生更加深入地理解京剧的综合表演艺术形式，培养学生对京剧艺术和民族文化的热爱之情

续 表

教学环节	教师活动	学生活动	设计意图及教学方法
课堂小结：京剧传统戏与京剧现代戏的不同、京剧的艺术魅力	教学方法：演示法、启示法、讲授法。 提问：你觉得京剧有怎样的艺术魅力？ 教师和学生一起总结两种京剧的不同（表格展示）	学习方法：发现法、练习法、观察法。 学生自由回答并随教师总结：京剧是综合性的表演艺术。 和教师一起总结两种京剧的不同（完成表格）	通过欣赏、体验两种京剧，加深对国之瑰宝——京剧的文化理解，为课后自学拓展内容打下基础
课后作业	搜集现代京剧的著名唱段。 观看《京剧的唱腔与板式》视频，自学京剧唱腔与板式的相关内容	课后拓展学习	运用翻转课堂，完善课堂内容，激发学习兴趣，增强主观能动性

【教学反思】

京剧艺术博大精深，内容丰富。学生关注度和知识储备相对比较有限，教师要对教材知识进行深度挖掘和梳理；知识讲解可以结合课前微课进行，做到深入浅出，寓教于乐；课堂教学环节将听、赏、鉴和体验相结合，以点带面，加深理解和感悟，激发多维度的体验和创造性活动；同时，引导学生自主探究艺术领域，关注和理解艺术形态与社会发展之间的关系。

【专家评析】

该单元教学设计以京剧艺术的溯源与发展为脉络，贯穿横向与纵向两条主线。横向以京剧不同行当经典作品赏析为切入点，让学生理解、感悟及体验京剧艺术的典型艺术特征；纵向以文化理解步步渗透，追溯京剧的诞生、发展与流派、不同时代背景下京剧的历史意义与文化特征，引导学生积极关注和探索京剧的传承与多元化发展，激发民族自豪感。教学设计注重以点带面，深入浅出，通过对京剧行当的唱、念、做、打的艺术特性分析与京剧名段听、赏、鉴和体验相结合，对京剧的典型艺术特征、历史背景和文化特色进行深度挖掘和梳理，并逐步上升到学生知识结构、能力结构、价值意义结构、逻辑结构四个方面的核心素养的培养。关注和突出以教学环节对标新课标学业质量的进阶式评价为导向的深度学习模式。通过积极有效的音乐实践与创编活动，让学生感受京剧艺术独特的魅力，体验京剧艺术多样化的表现形式，加深对中国传统文化的理解和热爱，坚定文化自信。教学设计中，教师关注和突出以"学生"为主体的设计主线，教学环节环环相扣，教学内容层层深入，巧妙地将教学信息化的策略有效融入教学，从微课学习、课堂分享、课堂情境化的创设，京剧行当的学习模仿和诗词创编活动到课后京剧App的推荐学习，充分调动学生的自我探究与合作学习能力。注重学生从京剧艺术的听觉特性、表现要素、表现手段及独特表演形式建立整体性的理解和感悟。第一课时通过京剧传统戏的鉴赏溯源京剧艺术的历史背景和文化内涵，让学生感受和体验京剧各行当典型的音乐特征和艺术表现力，体验音乐艺术表现的多样性，提升感知和评鉴能力；第二课时则从题材、唱法、念白、表演、伴奏等几个方面对比赏析京剧传统戏与京剧现代戏的不同特征，通过拓展京剧的跨界表演，探讨京剧艺术的时代发展。两个课时的教学设计紧紧围绕京剧的艺术特征与时代特性有效展开，将中国国粹的艺术魅力和深厚情感根植于学生心中。但因为本堂课所涉及的京剧教学内容专业性比较强，所以在丰富的教学活动中，需要教师在课前进行足够的知识和技能的学习和积累，才能在课堂中更充分地展现京剧的艺术魅力，更有效地调动学生参与和体验的积极性。

（四川省教育科学研究院　牛琴）

范例二

《光荣与梦想——峥嵘岁月》单元整体教学设计

成都市第二十中学校　姜　轶

四川省郫都区第一中学　周　笛

年级：高一年级

课时：2课时

【课标引领】

通过音乐作品回顾历史，展望未来，感悟中国历史发展不同阶段的优秀艺术作品所表达的深厚情感与思想内涵。关注到音乐艺术与社会生活密切相关，不同地域、民族、时代有着不同的音乐文化创造，并直接表现为音乐作品题材、体裁、形式和风格等多方面的差异。优秀音乐作品是对特定社会、文化和历史的理解，反映一个国家、一个民族文化创造的特色、能力和水平。

在作品鉴赏和音乐实践等一系列审美活动中，加深对音乐艺术的听觉特性、表现形式、表现要素、表现手段及独特美感的体验、感悟、理解和把握。使学生掌握关于音乐题材、体裁、交响乐队等音乐基础知识和基本技能，培育在联觉机制作用下对音乐音响的综合体验、感知和评鉴能力，提升艺术素养和人文修养，增强对真善美的讴歌与塑造能力。

丰富多样的音乐艺术形式具有鲜明的表演性。让学生通过歌唱表演和音乐编创等活动，提升表达音乐艺术美感和情感内涵的实践能力。学生在其中接受熏陶、把握规律、感受乐趣，并在特定的艺术表现情境中丰富情感、充实心灵、激发想象力、发挥创造力、培养自信心、获得成就感，强化社会责任感。

【教材分析】

1. 《血战湘江》选自交响套曲《长征》第二乐章，是作曲家张千一为纪念红军长征胜利80周年而创作，于2016年10月12日在国家大剧院首演。这部大型交响套曲分《送亲人》《血战湘江》《山歌情》《征途》《勇士飞夺泸定》《彝海情深》《雪山草地》《红军到咱羌寨来》《大会师》九个乐章。为了再现历史，整部作品将湘江战役、飞夺泸定桥、过雪山草地、大会师等长征中的重要历史事件，进行了场景式展现和情感式抒发，并结合赣、川、陕等不同地域的音乐风格，以及汉、藏、羌、彝等不同民族的特点，立体再现红军长征这一恢宏史诗。第二乐章《血战湘江》，通过音乐中变换的节拍、尖锐的音响，描绘了战争的惨烈场景，表现了1934年红军战士做出巨大牺牲才渡过湘江，成功突破封锁线的悲壮故事，歌颂了红军战士为了革命理想信念，视死如归的战斗精神。

2. 《忆秦娥·娄山关》是毛泽东同志于1935年创作的一首词。当时，毛泽东同志率领红军在娄山关一带作战，经过激烈的战斗，最终获得了长征以来的第一次重大胜利。毛泽东有感于此，写下了这首词作，其也是毛泽东诗词的代表作之一。"忆秦娥"是词牌名，据传系李白于唐明皇奔四川以后所作。作曲家陆祖龙对《忆秦娥·娄山关》的谱曲，又赋予了这首词新的内涵。从其音乐形态来看，其结构严谨、旋律舒展、节奏变化丰富、音域宽广、力度变化大，对这首诗词有了更深刻的渲染与表现，使其成为一首具有深厚内涵和魅力的艺术歌曲。1971年，作曲家田丰先后将五首毛泽东诗词谱成了合唱曲，作品通过对京剧的借鉴和对西方调式的有机运用，充分展示出了原词的风格和气魄，可谓是词曲交融，相映生辉。

3. 《山丹丹开花红艳艳》是根据陕北信天游音调改编而成的一首歌曲，由李若冰、关鹤岩、徐锁、冯富宽作词，刘烽编曲。此曲是2003年中央电视台拍摄的大型电视连续剧《延安颂》主题歌。歌曲由陕北民歌《信天游》和陇东民歌《揽工调》改编而成。两首民歌交替演唱，前者悠扬高亢，后者激情奔放，全曲既有变化对比又相互融合，浑然一体，创作旋律采用陕北高腔的音调，曲调高亢、明亮、宽广，迸发出朴素真挚的情感，这首歌唱出了陕北人民在红军到来时的激动之情，展示了一幅动人的历史画卷，反映了当时人们乐观向上的精神面貌。

4. 《你是这样的人》是电视纪录片《百年恩来》的主题歌曲。由宋小明作词，三宝作曲，是为纪念周总理100周年诞辰而作的一首颂歌。旋律朴实动人，情感含蓄深沉，荡气回肠。歌曲C大调，4/4拍，音乐有两个旋律反复回旋出现，表达了对伟人的思念之情，反复咏唱主题——"你是这样的人"。A乐段以宽广的节奏和级进的旋律，颂扬伟人的崇高品格；B乐段的乐句由弱起开始。特性乐汇贯穿整个乐段，与A乐段风格形成鲜明对比。

5. 《歌唱祖国》是一首全国人民都耳熟能详的爱国主义歌曲。歌曲表现了中华人民共和国朝气蓬勃、蒸蒸日上的新面貌，记录了刚刚解放的中国人民雄壮前进的步伐。歌词凝练集中，具有鲜明生动的形象；旋律气势豪迈而充满深情，是一首既具有深刻思想性，又具有高度艺术性的群众歌曲。其结构严谨，简洁明快，既通俗易懂，又朗朗上口。一曲《歌唱祖国》凝结了爱国之声、人民之心、民族之魂，立即传遍全中国，成为亿万中国人民久唱不衰、响遍神州的"金曲"和跨世纪的音乐经典之作。

6. 《春天的故事》是一首民族风格浓郁的叙事歌曲，以深厚的寓意、优美的旋律和独特的艺术表现手法，讲述了亿万中国人民在邓小平理论指导下，满怀信心地走上改革开放的道路，中华大地发生历史性巨变的传奇故事。这首歌曲记录了中国改革开放的历史进程，是改革开放标志性、代表性歌曲，打上了鲜明的时代烙印。

7. 《御风万里》是我国当代作曲家郭文景为交响乐队和管乐队创作的一首序曲。这首乐曲为庆祝香港回归祖国而作，于1997年7月1日在香港首演。乐曲为C大调。其结构形式为：引子＋A段＋B段＋A段＋尾声，也可以说采用了快—慢—快的序曲形式。在节奏上，作者特别注重节奏和节拍的艺术化处理，多采用奇数拍和变节拍的技法营造音乐的动感。乐曲的A段和再现A段采用主调音乐的写法，形成旋律加伴奏的织体形态；而B段则采用了复调音乐的写法，表现为多种民歌旋律对位化的形式。《御风万里》表现了节日庆典的欢乐氛围。

8. 《光荣与梦想》是一首进行曲风格的歌曲，全曲铿锵有力、情绪激昂，表现出全国人民在中国共产党的领导下凝聚决心和力量，为实现中华民族伟大复兴的中国梦而昂扬奋进。歌曲为单二部曲式，第一乐段由两个乐句构成，第三、四乐句是第一、二乐句的变化重复。第二乐段由两个乐句构成，第二乐句的前半句是第一乐句的上行三度模进。歌曲以富有动力感的附点节奏和前八后十六节奏，在多个乐句的弱起开始出现，具有很强的推动感。表达了人民怀着激动的心情和坚定的决心，聚集在中华民族伟大复兴的旗帜下，为了光荣与梦想吹响出发的号角。

【学情分析】

高一年级学生已具备一定的自主探究学习能力，近年来在建党百年和冬奥会胜利召开的大背景下，学生们已经能够深刻感受到大国崛起、国富民强的民族自豪感。他们积极关注不同视角不同艺术门类对于情感的表达，乐于尝试更多创意性的表达，也更关注历史文化、社会现象对艺术的影响；对音乐体裁、交响乐队等基础知识有一定的认知，具备一定的音乐鉴赏能力、语言表达能力和艺术实践能力，在作品鉴赏中能积极体验音乐要素的变化，建立基本审美感知；在老师的鼓励和引导下，能够积极主动地参与作品的理解体验、思考探究、分析归纳和艺术综合实践活动。

【整合思路】

本单元课的教学设计以表达爱党、爱国的深厚情感与思想内涵为主旨，从讴歌革命理想到颂扬中华民族伟大复兴的光荣梦想。横向从长征到中华人民共和国成立和建设初期，以及改革开放以来中国历史发展不同阶段的重要历史事件或伟大人物的题材为主线；纵向从鉴赏交响曲、艺术歌曲、群众歌曲、民歌风格的改编曲、叙事歌曲、颂歌等音乐体裁作品出发，让学生关注不同音乐体裁中音乐语言的独特表达方式，感受音乐艺术的多样性和多元化。

【情境与任务】

情境：围绕中国历史发展不同阶段的音乐创作展开新闻视角、历史文化视角、文学视角和艺术视角的感悟体验。

任务：围绕本单元音乐题材和体裁的两条主线，分析音乐要素的变化，体验音乐语言的特性表达，加深对优秀艺术作品音乐情感、思想内涵，塑造音乐形象，形成音乐风格等方面的理解、感悟；提升对不同体裁音乐作品的鉴赏及表达能力。

【单元目标】

1. 赏析中国历史发展不同阶段的优秀艺术作品，在音乐情境中能从整体上认知音乐艺术的音响特征和文化背景；能在老师的引导下感受音乐表现要素（旋律、节奏、速度、力度、音色、调式等）的变化，从作品题材认知音乐表现的对象和情感。

2. 从不同体裁和形式的作品所具有的音乐表现特征和音响本体出发，体验音乐美感，领悟作品表现意图，归纳音乐形象特征、音乐风格、情感表达及思想内涵；在欣赏和表现音乐的过程中，感知作品表达的情绪、情感、意境、意志并产生共鸣；体验、辨识并描述音乐的时代特征和民族风格。

3. 乐于参与音乐作品鉴赏中的节奏体验与创编活动，能有感情地演绎声乐作品。在情境体验、拓展与探究活动等综合实践活动中，提升音乐艺术表现技能，增强艺术表达的自信。

4. 认识音乐在不同历史时期所反映的时代特征、文化特色和社会内容，理解音乐的多元文化，了解音乐的艺术价值和社会价值，增强民族自豪感，坚定文化自信，从作品中体会到深厚的爱国主义情怀。

【课时划分】

第1课时：光荣与梦想——峥嵘岁月

第2课时：光荣与梦想——共筑中国梦

【单元设计思路】

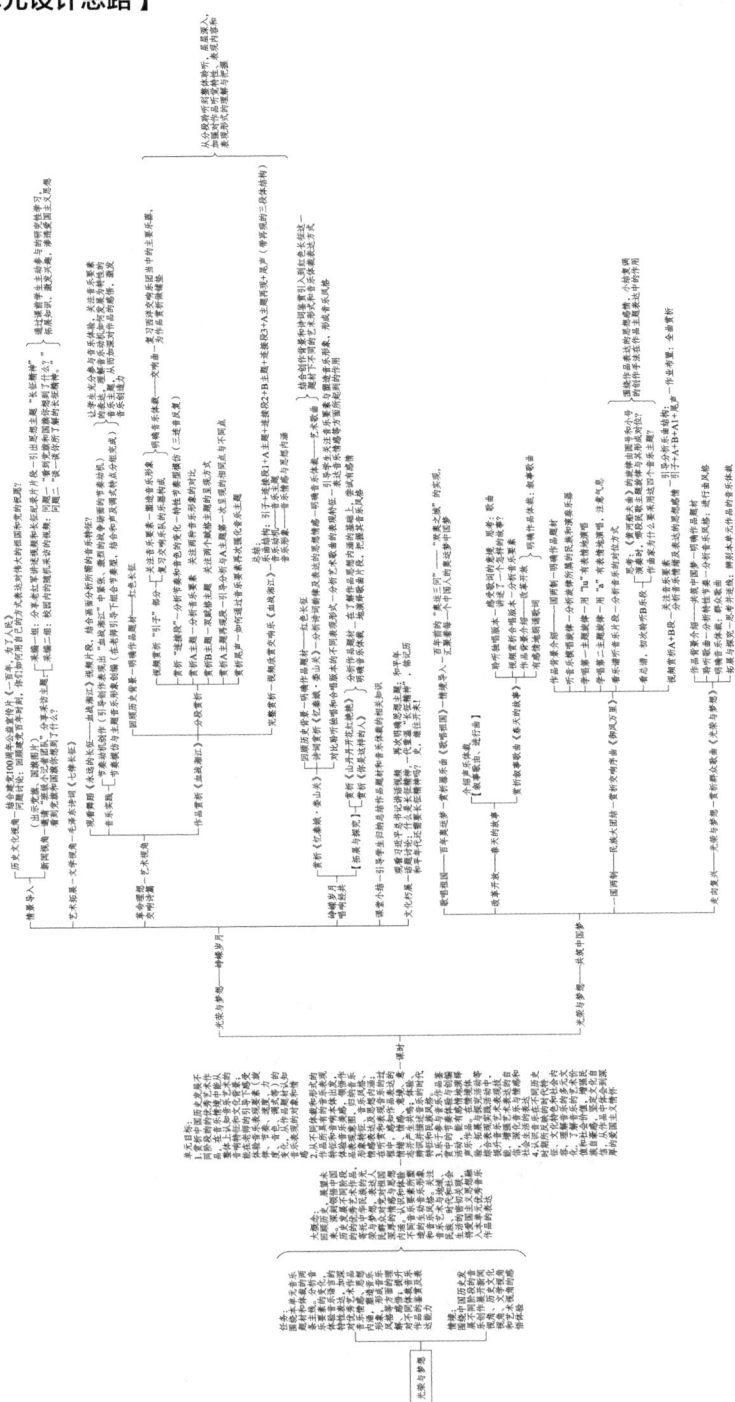

【单元四大结构】

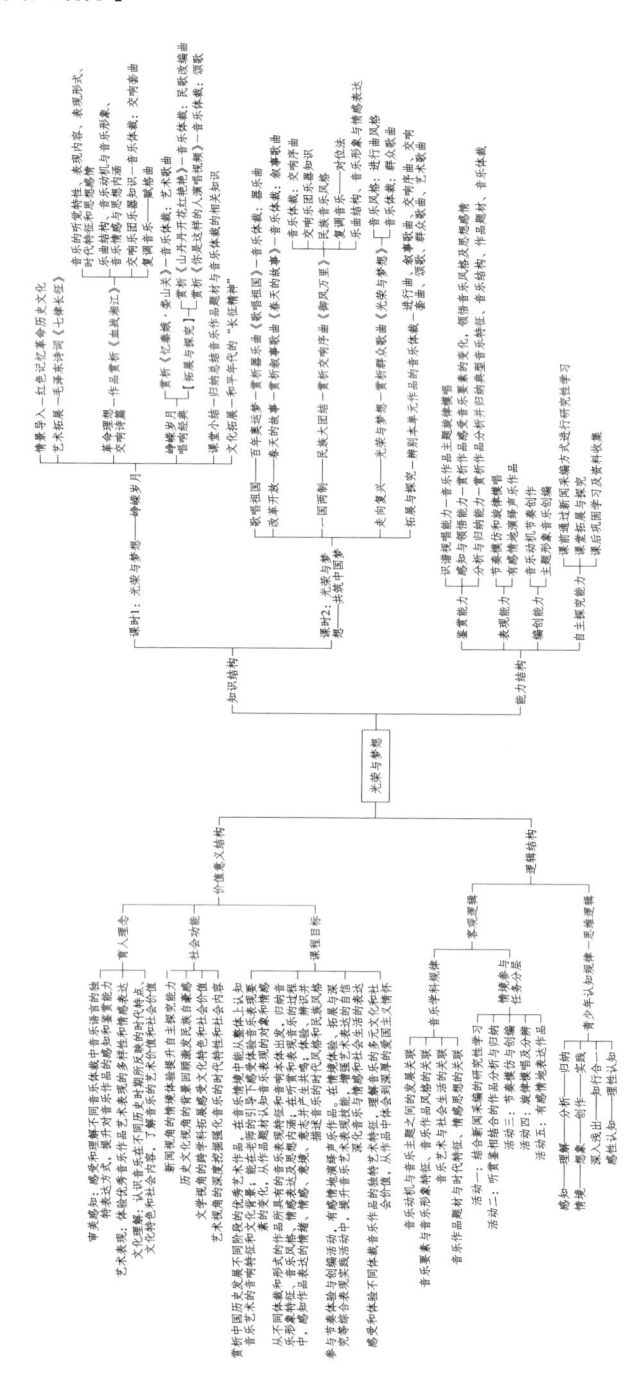

大概念：回顾历史，展望未来。深刻领悟中国历史发展不同阶段的优秀艺术作品，寄托中华民族的光荣与梦想，表达人民群众对党对祖国深厚的情感。认识和体验不同音乐要素所塑造的生动音乐形象和音乐风格。关注音乐艺术与地域、民族、时代和社会生活的密切关联，将爱国主义思想融入本单元优秀音乐作品的表达。

第一课时：光荣与梦想——峥嵘岁月

【教学目标】

1. 聆听《血战湘江》《忆秦娥·娄山关》《山丹丹开花红艳艳》《你是这样的人》。

2. 在感受、体验音乐的基础上，认识和理解音乐要素在表达音乐思想内涵、塑造音乐形象、形成音乐风格等方面所起的作用，体验音乐语言所带来的感受。

3. 积极参与节奏和主题创编活动等音乐体验活动，关注对音乐要素的表达。

4. 认识音乐所反映的时代特点和社会内容，了解音乐的艺术价值和社会价值。

【教学重难点】

聆听四首作品，体验音乐的情绪和情感，认识和理解音乐要素在表达音乐思想内涵、塑造音乐形象、形成音乐风格等方面所起的作用。了解音乐的艺术价值和社会价值。

【教学过程】

教学环节	教师活动	学生活动	设计意图
情景导入	【历史文化视角】 播放建党100周年公益宣传片《一百年，一切为了人民》视频。问题讨论：回顾建党百年时刻，你们如何用自己的方式表达对伟大的祖国和党的祝福？ 【新闻视角】 （出示党旗、国旗图片） 邀请"班级小记者团队"分享采访主题：看到党旗和国旗时，你想到了什么？	采编一组：播放收集到的老红军视频和长征纪录片片段，结合视频中老红军的故事讲授。 学生梳理1934年10月至1936年10月这段特殊的历史时期的资料，增强中华儿女的民族意识和家国情怀。 ——引出思想主题"红色长征" 采编二组：播放校园内随机采访的制作视频： 问题一"看到党旗和国旗你想到了什么？" 问题二"谈一谈你所了解的长征精神。" 结合班级学生的现场互动进行讨论	通过课前学生主动参与的研究性学习，从新闻和历史文化视角让学生充分了解那段峥嵘岁月。拓展知识，激发学生爱党、爱国情怀。
艺术拓展	【文学视角】 1. 提问：关于"长征精神"的思想主题还有哪些艺术表现形式？ 2. 出示：《七律·长征》。 3. 教师讲授创作背景： 《七律·长征》是一首七言律诗，选自《毛泽东诗词集》，这首诗创作于1935年10月，当时毛泽东率领中央红军越过岷山，长征即将结束。作为红军的领导人，毛泽东在经受了无数次考验后，回顾长征一年来所战胜的无数艰难险阻，如今，曙光在前，胜利在望，他心潮澎湃，满怀豪情地写下了这首壮丽诗篇	学生回答： 以长征为题材的音乐作品，如《长征组歌》《长征交响曲》（丁善德曲）及歌曲《十送红军》等。此外，还有许多相关影视、绘画作品。如军旅画家张庆涛创作的大型油画《湘江·1934》。 朗诵诗词，感受文学作品中的"长征精神"。知道这首诗艺术地描绘了红军长征的战斗历程，热情洋溢地赞扬了红军不畏艰险、英勇顽强的革命精神	从文学视角让学生更深入地了解红军长征的历史意义。了解同一题材下不同艺术门类的不同表现形式。 从文学视角让学生更深入地感受红军长征的历史意义。了解同一题材下不同艺术门类的不同表现形式

续 表

教学环节	教师活动	学生活动	设计意图
讲授新课	【艺术视角】 1．观看舞蹈《永远的长征——血战湘江》视频片段，定格画面场景，分析表现这个场景所需要的音乐形象特征？ 2．请学生思考：在这个场景中用怎样的节奏动机更能表现出"血战湘江"中紧张、激烈的战争场面？ 3．邀请班级中擅长打击乐的同学上台用小军鼓敲击出这组节奏动机。台下学生用拍桌子的方式进行节奏模仿。 4．提问：在这个节奏动机和音乐风格基础上我们还能怎样发展这个音乐动机？ （延续之前的节奏动机给学生几种不同的节奏型，让学生分组进行节奏组合，并思考如何用音乐表达紧张激烈的情绪。） 5．老师在钢琴上弹奏几个不同的和声和音阶，请同学们思考在这个节奏动机下编配哪个和声更能表现出紧张激烈的音乐形象。 【赏析《血战湘江》】 1．介绍《血战湘江》的历史背景及交响曲《长征》第二乐章《血战湘江》作品的背景。 2．分段赏析：播放视频引子部分，分析音乐要素与音乐表现力	学生观看视频并回答："紧张、激烈、残酷的战争场面" 【音乐实践】 教师指导学生完成某一节奏型组合，选择表现最好的一组上台进行展示。 学生总结： 1．表现激动、紧张的情绪时，音符的时值和音与音的连接应该短而紧凑；表现婉转、抒情的情绪时应该长而松弛。 2．用不协和的和声和音阶进行时更能体现音乐紧张激烈的情绪。 分段聆听、感受、体验，并分析音乐要素的变化。 学生回答： 音色：小军鼓伴奏，弦乐组呈现节奏——不规则节奏。 旋律：包含不协和的减5度音程和半音阶旋律动机。 速度：快速的。 力度：强劲有力的。 学生回答并进行节奏模仿	通过节奏和主题创编活动，让学生充分参与音乐体验，关注音乐要素的表达，理解音乐动机如何发展为特性的音乐主题，从而加深对作品的感悟，激发音乐创造力。 通过视频赏析，了解西洋交响乐团中的主要乐器，为接下来的作品赏析做铺垫

续表

教学环节	教师活动	学生活动	设计意图
讲授新课	提问引领： （1）有哪些音乐要素塑造了作品的独特音乐形象。 （2）视频中的交响乐队由哪些乐器构成？ 3.聆听连接段。 分析节奏和音色有什么变化？找出特性节奏并模仿演奏。 （三连音、同音反复） 4.聆听A主题。 关注片段中两个不同音乐形象的对比呈现： （1）持续密集的三连音同音反复背景主题。 （2）铜管乐演奏的A主题表现了怎样的音乐形象？（紧张、焦灼、恐怖） 5.聆听B主题（双主题赋格段），提问： （1）关注两个音乐主题是以连音还是跳音为主？ （2）两个赋格主题分别用什么乐器来呈现？ 6.聆听A主题再现段，引导分析与A主题第一次呈现的相同点与不同点。 7.聆听尾声：如何通过音乐要素再次强化音乐主题形象？ 完整赏析： 欣赏交响乐《血战湘江》视频 总结： 音乐动机——音乐主题 音乐形象——情感与思想内涵	讨论总结： | 音乐形象 ||| |---|---|---| | 音乐要素 | 背景主题 | A主题 | | 节奏 | 紧密 | 舒缓 | | 旋律 | 层层递进动力性强 | 宽广且不协和 | 两种音乐形象的对比呈现犹如戏曲中的紧拉慢唱；在强烈的反差中表现了战斗场面的激烈紧张，以及敌我双方僵持不下的焦灼状态 | 主题段落	音乐要素 || |---|---|---| | A主题 | 以八分音符为主的跳音细分音值 | 弦乐 | | B主题 | 相对长音值的跳音主题；不协和旋律音程 | 弦乐木管铜管 | 两个主题交织呈现，暗示战斗紧张焦灼的气氛越来越浓烈 师生归纳总结： 乐曲结构：引子+连接段1+A主题+连接段2+B主题+连接段3+A主题再现+尾声（带再现的三段体结构）	从分段聆听到整体聆听，层层深入，通过感悟和体验加强对作品的听觉特性、表现内容和表现形式的理解与把握

续 表

教学环节	教师活动	学生活动	设计意图
峥嵘岁月 唱响经典	【赏析《忆秦娥·娄山关》】 1．观看视频，了解《忆秦娥·娄山》的创作背景。 2．教师讲授：《忆秦娥·娄山关》是毛泽东同志创作于1935年的一首词作。当时的毛泽东同志率领红军在娄山关一带经过激烈的战斗后，获得了长征以来的第一次重大胜利。有感于此，写下了这首词作。 3．诗词赏析： 忆秦娥是词牌名，据传系李白于唐明皇奔四川以后所之词。 请学生先朗诵，再分析其韵律及表达的思想情感。 4．歌曲赏析： （1）聆听独唱版本，引导学生分析作品的艺术特征，感受音乐语言与情感表达之间的联系。 （2）对比聆听独唱与合唱版本片段，体会不同艺术表现形式的不同艺术效果。 【拓展与探究】 赏析《山丹丹开花红艳艳》： 1．教师范唱《山丹丹开花红艳艳》，并提问： （1）具有哪个地区的民歌风格？从哪些音乐要素可以看出？ （2）曲调分为几个段落，各有什么特点？ （3）表现了什么思想感情？	作品题材：长征 音乐体裁：艺术歌曲 学生朗诵并回答： 这首词慷慨雄浑。词的上阕写景，下阕抒情，从内到外勾勒出一幅雄浑壮阔的冬夜行军图，描画了红军长征中征战娄山关的紧张激烈场景，表现了作者面对困难从容不迫的气度和博大的胸怀。 | 段落 | 音乐形象 | 艺术特征 | 思想感情 | |---|---|---|---| | 前奏 | 紧张的战斗场景 | 长短、强弱错落有致；三连音、连续附点节奏 | 借景抒情，表现了作者面对困难从容不迫的气度和博大胸怀 | | 上阕 | 大军过娄山关 | 戏曲与曲艺的音乐素材 | | | 下阕 | 娄山关进军 | 进行曲要素 | | 陕北高腔；方言特点。 两个段落；上下句对称。 唱出了陕北人民对红军到来的期盼，展示了一幅动人的历史画卷，反映出当时人们乐观向上的精神面貌。	结合创作背景和诗词鉴赏，引导学生理解不同的艺术形式和音乐体裁对"长征"这一主题的表达。 对比聆听，引导学生关注音乐要素在塑造音乐形象、形成音乐风格、表达音乐情感等方面所起到的作用

083

续 表

教学环节	教师活动	学生活动	设计意图
峥嵘岁月 唱响经典	2．作品背景介绍：此曲是2003年中央电视台拍摄的大型电视连续剧《延安颂》主题歌，由陕北民歌《信天游》和陇东民歌《揽工调》改编而成。 2．出示乐谱，学生学唱 3．师生有感情地合唱：由学生演唱衬词部分。 4.引导学生归纳总结： （1）音乐题材：革命历史故事。 （2）音乐体裁：民歌风格的改编曲。 （3）思想情感：朴素真挚，表达陕北人民对红军到来的期盼 赏析《你是这样的人》： 1．看歌词，听音乐，结合作品介绍，分析音乐题材、体裁及思想情感。 2．赏析美声唱法《你是这样的人》演唱视频，再次感受歌曲浓烈的情感。分析音乐要素，区别不同唱法的艺术表现力	学生回答： 两首民歌交替演唱，前者悠扬高亢，后者激情奔放，全曲既有变化对比又相互融合，浑然一体，创作旋律采用的曲调高亢、明亮、宽广，迸发出朴素真挚的情感。 在了解作品思想内涵的基础上，学生与老师有感情地演唱。 分析归纳： 1．音乐题材：历史伟人周恩来。 2．音乐体裁：颂歌。 （旋律朴实动人，情感含蓄深沉，荡气回肠。） 3．思想情感：周恩来总理把自己的一生献给了党和人民的事业。 音乐有两个旋律反复回旋出现，表达对伟人的思念之情，反复咏唱主题——"你是这样的人" A乐段以宽广的节奏和级进的旋律，颂扬伟人的崇高品格； B乐段的乐句由弱起开始。特性乐汇贯穿整个乐段，与A乐段风格形成鲜明对比	结合教材练习进行拓展与探究，感受时代特色，加深文化理解，感悟爱国爱党的深厚情怀，了解和掌握更多音乐体裁方面的知识

续 表

教学环节	教师活动	学生活动	设计意图
课堂小结	围绕本章节的音乐作品，引导学生归纳、总结作品题材和音乐体裁的相关知识	学生归纳： | 作品题材	革命年代浴血奋战	《血战湘江》	交响套曲 | |---|---|---|---| | | | 《忆秦娥·娄山关》 | 艺术歌曲 | | | | 《山丹丹开花红艳艳》 | 民歌风格的改编曲 | | | | 《你是这样的人》 | 颂歌 |	充分调动学生的自主探究和归纳总结能力，复习巩固，梳理知识，加深理解
文化拓展	让学生观看习近平总书记关于长征精神的重要讲话视频并思考，参与话题讨论：谈一谈什么是长征精神，和平年代还需要长征精神吗？ 教师总结： 我们只有铭记历史，才能深刻了解过去、全面把握现在、正确创造未来	学生讨论： 红军不怕远征难，长征精神代代传。和平年代重温长征精神，有助于我们更好地坚定理想信念，砥砺意志，团结奋斗，继往开来！	
预习与思考	1. 回顾建党百年历程，收集中华人民共和国成立后以"歌颂祖国""歌颂党"为主题的歌曲，并学唱1～2首。 2. 由"班级小记者团队"收集、整理中华人民共和国成立以后，中国发生的重大事件和重要人物事迹（下节课分享）		学以致用，进行课后鉴赏学习，延伸对时代精神和革命传统文化的学习研究，增强文化自信和民族自豪感

第二课时：共筑中国梦

【教学内容】

作品：鉴赏歌曲《歌唱祖国》《春天的故事》《我爱你中国》，交响序曲《御风万里》。

知识点：群众歌曲、艺术歌曲、叙事歌曲、序曲。

【教学目标】

1. 聆听歌曲《春天的故事》《光荣与梦想》，感受作品的音乐风格和情绪，了解和掌握声乐体裁叙事歌曲、艺术歌曲和群众歌曲的基础知识。鉴赏器乐曲《御风万里》，听辨四个民歌主题的特点及蕴含的情感。

2. 有感情地哼唱《御风万里》B段第一、第二音乐主题，把握音乐的民族特色。

3. 聆听《春天的故事》《御风万里》《光荣与梦想》，了解音乐创作背景以及音乐所反映的时代特点和社会内容，认识作品的艺术价值和社会价值。了解我国当代音乐创作的概况，引申了解中国改革开放以来的重大历史进程，认识和了解音乐作品所反映的时代特点、社会内容和民族精神，理解音乐与社会生活的关系。

【教学重点】

1. 聆听器乐曲《御风万里》，感受作品的音乐风格、情绪及其艺术和社会价值。

2. 认识和了解音乐作品所反映的时代特点、社会内涵和民族精神，理解音乐与社会生活的关系。

【教学难点】

听辨、感受器乐曲《御风万里》的和声织体。

【教具】

多媒体设备。

【教学过程】

教学环节	教师活动	学生活动	设计意图
一、歌唱祖国 百年奥运梦	【导入】 1．播放2022冬奥会中国运动员入场视频，提问：背景音乐的名字和体裁是什么？ 2．引导学生总结进行曲的特点（师：刚刚听到的乐曲是《歌唱祖国》，音乐体裁是进行曲，群众歌曲常用进行曲体裁）。 3．师小结：从百年前的"奥运三问"得到解答，到全球首个"双奥之城"实现，正如北京冬奥会会徽"冬梦"的寓意，2022年北京冬奥会汇聚着每一个中国人的奥运梦、中国梦	【认识】 观看视频，聆听音乐，回答入场式的背景音乐是什么名字，以及这段音乐是什么体裁。 思考作答。 总结进行曲的特点：进行曲是一种用步伐节奏写成的乐曲或歌曲。用偶数拍子，节奏明确，结构整齐。群众歌曲常用进行曲体裁。 《歌唱祖国》是全国人民耳熟能详的爱国歌曲，在2008年北京奥运会和2022年北京冬奥会这段音乐响起时，每一个中华儿女的自豪感油然而生	1．《歌唱祖国》是一首全国人民都耳熟能详的爱国歌曲，几十年来，这首歌传遍祖国大地，已成为独立自由的新中国的象征。以北京冬奥会中国运动员入场音乐《歌唱祖国》导入，增强学生的学习兴趣，激发学生爱国主义热情及民族自豪感。 2．了解进行曲，感受进行曲的特点，为后面了解群众歌曲做铺垫
二、改革开放 春天的故事	【过渡】 师：刚刚我们欣赏的《歌唱祖国》是一首进行曲，是用步伐节奏写成的，具有强烈的号召性。接下来，我们再欣赏一首叙事歌曲	【思考】 学生按老师的提示思考问题。认真聆听作品后回答问题	1．从进行曲到叙事歌曲，从慷慨激昂过渡到凝神细听。为本课的教学内容进行必要的知识过渡及情感铺垫

续 表

教学环节	教师活动	学生活动	设计意图
二、改革开放——春天的故事	【赏析】 教师播放作品《春天的故事》，并提示学生：请同学们边听边思考，歌曲讲述了一个怎样的故事？可以分为几个乐段？ 【背景】 师：出示PPT并讲解。改革开放后，深圳依靠沿海地理位置优势，抓住发展机遇，成为一座现代化大都市。 1992年年初，邓小平在视察南方期间发表重要谈话。此后，中共中央政治局全体会议根据谈话精神作出了"关于加快改革开放和经济发展的决定"。1992年10月，中国共产党第十四次全国代表大会召开，大会阐述了建设有中国特色社会主义理论，明确提出了建立社会主义市场经济体制，加快改革的步伐	【讲述】 按自己的理解和认识，积极回答问题。 《春天的故事》是一首民族风格浓郁的叙事歌曲，以深厚的寓意、优美的旋律和独特的艺术表现手法，讲述了中国人民在邓小平理论指导下，满怀信心地走上改革开放的道路，中华大地发生历史性巨变的传奇故事。 【了解】 同老师一起，了解作品，进而理解作品。歌曲包括两个乐段。 第一乐段：运用白描的手法、叙述的口吻、亲切感人的语调，像讲故事似的，将"春天的故事"的来龙去脉娓娓道来	2．让学生带着问题聆听，以便提高学习效率。使学生更加深刻地理解作品，知道声乐体裁叙事歌曲的含义。 3．理解作品的思想性、艺术性、时代性

续 表

教学环节	教师活动	学生活动	设计意图
二、改革开放 春天的故事	【简介】 这首歌曲记录了中国改革开放的历史进程，是改革开放标志性、代表性歌曲，打上了鲜明的时代烙印。曾荣获中宣部"五个一工程"奖、中国音乐"金钟奖"等奖项。 【体会】 朗诵歌词，体会歌曲的意蕴，注意A、B段的力度、语调，提问：歌曲表达了怎样的情感？	第二乐段：从"春雷啊唤醒了长城内外"开始，节奏拉宽，音域也提高了，这一乐段传神地表现了中国人民在邓小平理论指导下，满怀豪情地走在万象更新的春天里。 【理解】 第一乐段娓娓道来。旋律平缓，力度中强。 第二乐段激越铿锵。旋律起伏大，力度强。 【感受】 声音的高位置，情感投入地朗诵歌词（深入思考问题，积极回答）。 表达了对领袖的赞颂，为时代讴歌，永远跟党走！坚持改革开放，坚持中国特色社会主义道路！	4．学生深刻地理解改革开放的历史背景，品味作品的艺术和社会价值，树立坚定不移走中国特色社会主义道路的信念

续 表

教学环节	教师活动	学生活动	设计意图
三、一国两制 民族大团结	【过渡】 师：20世纪80年代初，在改革开放的历史条件和时代背景下，为实现国家和平统一，中国改革开放的总设计师、"一国两制"事业的奠基人邓小平同志创造性地提出了"一国两制"的科学构想，并首先用于解决香港问题。我们现在把时间拉回到一九九七。1997年7月1日，对于中华儿女来说是一个激动人心的日子，就在这一天，香港顺利回归，百年耻辱在这一刻成为历史。《御风万里》这首交响序曲是郭文景先生应香港特区庆委会之约创作的，于回归之夜在香港首演。这首作品气势恢宏，今天我们一起来欣赏A和B部分。 【序曲】 简介作品、作家及序曲知识	【认识】 序曲是一种音乐体裁。常见于歌剧、清唱剧、舞剧及戏剧等剧情开始前的一段器乐合奏曲。17、18世纪的歌剧序曲形式简单，多为三段体结构。法国序曲为复调风格，分为慢板、快板、慢板三个乐章，中段为快速赋格形式，末段较短。意大利序曲为主调风格，快慢顺序与前者相反，分为快板、慢板、快板三个乐章。19世纪以来，作曲家常采用这种体裁写成独立的器乐曲。 【思考】 学生按老师的提示思考问题。认真聆听作品后回答问题	1．学生在初中（八年级）教材中，已经学习过《御风万里》B部分。在高中再次学习鉴赏这首名曲，既是复习，也是知识与技能的进阶学习。在听赏过程中，对乐曲的理解，无论是音乐要素的把握，还是作品感情的积淀，较之初中，更深入、更深刻，从而达到提升学生的音乐感知、艺术表现、文化理解能力的目的。 2．知道器乐体裁序曲的含义。 3．聆听、熟悉、记忆四个民歌主题，为下一环节感受以民歌为创作背景的复调作曲手法做铺垫，帮助学生更好地理解作品的深刻内涵

续表

教学环节	教师活动	学生活动	设计意图
三、一国两制 民族大团结	【聆听】 提问：聆听四段民歌，根据四段民歌的旋律判断其属于哪一个民族，听辨演奏的乐器。 【哼唱】 视谱，学唱第一主题旋律。用"lu"高位置，有表情地演唱（熟记《黄河船夫曲》的主题旋律）。 视谱，学唱第二主题旋律。用"a"有表情地演唱，注意气息（熟悉《嘎达梅林》的主题旋律）。 【思考】 聆听B段片段，思考：主题一《黄河船夫曲》进行的时候，随后又听到了哪个主题？	【实践】 《黄河船夫曲》是一首劳动号子，歌曲粗犷、豪放、深沉，双簧管演奏，徐缓如歌。 《嘎达梅林》是一首短调歌曲，为了纪念用生命保卫家乡的蒙古族英雄嘎达梅林而作。 【听辨】 认真聆听、感受作品。 在《黄河船夫曲》的旋律进行中，蒙古族民歌《嘎达梅林》用对位的方式穿插进来	4.《御风万里》是以《黄河船夫曲》为脉络进行发展的，引导学生试唱音乐主题，为之后环节学生通过聆听，更深刻地理解"古为今用"的创作手法做铺垫。 5.在老师的引导下深入分析作品的B部分，并积极思考作品中《黄河船夫曲》表现的主题思想，探讨作者这样安排的真实意图，感受作品的艺术价值和社会价值，增强学生的民族自信心和自豪感

续　表

教学环节	教师活动	学生活动	设计意图
三、一国两制 民族大团结	【B段鉴赏】 看总谱，初次聆听B乐段。 （一问）《黄河船夫曲》的旋律由圆号和小号演奏时，哪段民歌主题旋律与其形成对位？（藏族主题） （二问）经过转调，《黄河船夫曲》的旋律依然在进行，哪段民歌主题旋律又穿插进来？（哈萨克族主题） （三问）作曲家为什么要采用这四个音乐主题？ 【A段鉴赏】 香港回归祖国，举国欢庆。请听A部分，提问：情绪是怎样的？ 展示乐曲A部分主题，聆听片段。 【A+B段鉴赏】 《御风万里》A+B段鉴赏，关注音乐要素，思考：作品表达了怎样的情感？	认真聆听，积极思考，教师实时引导学生看总谱鉴赏，回答三问。 汉族民歌《黄河船夫曲》、蒙古族民歌《嘎达梅林》、藏族民歌、哈萨克族民歌主题旋律依次出现。 B部分，选用高亢有力的民歌《黄河船夫曲》的旋律，表现中国人民有战胜一切困难的勇气和毅力。使用复调的手法，将汉族、蒙古族、藏族、哈萨克族等民族的民歌融为一体，寓意56个民族团结和睦，作品极具中国特色。 思考A与B力度、速度有何不同？聆听时，在教师适当提示下鉴赏后回答问题。 作品表达了56个民族团结和睦、亲如一家的情感	6．完整聆听《御风万里》B部分时，出示动态总谱，听出四个民歌主题的出现顺序及错落交织，帮助学生直观辨析交响曲的和声织体，提高学生音乐素养。了解作品使用复调的手法，汉族、蒙古族、藏族、哈萨克族等民族的民歌融为一体，表达了中华儿女企盼祖国统一、56个民族大融合的心愿。 7．了解作者及中国器乐创作的发展概况。了解"古为今用、洋为中用"的音乐创作的成功范例

续 表

教学环节	教师活动	学生活动	设计意图
四、走向复兴　光荣与梦想	【过渡】 师：党的十八大以来，习近平总书记提出并深刻阐述了实现中华民族伟大复兴的中国梦。中国梦生动形象地表达了全体中国人民的共同理想追求，昭示着国家富强、民族振兴、人民幸福的美好前景，为坚持和发展中国特色社会主义注入了新的内涵和时代精神。中国梦已经成为凝聚党心民心、激励中华儿女为实现中华民族伟大复兴而奋斗的强大精神力量。请欣赏群众歌曲《光荣与梦想》 【聆听】 播放歌曲《光荣与梦想》，提问：音乐有何特点？表达了怎样的思想感情？ 【知识】 讲解：声乐体裁——群众歌曲与艺术歌曲	【理解】 《光荣与梦想》为进行曲风格，铿锵有力。附点音符、三连音及弱起节拍带来很强的推动感。表现了全国人民在党的领导下凝聚决心和力量，为实现中华民族伟大复兴的中国梦而昂扬奋进，强大的中国屹立于世界东方！	1．了解艺术歌曲和群众歌曲的基础知识。 2．掌握艺术歌曲和群众歌曲的区别

续 表

教学环节	教师活动	学生活动	设计意图
四、走向复兴 光荣与梦想	群众歌曲的歌词通俗易懂，其内容大多与政治、社会活动有关，它体现人民群众的理想愿望，表达人民群众集体的思想感情。它的曲调大多雄壮豪迈，音域不宽，结构整齐，节奏鲜明，易于上口，适合群众集体齐唱。如《歌唱祖国》《我们走在大路上》等。我国群众歌曲的历史可追溯至国内革命战争时期。在抗日战争、解放战争和社会主义建设中，群众歌曲都起到了巨大的宣传鼓舞作用。艺术歌曲源自18世纪末19世纪初，是当时欧洲盛行的一种抒情歌曲。其特点是歌词通常采用著名诗歌，着重个人感情的抒发和内心体验的揭示，曲调与歌词紧密配合，表现手段与作曲技法比较复杂，深刻体现歌词的内容，感情细腻，优美感人，抒情性较强，伴奏不只是作和声的衬托，还常在渲染意境和刻画形象等方面起着重要的作用。20世纪20年代以来，我国作曲家也创作了大量的艺术歌曲，如《玫瑰三愿》《我爱你，中国》《我爱这土地》等。群众歌曲与艺术歌曲，从歌曲本身来说，并无明确界限。一般来说，群众歌曲多为分节歌，而艺术歌曲更加强调诗歌、旋律和伴奏紧密、细致地结合在一起	【归纳】 群众歌曲和艺术歌曲是在不同的条件下产生的。有时，很难严格地将它们区别开来，但它们之间还是有一些本质区别	

续 表

教学环节	教师活动	学生活动	设计意图
四、走向复兴 光荣与梦想	【连线】 　　你们能判断出这首音乐作品的体裁吗？请将声乐、器乐体裁与歌曲名进行连线。 【小结】 　　播放《我爱你，中国》，配视频（北京冬奥会开幕式片段）。 　　师：习近平总书记在庆祝中国共产党成立100周年大会上的讲话中指出：未来属于青年，希望寄予青年。新时代的中国青年要以实现中华民族伟大复兴为己任，增强做中国人的志气、骨气、底气，不负时代，不负韶华，不负党和人民的殷切期望		3．通过音乐体裁连线练习，复习本单元知识。 4．青年是中华民族伟大复兴的先锋力量，音乐课融入爱国主义教育尤为重要，培养学生的家国情怀

【教学反思】

　　本单元的教学设计围绕党史发展融入文化理解的主线，贯穿艺术作品的情感表达与思想内涵。关注音乐艺术与时代特性和社会生活关联。教学过程中围绕音乐本质，聚焦学科核心素养，关注学生对作品音乐要素的理解、感受和体验。体会歌曲中所蕴含的深厚爱国主义情感，通过观看、聆听、演唱、查阅资料等音乐活动，更好地体会音乐所表达的情感，感受歌曲中深厚的爱国主义情感，牢记历史，明确使命。教师对作品的典型音乐特性、历史背景和文化特色进行深度挖掘和梳理；引导学生从音乐特征和情感角度进行充分的理解和展现，课堂教学做到听、赏、鉴和体验相结合，避免变成单一的教师讲授，通过研究性学习和音乐实践活动充分调动学生的自主探究能力和分析归纳能力，激发学生的艺术表现力和创造力。

【专家评析】

　　该单元教学设计以历史事件为脉络，以音乐题材和体裁的两条主线为切入点，以六首不同风格的音乐作品为载体，引导学生关注交响曲、艺术歌曲、群众歌曲、民歌风格的改编曲、叙事歌曲、颂歌等音乐体裁作品的多元化特性。围绕音乐本质，聚焦学科核心素养，通过对作品旋律、节奏、速度、力度、音色、调式等音乐要素的探究，并通过音乐要素变化的分析，体验音乐语言的特性表达，加深对优秀艺术作品音乐情感、思想内涵的体验。教学设计中，教师通过对作品的典型音乐特性、历史背景和文化特色进行深度挖掘和梳理，听、赏、鉴结合引导学生从音乐特征和情感角度了解音乐的艺术价值和社会价值，增强民族自豪感，坚定文化自信，从作品中体会到深厚的爱国主义情怀，"思政进课堂"在教学中得到了较好的体现。两个课时的教学设计有整体性思考，时间线是重要脉络，第一课时中从历史、新闻、文化三个不同的视角导入，紧紧围绕音乐作品展开教学，在层层推进中将时间线索与音乐作品紧密相连，两个课时的教学设计巧妙地将不同历史时期能反映时代特征、文化特色和社会内容的音乐作品串联在了一起，将中国历史发展不同阶段的优秀艺术作品所表达的深厚情感与思想内涵根植于学生心中。但也因为这堂课所涉及的教学内容量大，具体实施起来是很有难度的，教学设计中丰富的教学活动，在具体实施过程中是否能落到实处并深入下去是需要思考的，教学重点也不能泛泛而谈。

（四川师范大学音乐学院　杨瑜）

第二节　微课教学设计案例

　　随着科技的发展，信息技术为教育教学增添了全新的动力，微课应运而生，微课教学是对传统课堂教学的创新。特别是2020年以来，微课凭借其精练、便于网络传播的特点，成为全新的教学资源，深受广大师生的青睐。下面呈现两节优秀微课教学设计，以供大家学习参考。

范例一

《西风的话》教学设计

四川省教育科学研究院附属实验小学　李俊育

年级：人民音乐出版社四年级下册第5课"风景如画"
——《西风的话》
课时：1课时
课型：歌唱综合课

【教材分析】

《西风的话》乐曲为G大调，四四拍，四个乐句，一段体，曲调婉转、典雅、优美抒情，词曲完美结合富有诗意，通过对景物的描述来告诉学生要珍惜时光。《西风的话》是我国著名音乐家黄自先生在20世纪30年代创作的歌曲。简练而生动地描写了一年来小朋友的成长和时令景物的变化，点出了初秋的特征，饶有情趣。

【学情分析】

四年级的学生已经积累了一定的音乐基础知识，能较好地把握音乐要素中的速度、力度、旋律，基本能够感受乐句的划分，具有比较强的表演欲望，他们愿意去探索、积极去创新、渴望被关注。所以，本课我从视觉、听觉、演唱等多方面入手，引导学生积极参与，旨在提高学生的音乐感受力和表现力，以及全面提高学生的音乐审美能力。

【教学目标】

1. 能够随音乐律动，初步理解乐句概念，并能划分《西风的话》的四个乐句。
2. 能较好地表现歌曲中的音乐要素，初步了解学堂乐歌相关知识。

【教学重难点】

1. 教学重点

能学会划分乐句并找出歌曲节奏特点，能较好地表现歌曲中的音乐要素。

2. 教学难点

（1）初步理解乐句概念。

（2）能通过声势律动，感知、体验并理解歌曲的四个乐句。

【教学准备】

钢琴、多媒体、PPT。

【教学过程】

环节一：导入

1. 律动导入。

导入语：当夏天的南风飘然离我们而去，阵阵西风带来了秋天的信息，西风对我们说了些什么呢？今天，让我们一起学习歌曲《西风的话》。同学们，让我们聆听音乐，跟着老师的示范一起律动吧！

师生随音乐律动。

2. 感受歌曲的速度、情绪。

速度：中速，稍慢；

情绪：含蓄抒情。

师：西风带来了不一样的风景，也见证了我们的成长。简单的诗句描绘了我们对孩提时光的眷恋，同时，也提醒我们珍惜长大后的美好时光。聪明的小朋友们应该已经感受到这首《西风的话》是一首含蓄抒情、中速稍慢的歌曲，刚刚同学们跟着音乐和老师一起用肢体语言表达了自己的律动体验。

设计意图：通过身体律动初步感受歌曲的旋律和节奏特点，让学生能放松身心，在轻松愉悦的氛围中感受歌曲，培养学生的节奏感，并为后面的学习作铺垫。

环节二：新授部分

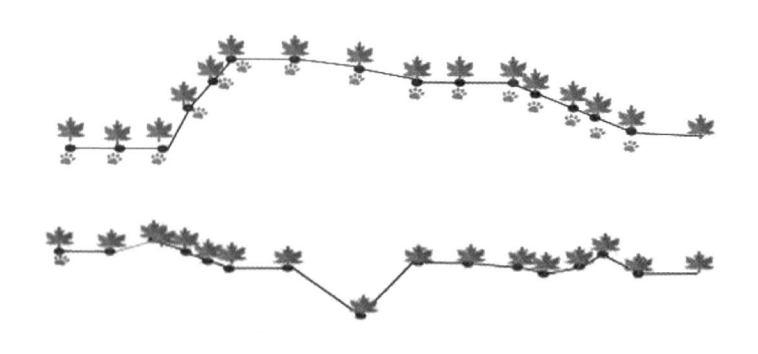

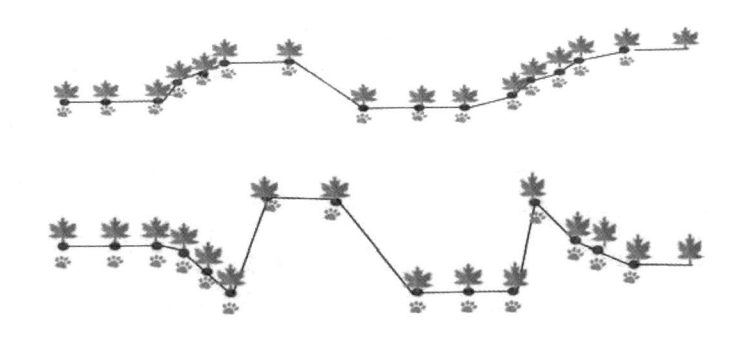

1. 乐句划分。

师：聆听歌曲，随音乐感知旋律，找一找歌曲一共有几个乐句。

师：是啊！聪明的你一定听出来了，这首歌曲一共有4个乐句！

2. 了解"乐句朋友"。

如果说一首乐曲是一个温馨的家，那么乐句就是家里的每一个可爱的成员。每一个小乐句都是非常完整的，可以单独陈述出音乐的意境或者意义，乐句是构成一首乐曲的一个具有特性的基本结构单位，一般为2~16小节的长度，多为48小节。

3. 画旋律线感受每个乐句的小秘密。

（1）秘密一：聆听音乐，思考：哪个乐句旋律音高比较高？

通过旋律音高线的演示，可以发现，每个乐句的旋律走向都不同，第三句的旋律音高比较高；

（2）秘密二：四个乐句的节奏是怎么样的呢？

这首歌的四个乐句都拥有相同的节奏，每个乐句都是长时值的结束音，以四分休止符结束，尾音有停顿感。

（3）秘密三：聆听音乐，跟随旋律线感受，力度和情绪有什么变化？

请同学们找到乐谱中的力度记号和圆滑线记号！mp、p分别是中弱和弱的意思，而f则是强的意思，还有"渐强""渐弱"；而圆滑线则是用于两个或两个以上不同音高的音符之上，表示要唱（奏）得连贯，不能间断。

总结：我们发现枫叶宝宝在旋律线往上的时候，力度渐强；往下的时候，力度渐弱。

旋律上行，情绪会变得兴奋激动，力度慢慢渐强；

旋律下行，情绪会变得舒缓平静，力度慢慢渐弱；

设计意图：通过乐句的划分，感知每个乐句的旋律行进特点，体验声势律动辅助节奏练习，理解乐句在歌曲情绪和音乐形象塑造中的表现与作用。

环节三：知识迁移—拓展学习

以学堂乐歌《送别》为例。

这首歌一共有几个乐句？它的节奏有什么特点？

设计意图：进行乐句知识迁移。关注实际获得，实现全面、可持续发展。

教学流程图：

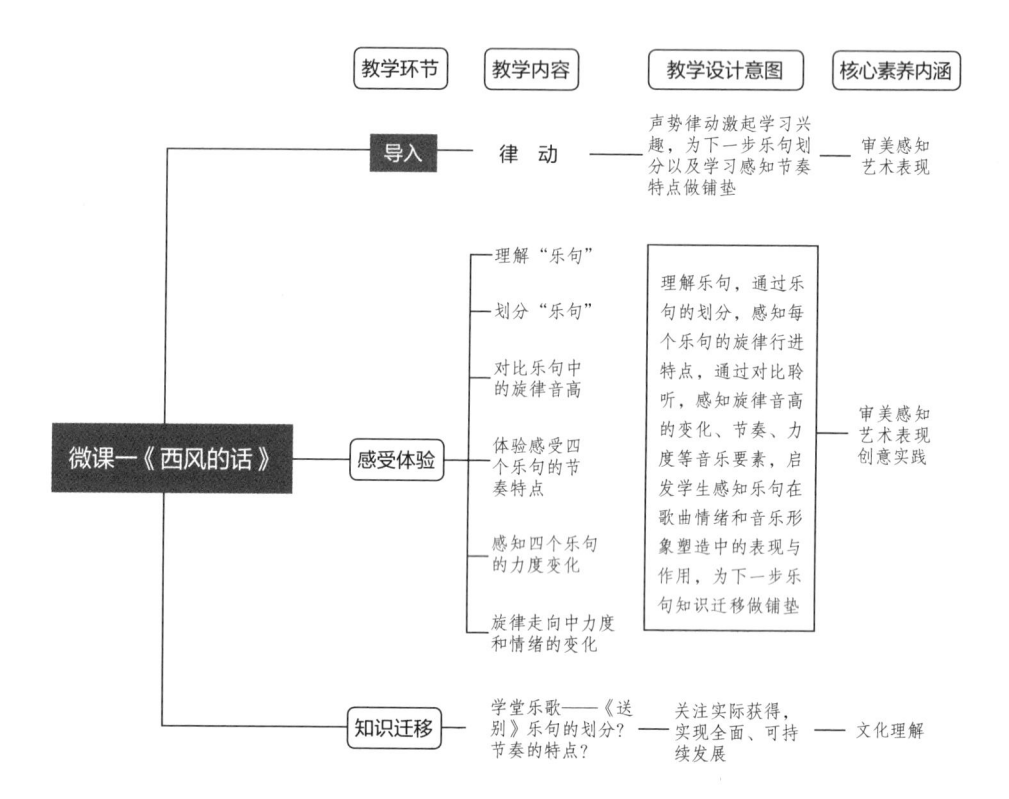

教学环节	教学内容	教学设计意图	核心素养内涵
导入	律动	声势律动激起学习兴趣，为下一步乐句划分以及学习感知节奏特点做铺垫	审美感知 艺术表现
感受体验（微课一《西风的话》）	理解"乐句"；划分"乐句"；对比乐句中的旋律音高；体验感受四个乐句的节奏特点；感知四个乐句的力度变化；旋律走向中力度和情绪的变化	理解乐句，通过乐句的划分，感知每个乐句的旋律行进特点，通过对比聆听，感知旋律音高的变化、节奏、力度等音要素，启发学生感知乐句在歌曲情绪和音乐形象塑造中的表现与作用，为下一步乐句知识迁移做铺垫	审美感知 艺术表现 创意实践
知识迁移	学堂乐歌——《送别》乐句的划分？节奏的特点？	关注实际获得，实现全面、可持续发展	文化理解

【教学反思】

《西风的话》是短小的一段体歌曲，G大调，$\frac{4}{4}$拍，行板，由四个乐句组成，每一个乐句的节奏一模一样，旋律有较多的大跳音程；歌词意境优美，从秋天的视角描述孩子们一年又一年的变化，提醒我们善于观察周围的事物，感受大自然四季的更替，热爱自然、热爱生活。

本节微课从"乐句"入手，这首歌曲虽然只有四个乐句，但是对于学生的音乐基础知识和演唱的基本功都有比较高的要求，在导入环节用了声势律动，有分明的乐句感，也表现出了每一乐句的末尾的休止符，为下一步的乐句划分以及学习感知节奏特点做铺垫。通过感受体验理解"乐句"，通过"乐句"划分，多维体验，感知每个乐句旋律、节奏、力度等音乐要素特点，感知"乐句"在歌曲情绪和音乐形象塑造中的表现与作用，为下一步"乐句"的知识迁移做准备。

本堂课在设计的过程中，教师的语言可以更加地优美，用语言美去激发学生的音乐感受。在律动过程中，教师动作可以夸张一点，直观地让学生感受歌曲的音乐要素。没有完美的课堂，每一堂课都有值得商榷和改进的地方，正是一次次反思让老师更加准确地把握课堂的脉络，以音乐素材为支点去设计适合学生的音乐活动。

【专家评析】

本节微课抓住了四年级学生的身心特点，重点理解乐句，学会划分乐句，设计开展各种参与式活动，激发学生的学习兴趣。关注音乐要素，注重感受体验。各环节承上启下，无缝衔接，流畅唯美。教师的"教"由浅入深、学生的"学"落实到位，教学节奏张弛有度，自然和谐。坚持以聆听音乐为主的教学原则，如通过边听边画旋律线，引导学生感受、体验其音乐情绪及音乐风格，理解乐句概念并划分歌曲乐句，体验旋律的特点。在轻松愉快的氛围中，提高小学生的审美感知水平与文化理解能力。本节微课教学设计内容繁简适当，重点突出，不过在学生自主学习方面稍显不足。

（西华师范大学　程娟娟）

范例二

《我随红军闹革命》教学设计

四川省成都市郫都区第一中学　伍婷婷

课题名称：我随红军闹革命

年级：九年级

课时：1课时

【教学内容分析】

本课内容选自九年级校本教材《四川红色经典音乐》中的《我随红军闹革命》，共1课时。红四方面军建立川陕革命根据地后，当地群众根据本地流传的放牛调《苏二姐》曲调，重新填词创作而成，流传至今。歌曲曲调活泼，朗朗上口，具有非常明显的革命号召力。在教学过程中，老师加以重点引导、分析，以达到最佳的教学效果，让学生对由四川民歌改编的红色革命歌曲有更加清晰的认识和理解。本教材内容具有以下特点：

1. 取材于四川民歌，描写了人们急切盼望红军到来和踊跃跟随红军踏上革命征程的场景。

2. 即兴填词，以人们喜闻乐见的方式呈现、传播。

3. 声乐作品，在本地民歌音调的基础上改编填词，旋律和节奏都不改变，只改变了部分衬词，更具革命号召力。

4. 在音乐语言上，除了直接对四川民歌音调进行加工外，群众自发改编歌词，创作旋律，延续了四川民歌的音乐特点，创造出具有四川民歌特点的音乐语言。例如方言演唱和衬词的使用。

已学内容：

1. 已经学会演唱红色民歌《我随红军闹革命》。

2. 学生在课前自主收集、整理资料。

本课主要内容：

1. 了解民歌《我随红军闹革命》的创作背景，了解歌曲改编的原因，引导学生切身感受新中国日新月异的变化，增强民族自豪感。

2. 对歌曲进行二度创作。

【学情分析】

九年级学生已经掌握了一定的歌曲演唱和鉴赏的方法，了解了民歌的基本音乐特点。在学习民歌的过程中，能立足于民歌的基本音乐特点，通过朗诵歌词，感知音乐旋律、音高、节奏、力度、调式调性等，感受、分析、演唱歌曲；具有一定歌词即兴创编和情境创设、表演的能力。在鉴赏音乐作品方面，能够从音乐要素入手，通过感知音乐的速度、力度、节奏、旋律等，体验音乐；能在老师的引导下，了解作品创作背景，通过延伸拓展，总结音乐作品的风格特点。

【情境与任务】

情境：川陕革命根据地，军民鱼水一家亲

任务：分享成果资料，完成作品情境创编和歌词改编，进行二度创作。通过对比聆听、分析原民歌与作品的异同，切身感受中国共产党领导下的新中国日新月异的喜人变化，进行歌词创编和表演，讴歌新时代，赞美新中国。

【教学目标】

1. 通过聆听、感受四川民歌《我随红军闹革命》，了解歌曲由四川宣汉民歌《苏二姐》重新填词改编，分析、理解四川民歌的音乐语言，在此基础上认识四川民歌的基本特征。在聆听作品《英雄们战胜了大渡河》后，分析、理解音乐内涵，发现歌曲演唱形式变化，并对比音乐要素的变化和塑造的音乐形象。（审美感知）

2. 能够用自然流畅的声音唱出川陕苏区红军将士与广大群众的鱼水相亲和革命热情。以传承革命精神为主题，大胆创编歌词，传唱红色经典。（艺术表现、创意实践）

3. 对歌曲进行综合艺术表现分析并拓展，通过对比欣赏，了解歌曲在音乐要素方面的区别，以及民歌的流变性，能够树立传承、传播优秀传统音乐的自信心和责任感。（文化理解、审美感知）

【教学过程】

一、红色歌谣口口相传

师生活动1：

师：这首《我随红军闹革命》以口口相传的方式，一代代地流传至今。今天老师就把这把生生不息的革命火炬传递给你们，我来传，你来接。

请你一边学唱，一边思考：

我们应该用什么情绪演唱歌曲？

设计意图：用口口相传学民歌的方式，引导学生积极学习民歌，准确感知歌曲演唱的情绪。传递革命火炬，更好地理解、感知歌曲情绪。

师生活动2：生：活泼、激动地。

师小结：从歌曲的旋律与节奏，我们已经能够感受音乐的活泼、欢快。现在请同学们带着活泼而激动的情绪，跟随伴奏演唱歌曲。

设计意图：学生完整地演唱歌曲，将活泼、激动的情绪带入歌曲演唱，为后续更有感情地演唱打好基础。

师生活动3：

生演唱，教师评价：同学们对节奏与情绪的把握都很好，活泼、激动的情绪展现了出来。

设计意图：评价、鼓励学生，激发学生学习主动性和演唱表现力。

师生活动4：深入解读歌词

师：请同学们思考，歌词中"前山落雨后山晴"只是表现自然景色吗？"一杆大旗"指的是什么？

设计意图：通过教师引导，学生深入解读歌词，促使学生更好地理解歌词蕴含的革命文化。

师生活动5：生答，师小结：一语双关，演唱时应该突出、强调。

（1）"前山落雨后山晴"既是描绘自然景色，又暗示着红军来到革命根据地前后，人民的命运发生了翻天覆地的变化。

（2）"一杆大旗"既代表着屹立不倒的工农红军军旗，也代表军民坚定的共产主义信念。

设计意图：教师引导，学生深入解读歌词，促使学生更好地理解歌词内涵。

师生活动6：

师：接下来，让我们用一领众合的方式演唱歌曲。"一领众合"是中国民歌中常见的歌唱方式。两位同学领唱，其他同学合唱，加入快板演奏。

师生活动7：学习演奏快板并练习。

师生活动8：学生一领众合，加入快板伴奏，演唱歌曲。

教师评价：通过你们的演唱，老师感受到了活泼、激动的情绪，体验到了力量感。

设计意图：培养学生的合作精神，增强歌曲艺术表现力，检验学生学习歌曲的情况，同时为后续情境创编做好铺垫。

二、红色歌谣永记心间

师生活动1：分享课前搜集的资料。

师：为什么在川陕革命根据地，军民关系如此亲近？百姓如此拥戴红军？现在请同学们分享自己课前搜集、了解的川陕革命根据地的相关资料，相信你们一定能明白。

学生分享，师小结：红军进入川陕革命根据地后，开展了土地革命，使生活在社会底层的佃户、贫农拥有了土地使用权；许多劳苦大众纷纷放下锄头，走出田间，奔向红军队伍，参加红军；红军也迅速将这些群众集结起来进行战时训练；同时，红军还与群众同吃同住，感受人民疾苦。在那个年代。吃盐是一件奢侈的事情，红军战士在训练之余，为广大群众熬制食盐。相信通过大家的分享，我们心中已经有了答案。

设计意图：培养学生自主预习和学习的能力，让学生更好地理解歌曲所表现的文化内涵。

师生活动2：通过分享，深入了解民歌中军民鱼水情深的原因。请同学们根据分享内容，设置情境，再次演唱歌曲。

师生活动3：学生思考、讨论、表演，师小结：听着同学们的歌声，我仿佛回到了那个年代，感受到了激昂向上的革命精神。

设计意图：主动创设情境，自信而声情并茂地演唱歌曲。

三、红色歌谣代代相传

师生活动1：了解《我随红军闹革命》的由来

师：1933年9月，红四方面军、红三十军进驻达州市宣汉县马渡关镇，发动群众、筹集粮秣。广大群众为感激红军为穷苦大众找饭吃、找衣穿，打倒土豪分田地，将流传于当地的民歌《苏二姐》重新填词改编成《我随红军闹革命》。这首歌曲深受广大军民喜爱，在四川宣汉、达县、万源、巴中等地广泛流传。

设计意图：了解《我随红军闹革命》是如何产生的，深入了解群众改编原民歌及改编后广为流传的原因。

师生活动2：对比谱例，聆听原民歌，找出歌曲异同，思考改变意图。

师：请同学们参看两首民歌谱例，并聆听原民歌，从歌曲的旋律、节奏、歌词方面进行分析和思考。

设计意图：对比聆听并思考，从旋律、节奏、歌词等音乐语言出发，思考两首作品的异同。

师生活动3：生欣赏、思考，回答。

教师评价小结：《我随红军闹革命》沿用了原民歌的旋律、节奏，保留原民歌的地方风格特点，易于传唱；改编后的歌词，突出革命思想，更富有革命号召力。

设计意图：理解改编后民歌的内涵。

四、红色歌谣赞新时代

师生活动1：师：在中国共产党强大的革命号召力影响下，更多的川陕革命根据地穷苦大众踊跃加入了红军，红军队伍日益壮大。他们奋勇无畏、抛洒热血、改天换日，终于换来了我们民族的崛起和人民的自由。

设计意图：融入思政教育，让学生知道在中国革命道路上，红军所做出的贡献，以及坚持中国共产党领导的正确性。

师生活动2：请同学们观看视频并思考：中国共产党领导下的中华人民共和国发生了哪些喜人的变化？

设计意图：通过观看视频，真切感受中华人民共和国成立后发生的日新月异的变化，激发学生的爱国情怀，增强学生的民族自豪感，为后续歌词创编环节做铺垫。

师生活动3：

（图片）教师语：时至今日，我们不再衣不蔽体、食不果腹，不再是别人屠刀下任人宰割的羔羊！中华人民共和国屹立在世界东方！国家强盛！人民富足！自由独立！

设计意图：通过中国历史上屈辱与现在强盛的对比，使学生产生共鸣。

师生活动4：分组讨论，进行歌词创编。

同学们就中华人民共和国成立后的重大事件和喜人变化展开讨论，重新填词，改编民歌《我随红军闹革命》，要求在保留旋律和衬词的基础上进行改编。

师生活动5：学生改编成果展示，鼓励学生多人参与表演创编歌词。

设计意图：提升学生创意实践素养，培养其学习主动性和生生之间的合作能力。通过展示成果，升华情感。

【课堂小结】

课后作业：

师：这首流传至今的民歌《我随红军闹革命》深受大家喜爱，因此衍生出一些优秀器乐和声乐作品，代表作品有：舒泽池先生的民族钢琴曲《我随红军闹革命》，以及魏风作词，罗宗贤、时乐濛作曲改编的大合唱《英雄们战胜了大渡河》。希望同学们在课后聆听欣赏，在这些作品中寻找红色民歌《我随红军闹革命》的音乐主题和作品背后的红色音乐故事。

结语：我们放声歌唱，将红色民歌和伟大的革命精神传扬！悠扬的红色民歌并不独属于硝烟弥漫的年代……是生生不息的革命火炬，永远传递！

设计意图：课后拓展延续，了解《我随红军闹革命》的地位和影响力，并能从该民歌衍生出的其他优秀音乐作品中继续学习，了解红色音乐的延续发展，引导学生自学自究。

【教学反思】

本课的音乐知识点：（1）歌曲由来及相关历史背景。（2）原民歌与作品的异同和改编缘由。（3）民歌的流变性、实用性和歌词即兴性。

本课的拓展与探究：（1）自学自究、成果资料分享。（2）创设情境、乐器伴奏、歌曲表演。（3）歌词即兴创编、情境创设和二度创作表演呈现。

本节课的教学内容涉及两首音乐作品演唱和欣赏，以一首作品为主，一首作品略听的方式进行。歌唱环节时以学生入情演唱、创设情境表演、分享自主学习资料、了解历史背景、对比聆听、总结归纳、审美描述、判断评价为主体。教师在鉴赏过程中重在引导、启发、提示，激发学生的家国情怀和生在新中国、长在红旗下的幸福感。以红色音乐为起点，探寻音乐文化。红色音乐不断传递，师生携手，革命火炬代代相传！

专家评析：

《义务教育艺术课程标准》（2022年版）课程目标总目标中明确提出，感受和理解我国深厚的文化底蕴和党的百年奋斗重大成就，传承和弘扬中华优秀传统文化、革命文化、社会主义先进文化，坚定文化自信，铸牢中华民族共同体意识。这节微课，教师引导九年级学生从音乐特征和历史背景角度理解红色音乐文化的精神内涵。通过多种形式，从看、听、唱、说、创等入手，教学方法多样且有效，唤起学生已有的经验，从而更好地掌握新知。这节微课，创设情境、营造氛围、由浅入深、层层推进。音乐性、情感性、思想性、艺术性并存，聚焦核心素养，对音乐要素的分析细致到位。通过实践活动，学生在演唱美妙的民歌中，升华美好的家国情怀。在潜移默化中树立正确的价值观，坚定文化自信。但需注意教师课堂提问的严谨性。

（四川省教育科学研究院　牛琴）

第二部分
论文撰写

论文是进行科学研究和探讨问题并描述其成果的学术性和理论性文章。它是学术研究的总结和记录，是进行成果推广和学术交流的有力手段。论文应具有独创性、科学性、理论性、学术性等特点。

本部分旨在指导一线音乐教师精准选题，论文组织符合专业刊物发表或论文评奖要求，更好地彰显理论深度。

第五章 论文写作的基本要求和选题

第一节 论文写作的基本要求

一、超越已有研究，体现独创性

独创性是指一部作品经写作者独立创作、独立思考而体现出的原创性。如果论文写作的论点、思路、架构甚至表述等陈旧或雷同于已有论文，那一定不能算优质论文，当然也很难被专业刊物采用或获得有质量的奖项。一篇有价值的论文，应具备不同于别人的独到见解或在已有研究基础上的新意。独创性，也可理解为创新性，是优质论文必须具备的基本要素，是体现论文有价值、有意义的关键点之一。没有创新，缺乏新意，一篇文章充其量只能算作"文献综述"或"教学案例"。

论文写作要有独创性并非易事。是否有"创新"，前提是得清晰了解在自己选题领域中前人、同行已有的相关研究。实践中一个比较可行的做法是：通过查阅主流音乐教学类刊物，搜集与研究领域相关已有研究成果，梳理、归纳相关观点和论据。这些主流刊物可能各有偏好，包括但不限于《中国音乐教育》《人民音乐》《音乐研究》《音乐探索》《中小学音乐教育》等，网络时代专业搜索引擎的出现为此类资料搜集提供了极大的便利。梳理前人或同行已有研究成果的好处体现在两个方面：一是写作者可以"站在别人的肩膀上"思考，可以看得更远，可能从已有论文中受到启发，寻找到新的方向，有时甚至是在发现已有研究存在欠考虑之处而产生新意；二是权威或核心刊物论文发表都要求列出参考文献。"参考文献"往往是一个宝库，可以从中挖掘出自己可能尚未关注到的更多重要观点。沿着参考文献这个脉络进一步梳理、研究，往往会不断打开新的"一扇窗"，发现新的创意，寻找到新的思路。值得一提的是，为体现学术规范、知识传承意识和对已有研究的尊重，应将参考的前人研究作为自身论文的重要引用文献进行列示。

只有了解了已有研究，掌握了更多研究成果，才能基于此进行超越和创新，并能够提供有力的论据，做到"言人未言"，否则呈现出来的可能是苍白的、陈旧的甚至错误的内容，有时甚至会是因为自己做了"井底之蛙"而不知他人已经有了更深研究。不经过了解，就提出自认为的"新论点"或"新思路"，那不是真正超越已有研究的独创，"没有调查就没有发言权"。

当然，独创性不必是，也不应该是石破天惊式的"语不惊人死不休"，更不能是"为赋新词强说愁"。只要不是对已有作品完全的或实质的模仿，只要是作者独立构思的产物，就可以视为具有独创性。它或体现在观点新颖，或提供新的观察维度，或推翻已有论证。另外，辨别真伪、纠正错误、澄清是非、补充不足以及旧事新说，也是独创。

因此，论文的独创性可以是形式方面的，如新的研究方法、策略和结果；也可以是内容方面的，如新的观点、新意的思维和体系。但都应该基于已有研究成果，如能发现前人未曾发现的问题，经过研究探索，提出新的理论或新的认知，并能得到实践认可，这样的论文乃至课题更显得弥足珍贵。

二、严密逻辑架构，体现科学性

科学性是学术论文的生命和价值，更是中小学音乐教师论文写作的思想标杆。论文的科学性是指论文在严密和准确的推论过程中，使用正确的方法和思维导图，在大量事实研究基础上揭示规律，推导结论，内容准确，依据翔实，有一定的概括性。在论文写作过程中，写作者一定要具有较强的科学性意识，尽量避免出现相关错误。

科学性的一个最重要体现在于论文的严密逻辑架构，这是指要坚持辩证逻辑的基本观点，做到言之有序、思路有序、行文有序，使论文的论据与论点有机联系在一起。这也是对论文结构布局的整体要求，必须做到论证严谨、逻辑性强、层次分明、条理清晰、结构巧妙，才能形成科学合理的有机整体。

每一位审稿者阅读评审论文的过程，本质上也是与写作者心灵交流的过程。它与人们在日常工作生活中的交流有异曲同工之处，只不过，前者大多是通过文字传递信息，后者大多是口头表达意图。无疑，人们（大多）不太愿意在"不知所云、不明就里"的人身上耗费时间，更喜欢与言之有物、言之有据、逻辑性强的人交流，更乐意参加言简意赅、主题鲜明的会议。有些论文虽然论点很新颖，却未能被刊用或获奖，问题往往就出在布局不合理、结构混乱，甚至论证有明显疏漏。这就如同去超市购买生活物资，销售的货品杂乱摆放在货架上，卫生纸与水果摆放在一起，没有分门别类，人们看到就头疼，失去了购买的欲望。

在科学性方面，写论文时不妨尝试：一是选题后不要急于动手，而是更多着力于文章架构的构思。提纲是论文的核心架构，就如装修房子先出设计图一样，优质的提纲架构会提升论文科学性档次。二是抓住灵感，当"灵光乍现"时，一定要快速记录，围绕这个点子，逐步搭建提纲。三是注重"换位思考"，切换自己的角色，将自己定位为"审稿人"或"阅读者"，问问自己，她/他们会关心什么？可能会提出什么样的问题？会质疑什么？以别人的关注为写作的导向更容易引起共鸣，更容易激发阅读和探究的兴趣。

三、指导时代实践，体现理论性

理论性是学术论文的基本特点，是直接体现音乐论文内在特质的外在表现。理论性要求作者能在纷繁复杂的音乐表象中寻找出藏在表象背后的本质规律，把研究结果提升到理论高度上认识。往往理论性有可能体现为科学性和学术性。

理论与实践紧密相连。离开了实践，理论是无源之水、无本之木，缺乏生命力支撑，往往显得苍白无力。优秀的论文其理论性必须是可操作的，紧跟时代步伐，具有时代特征，能从实践中获得并指导实践。缺乏实践基础的理论只能是一种"假设"或"猜想"。例如，研究"外星人爱好的音乐类型"作为娱乐文章可能吸引眼球，但作为专业论文则缺乏实践基础，可能被视为噱头。

此外，写作者需要注意的是，过时的话题和陈旧的研究实践概括得出的理论性缺乏价值和影响力。近几年，地方传统文化、歌声中的党史、红色音乐、民族民间音乐等论题具有鲜明的时代特征，但需要在论证方面做到"言之有理"，包括立论正确、论据充足、论证过程合乎逻辑、论证方法科学合理。例如，不少写作者关注"论美育进中考的利弊"这类论题。该论题虽具有时代性特点，但中共中央办公厅、国务院办公厅印发《关于全面加强和改进新时代学校美育工作的意见》中已有指向性要求，争取实现美育全覆盖。在这样的背景下再论证，会给人不与时俱进的感觉。

因此，论文写作需要与时俱进，通过系统研究获得经验和结论，运用并指导实践，体现音乐理论研究的概括力和揭示力，从而系统完整地表达出理论性。

四、专业表述演绎，体现学术性

学术性是指在符合学科要义的范围内、以该学科特定的概念或范畴解说问题以阐述自己的思想。音乐工作者撰写论文，要从音乐学科本身出发研究探讨，提出专业性的观点、论据，进行专业性的文字表述，有必要可以采用音乐专业术语或图表符号，这样显得更专业、更规范、更具学术性。

音乐论文要用专业的表述演绎来体现学术性，即用专业的语言，包括使用涉及学科领域的专业术语，凸显学科特点，体现学术性。这也符合音乐课标的基本理念要求——突出音乐特点。还可以使用一些意义精确而单一词义的专业性术语和专业性图表符号来表达音乐论文内容。例如，阐述音乐基本要素时，常用的通用名词包括节奏、曲调、和声、力度、速度、调式、曲式、织体等；阐述音乐创作手法时，常用鱼咬尾、起承转合、螺蛳结顶等。

在专业性方面，作者容易产生的误区主要有：一是有些作者为了体现论文"高端上档次"，容易将它变成诸多学术词汇的堆砌，这是对学术性的误解。专业性、学术性绝不等于"晦涩""拗口"。二是有些作者为了体现"专业"，习惯用较长的段落或过长的引语，这很容易引起读者的心理和视觉疲劳。强调专业性、学术性，绝不是要忽视"易读性"。三是有些作者为了体现"文字优美"，刻意使用诗情画意般的语言，大量运用比喻、夸张、拟人等修辞手法，这样只会适得其反。语言精练通顺、表达准确、紧扣学科专业性的表述更利于提升论文的学术性。

第二节　论文选题

选题是论文写作至关重要的一步，为论文定型，规划研究的方向和范围。写什么？哪些内容比较容易得到认可？都由选题决定。选题是否有意义，是否有学术价值，是否适合自己的水平决定了论文的质量。选题好，就有可能做出研究成果，而且还能比较快出成果。选题不好，会导致研究成果甚微或者使研究走入死胡同，无所建树。

万事开头难。选好题，事半功倍。建议可以从以下几方面优化选题。

一、由小见大胜过空对空

有观点提出：论文的选题"宜小不宜大，宜窄不宜宽"，这是很有道理的。太大的题材，不知道从何下手，往往泛泛而谈，不容易讲深讲透，显得很空洞、不实际。比如"民歌的传承与创新""小学音乐教学实践与创新"之类的选题过大，若详尽展开，应该是一本书，在一篇几千字的论文中进行阐述，只可能是原则性的、口号性的描述，不具有阅读吸引力。

如果将范围缩小，由一个小小的观点、思路去深度研究，这样便于驾驭，容易把握，由此研究出可以推广的大点的结论或成果，论文才更具实际意义和价值。如《浅谈中学校园集体舞创编与实践中的"起承转合"模式》，该选题有明确的研究对象——中学，明确的研究内容——校园集体舞创编，具体研究范围——"起承转合"的编创模式。这样的选题范围小，针对性强，在一线教学中也容易找到实践论证依据。这样的论文容易写得扎实，有意义、有价值。

如果有作者希望命题宏大，折中的办法是在大选题下定出"子范围"，这样的技巧运用往往能出现意想不到的效果。例如选题《钢琴音乐中的空间感表达》，作为刊物论文，该题目有些过大，但如果加上子范围约定——《钢琴音乐中的空间感表达——以乌苏里船歌为例》，则大与小结合，更容易被采纳和接受。例如选题《中国民间歌舞音乐风格研究》，估计很多读者会以为这是一篇博士论文或者一本书，但如果具体地将其界定为"巴塘弦子音乐文化研究",则文章更具有深度和特色。此类研究和选题方式更容易对其他研究者产生启发。

二、旧瓶也可装新酒

在掌握前人和同行已有研究基础上,用发展的观点、全新的观念去研究和解决新问题,预测发展趋势,提出解决问题的新思路、新方案、新观点,这就是"旧瓶装新酒"。

如在《浅论大单元整合下的对于小学阶段艺术素质测评方法探究》论题中,现在艺术素质测评全面推行已经不算新话题,但是"大单元"概念是新的提法,也是大家正在研究实践的,作者加入热议题材进行具有针对性的探究,容易在实践中获得很多研究材料,收获有效的研究成果,从而写出一篇具有指导意义的论文。又如《被淹没的学情分析》一文,分析学生在课前课中课后的表现,引导老师反思教学的方式方法,提出改进措施。文章谈教学法的研究,这类研究已经不少,粗看可能觉得老生常谈,觉得应该没什么可写,但细读后发现,其中的反向论证体现了新意。

旧瓶装新酒,如前所述,可以是对同一议题提出新的观点、新的论据,也可以是根据时代的变化演绎体现时代的特点和元素,还可以是同一议题,但换了不同的案例进行研究。如偏大选题"中国戏曲音乐风格研究",可能有研究者已就"昆曲音律特征"进行了研究,新的论文可以在此"旧瓶"中装上"新酒",甚至不同款"新酒",如西双版纳民歌音律特征研究、广西壮族民歌音律特征研究等。不同区域民歌,其音律有不同的特点,只要真实、客观研究了该类民歌的特点,提出区别于其他区域的特性,就是落地的本土研究,不是东施效颦,各有其美。

三、民族的往往是世界的

民族的就是世界的。世界民族音乐是整个人类共同的文化财富,是人类音乐教育的共同资源。习近平总书记指出,"中华优秀传统文化是中华民族的精神命脉""我们要坚守中华文化立场、传承中华文化基因,展现中华审美风范"。我们不仅要紧跟时代，开阔视野，体验、学习、理解世界其他国家和民族的优秀音乐文化，在尊重文化多样性的基础上，加强中国民族音乐的传承和研究，增强民族自豪感，坚定文化自信。

如论文《破解非遗传承"痛点"开辟"羌韵"生长路径》，是在"四川地方音乐课程资源的开发研究"课题背景下，以某中学的实践为案例，阐述以"校园羌韵"为主的四川地方音乐课程资源开发研究在价值认识、实践策略、成果固化等方面的研发路径，为中学的地方课程资源的开发研究提供了很好的参考。《基于四川地方文化传承的小学音乐课程资源开发研究——以四川清音为例》《以器言声——新疆器乐调查》《土族婚礼仪式音乐的变迁研究——以互助土族自治县的婚礼为例》等以民族音乐文化为论题的研究促进了人们对民族文化的了解。

弘扬中华优秀传统文化，绝不是狭隘地"孤芳自赏"。音乐有它的民族属性，但音乐不同于方言，它的传播是跨越人种、地域的。语言不通的两个群体完全可能在同一旋律下融洽起舞。如果从其他民族、地域的视角去解读中华民族音乐，或者用自身民族欣赏视角去剖析其他文化背景下诞生的音乐，往往会有奇妙的效果。这有点类似于江苏民歌《茉莉花》在意大利歌剧《图兰朵》中的作用。

四、交叉容易出火花

一些作者可能会进入一个误区，认为音乐论文只能讲音乐。音乐是艺术的一部分，音乐教育是美育的一部分。随着时代进步，在学校和社会生活中，音乐、音乐教育和其他学科或行业有着千丝万缕的联系。

传统的钢琴和集成电路相结合产生了电子钢琴，谱子输入计算机合成的软件可以生成电子音乐，将音乐运用于心理学可以治疗心理疾病……跨领域、跨学科、跨专业的交叉研究，用新颖的视角进行学科融合，将不同的学科的知识放在一起，往往能够写出非常精彩的论文。用音乐去解释数学，用数学来阐述音乐，用计算机来编辑音乐……这些与众不同的交叉往往都是时代的亮点，也是论文研究创新的一个重要突破口。

有能力的作者不妨寻找不同学科或不同研究方向的结合点。下面介绍一些成功实践，例如《信息技术环境下音乐教学模式的转变》一文结合了信息技术与音乐教育；《明辨而后笃行："音乐教育+科技"联生性问题辨议》一文结合了音乐与科技；《艺术的数学基础》一文结合了数学与艺术；《民歌的翻译策略研究》一文结合了音乐与语言学；《浅谈小学校园川剧社团德育教育的策略研究》一文把川剧艺术与德育较好地结合了起来等。这些成功的实践启发我们：在大的领域中，可以把音乐教育学与心理学、社会学、伦理学等许多学科结合起来进行选题；从小的方面看，可以从音乐教学与其他各科教学的结合、音乐教学中不同教学内容的结合、中小学与师范院校或普通高校的结合等多种角度交叉点来考虑选题。

跨学科选题的写作，需要作者对两类，甚至多类学科都有较深的理解，很具有挑战性。也正因为如此，跨学科的音乐研究甚少，但绝不代表没有前景。成功的跨学科研究，有点类似"基因改造技术"，往往可以取得"火星撞地球"的效果，更容易引起关注。有兴趣在此类选题上进行突破者，建议向其他领域专长者学习，多与其进行交流，初期采取共同研究、共同撰写的方式进行论文创作。一旦研究成功，此类模式具有很强的可复制性，容易形成系列论文。如在《浅谈小学校园川剧社团德育教育的策略研究》基础上，可以滋生出《中学校园舞蹈社团德育教育的策略研究》《小学校园合唱社团德育教育的策略研究》系列研究论文。在《民歌的英译策略研究》基础上可以延伸出《普通话演绎藏族民歌的策略研究》《普通话演绎蒙古族民歌的策略研究》等系列文章。

五、术业有专攻与独辟蹊径

术业有专攻，每个人爱好和擅长不同。撰写音乐类论文，在学校任教的音乐老师就具有自身职业和岗位优势。如果更专注于研究其中的某一个项目，将选题范围设定在自己擅长和长期研究的范围内，在自己最熟悉的方面进行选题，那优势就更加明显。立足于自己的专业领域或优势项目，更利于把研究做深做细。在一些特定的细节处理上，一线教师往往有非常独特的体验，适当地提炼和总结，有可能就是一篇很好的论文。例如，对小学低年级学生与高年级学生来说，每周音乐课的时间安排很有讲究。一线教师立足自身经验，结合调研，就可能写出一篇具有专业性的论文。

如今越来越多专业技能很强的老师进入中小学，这一类老师在教学实践的同时，可以有效发挥自身专业优势，进行深度研究，将实践经验和专业特长结合起来，撰写具有自己专业特色的文章。

论文的价值并不在于赶一时的时髦，也不在于某一时刻是否为人们所关注。选题独辟蹊径，比如关注冷门和盲点，选择一些尚未被他人意识到的方向。只要留意并用心思考，还是不难找到的。一旦其价值被发现，研究出成果，便会向热门和焦点转化。这类选题不仅很少与人撞车，而且容易出彩，同时又可以拓宽研究视野。

第六章　音乐教育论文写作的基本要素和规范格式

随着新一轮教育改革的深入进行，在美育背景下的中小学音乐教育对音乐教师提出了更高的要求，即要成为学科知识扎实、专业能力突出、教育情怀深厚的高素质复合型教师。高素质复合型音乐教师的标志之一，即研究型教师，在传递知识和技能、进行思想品德教育的同时从事教育科学研究，总结教育经验，钻研教育新方法，形成自己的教育教学思想和风格，适应新时代教育事业发展的需求，这也是音乐教师走向职业成熟的必经过程。音乐教师通过教学与研究相结合，将教学经验提升到理论高度更能增加教师职业的价值，更好地实现教师专业化。音乐教育论文作为教育科研的一种成果形式，既是教育科研成果的客观体现，也是作者学识水平与工作业绩的重要标志。一篇优秀的音乐教育论文，往往代表着作者的音乐教育理论素养、逻辑思维能力及文字表达水平。无疑，积极进行音乐教育论文的写作，不断提高音乐教师的研究水平，是音乐教育改革与发展的大势所趋。

第一节　音乐教育论文的性质与特点

论文常用来指进行各个学术领域的研究和描述学术研究成果的文章。它既是探讨问题进行学术研究的一种手段，又是描述学术研究成果进行学术交流的一种工具，属于议论类文体之一。论文是人类在社会实践中，对各种领域、各门学科，从现象到本质，从特征到规律，认识与研究客观世界的一种文本形式的表述。作为一种常用的文体，无论是从其内容、形式、方法，还是从其研究领域、应用对象，都具有相当的广泛性。根据研究领域的不同，论文可以分为自然科学论文、社会科学论文等。教育论文是以教育学为研究对象的论文，而音乐教育论文则是以教育学和音乐学的分支、交叉性的学科——音乐教育学为研究对象的论文。音乐教育论文围绕音乐教育领域的问题进行研究和探讨，揭示音乐教育的本质特征和客观规律，阐述音乐教育思想、观念以及音乐教育目标、内容、形式、方法等，具有理论性、科学性、独创性、教育性等基本特征。音乐教育论文按其主旨可分为三个大的范围：一是音乐教育思想、观念范围；二是音乐教育理论、规律范围；三是音乐教育实践、操作范围。作为一线中小学音乐教师，我们一般更关注第三个范围。其同其他类别的论文一样，一般由题目、署名、内容提要、关键词、正文（引论、本论、结论）、注释和参考文献等几部分组成。

一、理论性

理论是人类认识的高级阶段，而论文所探索和论证的正是这种"人类认识的高级阶段"——客观规律问题。由于音乐教育论文是作者对音乐教育的某些客观规律的研究、认识和揭示，所以具有理论性。探讨音乐教育问题的论文十分广泛，而只有从学术的角度对音乐教育问题进行理论层面的探讨才能体现音乐教育论文的理论性质。具体来说：第一，论文所提出和阐述的观点应具有普遍意义，其观点是从广泛的音乐教育现象归纳和提炼出来的东西，反映的不是一般的音乐教育现象和音乐教育过程，而是对音乐教育本质和规律的认识。第二，对问题的分析与论证，对信息的观察与处理，以及所得出的结果和结论，均要从理论高度上进行，并形成一定的科学见解，而不是停留在表面上和现象上的陈述。也就是说，论证推理过程必须严密，从提出问题、分析问题，到解决问题要环环相扣，所有内容都要纳入一个严密的推理过程之中。第三，作者对提出的问题和观点要进行系统而完备的论述，既有基本原理的阐述，又有经典著作、权威论断的引用，使文章具有说服人的力量，具有一定的学术水准。此外，论文的理论性还表现在对问题探讨的力度和深度上，这样，所论述的音乐教育问题才更具理论意义，才更有利于指导音乐教育实践。

二、科学性

科学性是形成论文的基础。音乐教育论文的科学性主要表现在论点、论据和论证诸方面。

（1）论点是从音乐教育的客观材料中引出和得来的，不带有主观随意性，不以人的意志为转移。论题和结论提供了关于音乐教育的真实面貌和一般规律的知识，因而经得起音乐教育实践检验，能够解释音乐教育的客观现象，在音乐教育领域具有普遍意义。

这就要求：音乐教育论文的作者首先应具有科学的探索精神和严谨的治学态度，在科学的世界观和方法论指导下，运用有关的专业知识，科学地剖析研究对象的客观状况、因果关系等，以揭示事物的本质及其发展规律，并以具有普遍意义的科学结论和理论形态表现出来，这才能够保证论文观点的科学性。

（2）论据要真实、确凿、典型、充分，能有力地支撑论点。论据充分才能证明观点，论据确凿才能使人信服。也就是说，论证材料的可靠性决定着论文的科学性。这里所说的可靠性表现在两个方面：一是量，二是质。论据必须充分，孤证是不可靠的；论据必须真实，仅凭主观臆测是不可靠的。比如数字要准确、事实要确凿，而准确、确凿的论据常常又是具体的，有时甚至是通过科学测量得来的数据。应该指出，一切虚假的论据都是论文的大敌，是伪科学的表现。

（3）论证严密，符合逻辑，经得起推敲，突出问题的实质。这就是说，在论证和推理过程中，要整体地、全面地考虑问题，具有大局观和统筹意识。谋篇布局，设计周密，层次清楚，前后呼应；分析阐述，条理清晰，逻辑严谨，丝丝入扣。总之，音乐教育论文是科学的结晶，是踏踏实实的学问。

三、创新性

创新是科学研究的生命，论文写作尤其如此。因为科学研究的意义就在于对未知世界的探求，那么，音乐教育论文的新意就显得至关重要。音乐教育理论与实践的探索要避免鹦鹉学舌似地因循别人的成果。换句话来说，音乐教育论文的创新性应体现为一个"新"字，选题新、观点新、材料新、方法新、形式新、角度新等。这些"新"代表了一种独特、独到、独创，是以前没人提出过的、运用过的，具有与众不同的特点。

四、教育性

音乐教育论文的教育性，主要体现在论文的学科属性方面。研究领域、对象和内容都应围绕着"音乐教育"这个主题，以音乐教育问题作为总的研究对象和主要研究内容，阐明一定的音乐教育思想、音乐教育理论和音乐教育规律。同时，亦可在研究中体现和运用宏观教育理念，以及涉猎与借鉴美育、艺术教育等相关领域的研究内容。由于音乐教育研究是横跨教育学和音乐学的交叉性学科，因此，其研究内容很容易突出音乐方面而偏离教育方向，这在当前的音乐教育论文选题和写作上屡见不鲜。所以，音乐教育论文必须坚持其教育性特征，这是教育论文区别于其他方面论文的根本特征，其选题只能限制在教育问题或相关问题上，超出或偏离了教育的范畴，那就不是音乐教育论文了。

第二节 音乐教育论文的分类与结构

按照不同的分类方法，音乐教育论文可以划分为不同的类别。按研究的内容分类，可分为理论研究类论文和应用研究类论文；按研究形式和方法分类，可分为科研性论文、评论性论文和调查报告、实验报告等；按研究对象分类，可分为基础音乐教育、师范音乐教育、高校音乐教育、社会音乐教育、专业音乐教育论文等。中小学音乐教师写作的论文基本都属于基础音乐教育论文，下面我们就比较常见的应用研究类论文、理论研究类论文以及调查研究类论文进行介绍。

一、音乐教育论文的分类

（一）应用研究类论文

应用研究类论文是运用基础理论研究得出的一般知识、原理，针对音乐教育中的某一具体问题，研究某一局部领域的特殊规律，侧重于如何将各类音乐教育在其理论支撑下转化为音乐教育技术、方式和方法，直接服务于音乐教育实践。一般，论文只针对某一个实际问题，其研究成果只解决局部的或特殊的音乐教育或教学问题。例如论文《民族音乐文化传承与学校音乐教育》《多媒体教学的运用与音乐学习兴趣培养》《中小学音乐教师应如何提高钢琴伴奏能力》《让京剧艺术教育进课堂》《中小学音乐教学的评价问题研究》等都属于应用性的音乐教育论文。

在应用性音乐教育论文中有一种比较常见的经验性音乐教育论文，就音乐教育论文的总体情况而言，这种经验性的音乐教育论文在各类学校中广泛存在，是许多音乐教师撰写论文的常用形式。经验性论文是作者把音乐教育实践经验上升为理论，并以经验为例证撰写的音乐教育论文。科研性音乐教育论文同经验性音乐教育论文的不同特点往往表现在论题、论据、论证三个方面。从论题看，科研性音乐教育论文理论性研究较多，应用性研究较少，而经验性音乐教育论文则相反，应用性研究居多，理论性研究少；就论据而言，经验性音乐教育论文主要采取例证，基本上是运用关于事实的判断来证明论题，而科研性音乐教育论文所采用的论据则丰富得多，不仅有例证，还有引证和反证，也就是说，既有关于事实的判断，又有表述客观规律的判断；以论证来说，经验性音乐教育论文多采用一种较为简单的论述方式——叙述＋分析＋例证，而科研性音乐教育论文所采用的表述方式则相对复杂，往往要运用多种思维方式和论证方法，并要求推理判断的合理性和逻辑关系的准确性、严密性。

（二）理论研究类论文

理论研究类论文以揭示音乐教育现象的本质和规律，以形成或发展音乐教育科学理论为目的，重在对音乐教育的基本概念和基本原理进行研究，如音乐教育的本质、性质、价值、功能、理念、原则、目标和内容等。理论性研究的特点是研究者对音乐教育某一特定领域的一般知识和普遍原理进行理论层面的探索，不强调具体应用，其研究价值是对音乐教育实践给予理论指导，不断更新音乐教育观念，提高对音乐教育的认识。例如论文《试论音乐教育的学科基础》《中国少数民族音乐及其在世界多元文化音乐教育中的作用与地位》《音乐新课程的基本理念》《音乐教育心理研究的横向思维》等都是关于音乐教育理论研究的论文。

科研性音乐教育论文是理论研究类论文中的一种重要形式，具有学术意义和价值。科研性音乐教育论文是专门探讨音乐教育科学领域中的问题，以音乐教育科研成果为内容，是对音乐教育理论知识的整理、完善、运用和创新，对音乐教育科研成果进行高度理论化的概括和总结，具有一定的理论水平和学术价值。音乐教育论文的学术性，主要表现在某个音乐教育问题的提出、分析、研究和解决是依赖专门的、系统的音乐教育理论知识来实现的。因此，它不同于一般形式的讲道理、发议论、谈感想的音乐教育文章，如音乐教育短评、杂文、随笔等。通常，论文是否体现了学术性，往往表现在下面两个方面。

第一，选题具有很强的专业性。论文是以教育科学领域中某一专业性问题为研究对象，比如，音乐教育要培养学生的音乐兴趣，这是基础音乐教育中几乎所有教师都了解的一个基本常识。然而，这个常识性命题可以在音乐教育专家那里转化为一些具有一定深度的专业性问题，比如"为什么要培养音乐兴趣""学生怎样才能养成和发展音乐兴趣""什么样的音乐教学才有利于兴趣培养""中小学生的音乐兴趣培养方式是一样的吗"等。这些问题都具有很强的专业性，涉及音乐教育学、音乐心理学、审美教育学等多方面的专业知识。

第二，表达具有良好的思辨性，并体现为专业术语化。科研性论文的基本表达方式是论证，即通过各种形式和运用各种方法论述作者提出的问题，证明自己的观点。这一过程是逻辑思维高度运转的过程，必然充满着思辨性。问题的提出、分析与解决，均体现了一种严谨的逻辑安排和因果关系。同时，由于科研性论文是作者运用掌握的系统专业知识去论证和解决专业性很强的问题，这就要求其运用专业术语、图表和符号来表达论文的内容，这也是科研论文的重要表达特征。

（三）调查研究类论文

调查研究类论文主要包括调查报告、实验报告等。

1. 调查报告

调查报告也是音乐教育论文的形式之一。调查报告是通过亲身接触和广泛了解的实践过程，收集与分析相关的研究资料并从中获得规律性认识而形成的研究文本。

音乐教育调查报告是调查报告的一种，它是就某种音乐教育问题，运用调查的方式，在了解和掌握大量第一手材料的基础上，经过整理、分析形成认识或结论而写成的研究文本。音乐教育调查报告的范围仅限于音乐教育领域，但其调查材料也可包括与音乐教育有关的其他内容。音乐教育调查报告通过对音乐教育某些问题的调查，发现问题，分析原因，总结经验，掌握规律，以便为音乐教育科学研究提供依据，为音乐教育的改革与发展服务。其调查研究的内容及方法很多，如《高中学生音乐欣赏学习效率的调查和相关因素的分析》《西南地区"非遗"传统舞蹈的调查与研究》《构建中学音乐课程核心素养评价体系的实践探究》等。

2. 实验报告

实验报告是音乐教育论文的常见形式。实验报告是指为了检验某种理论或假设而进行的实践、操作活动。音乐教育实验是进行音乐教育科研的重要途径和方法之一，它是一种经过特别安排的、适当控制研究现象以便在最有利的条件下来研究某一音乐教育课题的科研方法，其目的在于查明研究现象发生的原因，检验某一音乐教育理论或假说的实际效果。一般来说，音乐教育实验以课题的方式呈现，结题时将整个课题研究的缘起、依据，实验目标、过程、方法以及得出的实验研究结论用报告的形式整理出来，即音乐教育实验报告。例如《以欣赏为中心的音乐教学实验研究》《关于提高小学音乐课堂教学有效性的研究》《奥尔夫音乐教育体系在初中音乐歌唱教学中的实践研究》《音乐审美教育实验研究》等都是不同内容的音乐教育实验报告。

中小学音乐教师所承担的教育任务和培养目标以及基本教学方式方法决定了其所撰写的音乐教育论文是以普通中小学、幼儿园的音乐教育教学问题为研究对象，围绕着中小学音乐教育和教学问题进行内容研究。如课程方面的音乐课程理念、音乐课程目标、音乐课程内容、音乐课程资源开发与利用；教学方面的音乐教学设计、音乐教学策略、音乐教学方法、音乐教学技术、音乐教学评价、音乐教学心理、音乐教学模式、音乐教学案例；教师方面的音乐教师观念、音乐教师角色、音乐教师素质及修养、能力等。

撰写论文时我们要明确论文选题的性质，避免混淆研究对象，如同是以"钢琴"作为论文题目关键词的文章，《谈钢琴演奏的中心环节——手腕训练》属专业音乐教育论文、《钢琴在创设音乐教学情境中的作用》则属于基础音乐教育论文。

二、音乐教育论文的结构

论文的结构是论文内在逻辑的外在形式,是体现事物客观规律和作者写作思路的一种基本格式。每一篇论文都有自己的观点或论点,而观点或论点的正确性要通过严密的推理来论证。所以,论文必须具有纲目分明、条理清晰、富有逻辑的结构形式。音乐教育论文的基本结构和一般格式应该包括题目、署名、内容提要、关键词、正文(引论、本论、结论)、注释和参考文献等几部分。

(一)题目

题目又称"标题""文题",是论文的名称和主题的标示。题目是论文的窗户,它应是论文内容的高度概括。好的论文题目能大体反映作者研究的方向、成果、内容、意义,同时,能吸引读者,起着"画龙点睛"的作用。题目引用语应确切、简洁、精练、通俗和新颖。在确定题目时,需要确保题目聚焦,深入挖掘主题,深化道理,并力求立意新颖。

一是题目要确切具体。题目应该如实地、恰当地体现论文的主题,概括文章的内容。二是题目要简洁精练。标题不可太长,字数不要过多。题目应该言简意赅,用高度概括的、凝练的文字来表达一个完整的意思。三是题目要逻辑准确。论文题目或直露,或含蓄,或朴实,或新颖,其基本前提是准确而简练地表意,因此,确保逻辑的准确性尤为重要。一个好的标题往往是作者智慧、文采和艺术匠心的体现。像《谈"减负"后"保质"》《中学音乐教学素质教育》等标题都存在不同的逻辑问题,读来令人费解或不得要领。这些标题应分别改为:《"减负"后应如何保证音乐教学质量》《素质教育观下的中学音乐教学》等。

根据论文内容的需要,题目既可以是单一标题,也可以采用正标题加副标题的方式。采用正副标题的结构形式,一般有三种情况:一是副标题对正标题的内容和背景进一步加以说明和阐释,副标题往往比正标题更具体,如《基于高中音乐学科核心素养的中华优秀传统文化教学实践与反思——以川江号子为例》;二是一篇论文有一主一副两个方面的论题,正标题标明主论题,副标题标明副论题,如《以唱歌为主的音乐教学类体系改革——兼谈以欣赏为中心的音乐教学设想》;三是评论类和争鸣类论文,以副标题说明对某人物、事物或观点、现象的评价,如《音乐课应以音乐为本——对音乐教学过度综合的质疑》《通俗音乐为什么不能进课堂——与×××先生商榷》等。

根据论文内容的需要,可以在文中设立若干小标题,其意义在于明示分论点,从各个层面揭示主题。例如论文《教学论文的三种类型与写法》便设立了三个小标题:①方法型教学论文;②观点型教学论文;③随笔型教学论文。如果需要,各分论点还可以继续分设小标题,如在"方法型教学论文"中,可以分设"阐述运用方法的依据""介绍方法的实施过程""陈述方法实施的效果""陈述应注意的若干事项"等下一级小标题。

(二)署名

署名是著作权和文责自负的标志。署名的意义在于体现作者的责任性与权益性:第一,论文通过报刊发表或会议交流的形式成为一种公共品,便会对读者、对社会产生一定的影响。那么,文章有无参考价值和积极意义,是否对社会有益,都是作者要认真考虑的。文章一经发表,白纸黑字长留,就有了被长期研究和评论的可能,所谓"文章千古事",文责自负。所以,为文的态度应该认真、慎重,不可马虎、草率,尽量做到对读者、对事业、对社会、对自己负责。第二,论文通过报刊发表或会议交流的形式进入公共领域后享有权益性,包括著作权和享有稿酬。署名一般应用真实姓名,也可根据需要使用笔名。如果是合作撰写论文,应该按贡献大小排序。

(三)内容提要与关键词

内容提要又称"摘要",是论文内容不加注释和评论的简短陈述,它应以浓缩的形式概括研究课题的内容、方法和观点,以及取得的成果和结论,应能反映整个内容的精华。可以让读者在不读全文的情况下,就能获得论文的必要信息,初步判定论文的价值,以确定有无阅读的必要。内容提要的字数一般控制在200~300字,其位置在题目和作者的下面。主要包括研究目的、研究方法、结果、结论四个方面的内容。

关键词是为了文献标引工作，从论文中选取出来用以表示全文主题内容的单词或术语，其作用是检索方便。关键词的提炼要在分析论题和研究方法的基础上进行概念分解，选出那些最能代表主题内容并具有音乐教育学科专业属性，同时具有较高检索价值的主要词汇。一篇论文的关键词以3～8个为宜，其位置在"内容提要"之下、正文之上，一目了然。

关键词要体现主题性、先进性、简明性，词语通常是专业术语，明确简练。选词原则为：反映论文中心议题和主要研究成果的概念；反映论文所涉及范围与中心议题（核心信息）有因果关系、相关关系、互为影响关系的概念；反映论文研究所采取的主要方法、手段的概念，体现论文的创新性和创造性。

（四）正文

正文是作者对音乐教育研究内容的详细表述。它占全文的绝大部分，根据论文的性质及其内容，确定正文包含的内容：提出论点；已证明论点的事实或理论论据（论据）；每一段落、层次使用的论证方法。这部分占论文的绝大部分篇幅，具有极其重要的地位，是作者表达研究成果的部分。这部分的关键在于论证，即证明作者所提出的论题。这部分包括课题的提出，对解决问题的设想、研究过程（研究中出现的问题及解决问题的方法、手段、主要数据）、研究结果等。撰写正文时，要注意理论的运用和逻辑推理，注意段与段之间的过渡衔接，注意主次，抓住本质。如果内容多，可加小标题，也可使用由大到小的不同序码。

1. 引论

引论是音乐教育论文正文的开头部分，又称"导论""绪论"或称"引言""序言"。其内容主要是提出问题、明确中心论点，或阐明研究的原因、目的、方法，或介绍研究的背景、范围及意义。其作用是说明选题的缘起、论题的含义和本研究的理论与实践意义，表明作者对论述问题提出的主张、看法和态度，即解决"证明什么"的问题。

引论的写作要开门见山，简明扼要，切忌拐弯抹角，迟迟不入正题。引论在正文中所占篇幅不应太大，一般篇幅较短的论文只用一个自然段写一小部分文字即可，篇幅较长的论文可以单设由几个自然段组成的引论部分，但应言简意赅。引论的写作没有固定的方式，可根据论证问题的需要来决定怎样写。在音乐教育论文中，常见的方式有如下几种。

（1）直接提出中心论点。

如论文《音乐教学审美功效研究》提到："普通音乐教育是以审美为核心的音乐教育，因此，音乐教学必须按照美的规律来设置、构建和施教，才能实现音乐教学审美功效。音乐教学中，审美功效具体体现在音乐教学领域审美要素和音乐教学过程审美特征两大方面。"

（2）表明作者的写作目的和意图。

如论文《正确处理音乐新课程实施中诸多关系》提到："音乐新课程的深入推进和普遍展开，必然会引发一系列的教学实践问题，这些问题集中地表现在对音乐教学诸多关系的认识、理解和处理上。因此，如何正确处理这些关系，值得深入探讨。"

（3）列出论文所要论述的事实。

如论文《素质教育与普通音乐教育》提到："素质教育的提出为普通音乐教育的改革与发展奠定了理论基础，本文在分析素质教育内涵的基础上，从面向全体学生、重视审美体验、倡导主动发展、注重开放学习等方面来论述体现素质教育特征的普通音乐教育。"此外，还有在引论中先列出对某人、某事、某作品、某现象的看法和感受，或先陈述作者欲批驳的反面论点等写法。

2. 本论

本论又称"正论""主论"，是论文的主体部分，是作者展开论点、集中表述作者的见解和研究成果的中心部分。论点的证明、论据的陈述论证过程的展开都要在本论中展示出来，从而充分证明中心论点的正确性。这一部分在全文中占的比例最大，是一篇论文的重点部分。

本论的写作需要特别处理好论据和论证两个问题。论据是阐释或论证观点的根据，是论证的基础，因为论点只有被充分证明的时候，才能被认为是正确的，才具有说服力。而论证则是运用论据来阐释或证明观点的过程与方法，是显示论据与论点之间内在联系，从而使论点得到确立并成为结论的逻辑过程。在本论中，如果说论据解决的是"用什么证明"的问题，那么论证则是解决"怎样证明"的问题。具体地说，写作本论应注意：围绕中心，紧扣主题；论据充分而翔实，论点论据有机联系和统一；论证过程严密，富于逻辑性，能够揭示问题各方面的内在联系。

本论的内在联系形式是本论格式的内在依据。主要有四种：①并列式，又称"横式"。并列式结构的主要特征是分论点之间构成平等并列关系。论证时围绕中心论点，分别从几个方面展开论述，一个个进行证明，从而达到证明中心论点的目的。并列式结构没有明显的主次、先后之分，分别论证了分论点，也就证明了中心论点。②递进式，又称"纵式"。递进式结构的主要特征是各分论点之间是一种层级式的、按逻辑线索排列的关系。论证时围绕中心论点，一层层地展开论述，步步深入，环环相扣，层层推进。这种形式是按照提出问题、分析问题、解决问题的步骤，逐渐深入地对问题加以论证。③分总式。分总式结构的主要特征为：围绕中心论点，先分别从几方面对各分论点展开论述，然后加以综合、概括并得出结论。④纵横式。将并列式和递进式相互结合和渗透，形成纵横交替的论证形式。可以分论点对总论点的论证采用并列式，各分论点自身论证采用递进式；也可以分论点对总论点的论证采用递进式，各分论点自身的论证则采取并列式。一般，内容较为复杂、篇幅较长的论文多采用纵横式的结构。

3. 结论

结论是论文的最后一部分，是论文的收束和结尾部分，是论证得出结果、问题得到解决的部分。它既是引论中提出的、本论中论证的结果，又是论文主体部分的自然延伸和旨归，是研究课题的总判断和总评价。写好结论，全文增辉，反之给人虎头蛇尾、美中不足之感。所以，作者应该重视结论的写作。

结论的内容，可以是对总论点的归纳，对中心论点的深化说明，也可以同开头相呼应，对论文提出的论点进行再确认和作进一步强调；结论还可以指明有待研究的问题，对不能形成结论的问题进行必要的讨论，或是对解决问题提出对策和建议，对未来进行展望等。写作结论要注意防止以偏概全，避免在结论中归纳一般道理时说得过头、过满，讲了逻辑关系上本来并不包含的意思，或是过度强调论题具有重大意义，做出过高的自我评价，在引申到理论性命题时将特定范围道理当成普遍真理。

结论的篇幅在论文中所占比例不大，文字要简洁、具有概括性，切忌画蛇添足。

（五）注释及参考文献

1. 注释

注释是学术论文的附加部分，其作用是说明论文中的引文出处，或者对论文需要加以解释的地方予以解释。前者是表示对他人劳动成果的认可和尊敬，增加资料的可信度，也便于读者查阅原文；后者是为了使读者对被注对象有更好的理解。

注释方式分为三种：（1）夹注，也称"文中注"。即在需要注释的文字后面加括号，括号内写明注文。如"音乐是心情的艺术"（黑格尔：《美学》第三卷上册，商务印书馆1979年版第332页）。（2）脚注，也称"页下注"。即在需要注释的文字后面加序号，然后按序号把注释内容置于本页下端。（3）尾注，也称"文后注"。即把注释集中于全文末尾，按序号把注释内容标出。

注释的格式根据期刊、报纸、著作以及学术会议、学位答辩的不同要求而略有差异，一般要求为：序号、作者名、文献题名、刊物名（或出版地：出版社）、出版年、期、页码。

其中"作者名"一项，如多位作者只写前三位并加"等"字，国外作者在人名前标注国籍。

2. 参考文献

参考文献目录是作者从事音乐教育研究学术背景的一种标示，反映和代表作者查阅、搜集音乐教育资料的广度与深度，是衡量和判断一篇音乐教育论文质量高低的依据之一。如果一篇音乐教育论文的参考文献中没有列入与研究课题相关的代表性、前沿性资料，那么，作者可能没有掌握相关信息，该论文也不可能达到较高水平。值得一提的是，对参考文献的标示应该实事求是，作者没有必要将未读过的书目，或同论文不相干的文献列入目录。文献目录的编排可按在论文中参考价值的大小或文献发表时间的先后分类排序，置于论文的最后。

有些音乐教育论文还附有附录与后记。附录指附于论文后面的有关文章、文件、图表、乐谱等与论文相关的资料，其作用是为读者提供参考，加深读者对论文的理解。后记既是作者对论文的写作背景、写作过程和写作体会的说明，也是作者与读者的一种沟通，是对支持和帮助作者写作的人的一种答谢。

第三节　音乐教育论文写作基本要素

一、论点

论点是作者对所论述问题的见解和主张，是议论文的灵魂。确立论点是写好议论文的前提。议论文的论点必须鲜明、正确。鲜明，就是要明确地表示肯定什么、否定什么、赞成什么、反对什么，对某件事情、某种现象发表议论，必须态度明朗、观点明确，不能含含糊糊，模棱两可。正确，是指观点要符合客观实际、合乎情理，要经得起实践的检验。鲜明与正确，是对初学写议论文者的基本要求。如果要求再高一点，论点还应当有新意，有深意，有现实意义。所谓新意，即要有自己的看法，不要总是重复别人的观点；所谓深意，就是不能只看表面现象，而要揭示事物的本质和规律；所谓现实意义，就是议论要有针对性，要对现实生活中人们普遍关心的、需要解决的问题提出自己的看法。一言以蔽之，论点是议论文的中心，是起统率作用的，没有论点就不叫议论文。但是，只有论点能叫议论文吗？也不是，还必须有论据。

二、论据

论据是证明论点的根据。一篇议论文的论点提出以后，还必须举出事实、讲出道理来证明论点的正确性，这些证明论点的事实和道理就是论据。论据包括具体事例、概括史实以及统计数字等。论据必须真实，不能臆造或虚构，虚假的论据是站不住脚的。为了保证论据的真实性，论文引用的材料要有出处，要检查核对，要准确可靠。理论论据应该是经过实践检验的，它的正确性应该是公认的。马克思列宁主义、毛泽东思想等都是经过实践检验和证明了的真理，具有很强的说服力，可以作为论据。自然科学中的原理、定律、公式，还有一些在历史或现实生活中作出贡献的仁人志士的言论，以及流传于世的谚语、格言，只要它们是正确的，揭示了事物的本质规律，富有深刻哲理，同样可以作为论据。但引用时要严肃慎重，不能断章取义，牵强附会，更不能歪曲篡改。同时，要彻底弄懂有关论述的精神实质，做到完整、准确。选择、运用论据来证明论点，有几个基本要求：一是论据必须能紧紧扣住论点，能为论点服务，做到观点与材料统一。如果说确立论点解决了要证明什么的问题，选择论据解决了用什么证明的问题，论证过程则要解决如何证明的问题。这部分知识有两个要点，一是安排结构，二是选择论证方法。结构是文章的骨架，结构安排得好、文章才能完整、有序。议论文的结构一般包括三个部分：引论（提出问题）、本论（分析问题）、结论（解决问题）。引论是文章的开头，用来提出文章的论点或用来点明文章所要议论的问题（论题）。本论是文章的主体，主要是运用论据来证明论点。结论是文章结尾，或是得出结论，或是进一步强调论点，有时也用来提出希望、要求或解决问题的办法。

三、论证方法

在论证过程中，恰当运用论证方法是很重要的。论证方法主要有引证法、例证法、对比论证法和比喻论证法。引证法，就是引用道理论据进行论证，例证法是运用事实论据进行论证，这二者结合起来，我们称为"摆事实讲道理"。这种方法是初中学生写议论文最基本的方法。运用这种方法应注意的主要问题是：只摆出事实和引用理论是不够的，必须加以分析，在引用事实或理论论据后，要充分讲道理，道理讲透彻了，文章才能有说服力。对比论证的方法，是把两种相反的或有差异的事物进行比较。通过这样的对比，肯定正确的，否定错误的，使论点更加突出，更加鲜明。

论证，是音乐教育写作的一种根本方式和重要环节，是作者按照一定的逻辑关系，运用论据证明论点的过程。论证是一种理性认识过程，需要采用逻辑思维方式，借助概念、判断、推理等逻辑形式，以抽象的方法来反映事物的本质。针对不同的事物和问题，可采用不同的方法来论证，音乐教育论文常用的论证方法主要有归纳、演绎、比照、引证、例证、反证等。

归纳论证，是指从个别的、特殊性的前提推出一般的、普遍性的结论的论证方法。逻辑学中将这种方法称为"归纳推理"，其中分为完全归纳推理和不完全归纳推理。完全归纳推理要求考察同类事物的所有个体，从中发现他们各自所具有的属性，从而推导出该类事物共同具有某种属性的一般性结论。不完全归纳推理只考察局部个体的属性，并据此推出一般性结论。例如，"关于素质教育的含义，我国理论界、教育界一直存在着不同的认识和说法。其中，权威的表述和界定有下面几种：柳斌认为素质教育的要义有三：第一是面向全体学生，第二是让学生德、智、体、美全面开展，第三是让学生主动开展。朱开轩提出素质教育应以实现教育方针规定为目标，着眼于受教育者群体和社会长远开展的要求，以面向全体学生、全面提高学生的素质为根本目的。顾明远将素质教育概括为：素质教育是一种全面开展的教育，是一种通识教育，是面向全体学生的教育，是重视个性开展的教育。以上这些表述与界定尽管不尽相同，但都力图把握素质教育的实质，概括素质教育的内涵，根本抓住了素质教育的根本。"上面的论证通过引用三位教育权威的论述，来归纳证明素质教育的含义，因此具有较高的可信度。一般，当某类事物或现象的个体数量不多时往往采用完全归纳推理的方法，而个体较多时，因无法一一考察每一个体的属性，可多运用不完全归纳推理方法。不完全归纳法较简单易行，但要掌握比较权威的材料，才能获得可靠的结论。

演绎论证，是指从一般的、普遍性的前提推出个别的、特殊性的结论的论证方法。逻辑学中将这种方法称为"演绎推理"，其过程多采用三段论方式，即大前提、小前提、结论。大前提说明某事物具有的一般原理，如"国际21世纪教育委员会在一项报告中提出'学会求知，学会做事，学会共处，学会做人'，这是新世纪教育的四大支柱。"小前提说明某事物个体或属性，如"它提出了教育的核心是'做人'的教育，尤其重视'学会共处'这个做人做事的根底。"据此可以得出"学会与人交流、交往、合作、共处，是人生的一种能力和技巧，而音乐作为人类交流的一种方式，音乐教育应该在培养合作、共处意识方面有所作为"的结论。在论证过程中，有时可省略一个前提，如"音乐教育作为美育的重要途径，其特质就是情感审美。情与美的这种不解之缘，决定了音乐教育的根本方式是：以情感人，以美育人。"运用演绎论证这种方法，应注意前提的选取，也就是说论证质量与结果往往取决于假说的正确性。

特别是从逻辑分析本身作为前提或假说的，就需要做进一步的演绎推理来证明其正确性。

演绎推理的另一种形式是引申推理，又称"归谬法"。就是先假定对方的论点能够成立，然后加以引申，结果得出一个荒唐的结论，从而证明对方的观点是错误的。在教育科学研究中，常有一些引起争议的问题，那么在各抒己见的同时，有时也会需要采用反驳的方法，比如下面这段论证："在有些人看来，识谱的意义非凡，作用极其重要，比如将识谱喻为'翻开音乐之门的钥匙'，通往音乐彼岸的'船'和'桥'等，意思是说，不通过识谱就无法接触、认识和学习音乐。自有人类时起，音乐就存在了，而乐谱的出现要比音乐晚得多，如果是只能通过识谱才能进入音乐之门的话，那么在乐谱诞生前的很长一段时间，人们岂非无门可入？那样长的一段音乐史岂不是空白？"这段驳论针对过高定位识谱在普通音乐教育中作用的观点，通过音乐与乐谱关系的论述，证明对方观点的谬误。就反驳的方法来说，有直接反驳和间接反驳两种，而演绎论证就属于间接反驳。

比照论证，是将具有可比性的事物进展对照、比拟后得出结论，从而证明自己观点的论证方法。通过事物之间的比拟进展论证，更能突出事物的本质，有比拟才有鉴别，可使观点表现得更深刻，给人以鲜明的印象和有益的启示。常用的比照论证有三种形式，即横比、纵比和类比。

横比，是将两个不同的事物进展横向比拟，通过提醒两者间的差异来论证观点。比如将识字和识谱进展比拟来证明识谱的难度："识字，记住字形就认识了；识谱，只记住符号形状毫无意义。借助文字，可以阅读和写作，认识及情感活动通过视觉随即产生；借助乐谱，那么必须还要通过听、唱、奏等途径，视觉与听觉共同参与才会引起情感及认识上的活动。因此，在一定意义上说，识谱远比识字困难得多。"又如，将专业音乐教育和普通音乐教育进展比拟，来论证普通音乐教育的素质教育性质："如果说，专业音乐教育是训练'台上人'（音乐家）的工作，那么，普通音乐教育是一项培养'台下人'（听众）的事业。这是一个十分重要的事业，普通音乐教育要立足于培养'台下人'，为音乐会培养更多的优秀听众，为音乐艺术造就更多的知音。"运用横比方法，要注意用作比拟的双方必须是性质截然不同的事物，这样才能形成反差，才能证明观点。

纵比，即将同一事物的前后进展纵向比拟，通过提醒两者间的差异来论证观点。比如，将我国不同时期的中小学音乐教学大纲进行比拟，来论证对唱歌教学的认识："1982年公布的小学、初中两个音乐教学大纲仍沿用了过去的'唱歌是音乐教学的主要内容'的提法；而1988年公布的小学、初中两个音乐教学大纲有了改变，分别以'唱歌教学是小学音乐教学的有效手段''唱歌是中学音乐教学的重要内容'取代'唱歌是音乐教学主要内容'的表述。这种改变有利于澄清唱歌是中小学音乐教学唯一内容的片面认识，有利于学生音乐素养的全面提高。"运用纵比方法，用来比拟的双方必须是性质相同而时段不同的事物，这样才能比拟出前后开展的变化，以此来证明观点。

类比，是将具有相似性的事物，通过比喻的方式进行比拟，进而证明论点的方法。例如，"如果说江苏民歌《茉莉花》犹如一幅清新、婉约的工笔画，那么东北民歌《茉莉花》就是一张热情、豪放的大写意，而歌剧《图兰朵》中的'茉莉花'旋律更像另类风格的西洋油画……这些《茉莉花》从不同维度深化着学生的音乐体验——《茉莉花》是美的，中国民歌也是美的。"类比虽然是通过比喻的方式进行比拟，但它与比喻却不相同，因为用作比喻的双方是完全不同的事物，两者之间并没有本质的联系，仅仅在某一点上有相似之处；而用来类比的双方应该是同类事物，两者具有本质上的相同点。

音乐教育论文的写作同其他学科论文写作一样，有着可以遵循的一些程序。一般来说，需要经历收集资料、撰写提纲、写作初稿、修改加工等几个阶段和环节。

1. 收集资料，阅读文献

（1）收集资料的意义。

资料是为着某种写作目的，从生活和文献中收集、摄取，以及写入文章中的一系列事实或论据。从认识论的角度说，科学研究就是对占有的资料进行加工制作。因此，没有资料就谈不上研究。对于音乐教育论文写作来说，就是在音乐教育原理的指导下，从占有资料中引出其固有的规律性，也就是说，要从这些资料中引出正确的结论。由此可见，音乐教育资料是研究音乐教育的基础，是形成音乐教育观点的基础。而收集资料是音乐教育研究工作的首要环节。从表现论的角度说，论题的确立和观点的形成只是完成了论文的一部分工作，而更为重要的工作还在于：把形成的观点表现出来。具体来说，就是要求作者用一些准确、典型、生动的音乐教育材料，去有力地证明音乐教育观点、支撑音乐教育观点。只有以事实为载体、为依托、为凭借才能不致虚空。由此可见，论题的确定、观点的形成和论证都受益于翔实的材料。

（2）收集资料的方法。

撰写音乐教育论文所需的资料，指作者从音乐教育研究实践中，或从音乐教育文献资料中获取的一系列事实、数据、文字和图像。不同的学术论文，集材方法要有所不同，有的侧重于实验数据，有的侧重于文字资料。综合起来，可从以下两个方面进行。

一是确定方向。即围绕论题确定从哪些方面收集资料。比如从宏观角度来说，可以分为纵和横两个方向，纵向是把握论题有关资料时间上的上溯和下移，横向是把握论题有关资料空间的文献。从论题与资料的关系来说，资料若充分而全面地证明论题，必须体现在三类材料的占有上。第一是核心材料，即直接研究对象的材料；第二是辅助材料，即别人论述的有关自己论题的材料；第三是背景材料，即有关论题的背景资料。比如，研究基础教育音乐课程改革，首先要阅读和研究基础教育课程改革纲要和音乐课程标准等文献，以及有关纲要和课标的解读文章，即收集核心材料；其次，要收集和阅读其他人对基础教育音乐课程改革的研究成果，尤其是那些权威性的研究成果，这是辅助材料；最后，收集和阅读同基础教育音乐课程改革相关的其他背景材料：课改的时代背景、社会环境、教育思潮、国际影响等。

二是选择方式。不同的论题，收集资料的方式不同。通常，论文写作中所需的材料主要有两大类，一类是直接材料，另一类是间接材料。直接材料具有直接性，真实可靠，因此也最具有说服力。这类论题的资料需要通过观察、调查、实验等方式获得。间接材料主要是自己通过阅读有关文献、书籍、报刊等获得他人提供的材料，这类材料在论文写作中既有一定的参考价值，又可以拓宽自己的思路。

（3）资料的整理和运用。

对所收集的资料进行整理、归纳和提炼是对资料消化理解的过程，关系到资料能否在论文写作中发挥作用。观点来自资料，资料说明观点，这是整理、归纳和提炼资料的基本宗旨，也是取舍资料的标准。作者可根据论文的主题和特点，按某种标记将所收集到的资料各归其类，把内容相同的资料排在一起，把不同类型的资料按照说明论点的层次顺序逐一编号，然后可将资料进行归纳，按照资料价值的大小进行筛选，从资料中提炼思想。

在运用资料时，要注意资料的针对性、真实性、典型性和新颖性。针对性是指材料的运用必须与说明论点有关，并且能有力地表现和论证论点。真实性是指材料可靠，符合客观实际情况，能够反映事物本质和主流。典型性的材料，就是那些能够深刻反映事物本质，具有广泛"代表性"和巨大"说服力"的事实或论据。新颖性，就是材料新鲜，具有时代感，是最新的信息、最新的数据、最新的理论等。在众多近似的材料中，应该选取最有权威性的材料来进行论证，这样才能提高可信度，才有说服力。

此外，资料的运用要详略得当。一般说来，重要的资料宜详，次要的资料宜略；具体的资料宜详，概括的资料宜略。资料与观点要有机统一，在资料运用过程中，不仅要求资料要服务于观点，而且要求借助对资料的分析来论证观点，来说明资料与观点的内在关联，从而使观点与资料成为统一的有机联系的整体。

2. 拟定提纲，搭建框架

提纲是作者对论文结构的一种规划，是论文写作的一幅蓝图。如果说论题使论文有了"灵魂"，资料使论文有了"血肉"，那么，拟定提纲、搭建框架则是解决论文的骨架问题，也就是为论文设计一个表现其基本观点的完整而严谨的结构形式。

提纲是论文写作必不可少的环节，它体现了作者对所写论文的基本思路，是酝酿和推敲构思的最好方式，而且可以根据提纲进一步调整和丰富论文的设计。其作用主要是为论文确定一个合理的结构形式，以便更好地阐明论点。有了提纲，才能有层次、有步骤、有说服力地表达观点，来连接思路，来保证文脉贯通。因为论证只有一环套一环，层层推进，才能形成相互间有机联系的整体，有益于写作时文脉贯通，增强文章的可读性。拟定了写作提纲，就可以围绕提纲组织材料，就可以避免结构的混乱，避免写作中出现大的失误。经常从事写作的人都有这样的体会，如果写作中途去从事一段时间其他方面的工作，导致注意重心转移，下一部分如何写，原先的思考早已淡忘，头脑中一片空白,这时候就必须借助预先拟定好的提纲来给自己提供线索,唤醒记忆,畅通思路。

(1)拟定提纲的原则。

一要基本脉络清晰。文章结构形态的形成,其根本的依据是文章的主题,即基本观点。怎样开头、结尾,怎样划分层次、段落,怎样过渡、照应,怎样选材、剪裁,以及以怎样的线索、脉络组合材料,这诸多问题都要根据主题的需要来加以审慎考虑,精心筹划。在总体构思上,要体现提出问题、分析问题和解决问题的基本脉络。

二要逻辑关系严密。在具体布局上,要体现内在的严密逻辑联系,应以总论点为中心,搭起以分论点为支撑的框架结构。其中,涉及分论点,即文章层次如何划分,也就是设置哪些层次,以及层次安排的顺序等问题。作者必须清楚地分析出这些层次之间在内容上是并列的,还是从属的关系;分清各分论点与总论点之间在内容上的亲疏远近关系、里外关系、先后关系、轻重关系等。

三要形式结构完整。在形式表现上,要体现结构的完整性。一篇论文是由各个局部组合而成的完美统一的整体。因此,结构的完整性首先表现在若干必备部分的完整,如总论与分论、交代与照应、起与承、承与转等,不能缺少任何一个部分,不然就会使整体结构松动;其次,结构的完整性应表现在各部分在文章中应有合适的量的比例,如主与次、疏与密、首与尾等。

(2)论文提纲的内容与写法。

论文提纲有简略提纲和详细提纲之分,简略提纲只有大纲和小目,详细提纲在简略提纲的基础上,加上论据要点和重点语句。简略提纲一般是以简要的文字写成标题,把该部分的内容概括出来,又称"标题式写法"。详细提纲以表达完整的句子来概括本部分的内容,又称"提要式写法"。两种提纲均包括标题、中心论点和分论点、层次段落以及各分论点所用的材料等内容。两种写法,各有所长,具体用哪一种可根据文章的内容,视个人的写作习惯而定。

3. 撰写论文初稿

拟定提纲之后,即进入了撰写论文初稿程序。这时,作者需要考虑的是写作顺序和行文方式问题。一旦进入写作过程,写作顺序、行文方式与写作提纲的关系就会发生一些变化。虽然是以提纲为基础开始写作论文,但是论文的展开却不可能完全按照提纲,因为论文所写的具体内容是提纲中没有的。因此,写作过程中，随着文思的涌现和流淌，作者应该随时调整写作顺序和行文方式。在这一过程中，论文写作者应该注意把握以下几个原则。

第一，紧紧围绕主题来写。行文方式服从于以"主题"为中心的原则，顺序可以暂时不作考虑，但内容一定与主题相关，切忌离题、跑题。作者应尽快在问题和看法上与读者产生共鸣，那么"主题"的阐述就显得相当重要。因此，行文方式不仅要使"主题"明确易懂，而且尽可能做到开门见山。例如，在论文的引论部分中写上这样的文字："本论文的基本观点是××××"，这便是一种突出"主题"的最直接的表现方式。当然，不一定所有的文章开头都这样写，但在行文方式上，尽可能将辅助性、铺垫性的文字与主要论题区分开来。

第二，尽量做到一气呵成。写作过程中，有人习惯于一气呵成，这样的作者通常是博学多识、才思敏捷之士，这也同其常写文章有关。而在许多不常写文章的作者中，文思的不连贯便成了一个常见的问题。有的语言不够精练，有的衔接不好，总之不能让人流畅地读下去。但无论新老作者，有无写作经验，建议写初稿时尽量做到一气呵成。因为只有这样，作者的写作思路才不会中断。要知道，思路的中断乃是写作的大忌，断断续续很难写出好文章。从心理学角度来说，作者的写作状态对于论文写作十分重要。

第三，注意段落之间的衔接。写初稿时，一个常见的现象是作者把材料堆砌和罗列在一起，而忽视这些材料之间的逻辑关系。也就是说，论文中章节之间、段落之间没有按照一定的逻辑关系形成自然而合理的衔接。衔接得好，文章就流利、顺畅，衔接得不好，文章就会越读越别扭。有经验的作者大都是巧于衔接的人，比如另起一行即常见的一种衔接手法，只加一句过渡性的话，或者插进一个连接词，就可以产生衔接的效果。有时，语言表述上的前后照应，也可以起到衔接的作用。当然，如果逻辑的展开是自然连贯的，那么不需要加入衔接，而是恰当选择词汇和文章的行文方式也会给人自然连贯的感觉，这不仅是最好的衔接方式，亦是一种较高的写作和行文境界。

4. 修改与加工论文

论文的修改与加工是论文初稿写成到论文最后定稿的一个必经过程，这是论文写作中不可缺少的一个环节。有人说，一篇好文章不是写出来而是改出来的，这话有一定道理，说明了修改与加工文章的重要性。修改与加工是在论文初稿基础上的完善与提高，是提升论文质量与水平的重要步骤。因为初稿只是论文的"毛坯"和"半成品"，通过修改，论文才能成为"作品"和"成品"。修改是作者对写作内容不断加深认识，对表现形式不断选择润色的过程。因此，修改与加工也是提高作者写作能力的重要途径。

（1）修改与加工论文的基本方法。

首先，应明确修改的范围，即在初稿的基础上进行修饰与改动。通常情况下，既不要改换论题，也不要改变论文的主旨，因为那样会造成"伤筋动骨"式的变化。修改与加工的方式应有利于论文内容的充实和论文形式的合理，最终达到二者的完美统一。一般来说，修改与加工论文常常使用下面一些方法。

锤炼主题。修改过程中对主题反复锤炼，可以使其在初稿基础上更加准确和鲜明，更加完善和深刻。作者要反复推敲中心论点及分论点，看其是否存在偏颇、片面，表述不充分、不严谨等问题，若发现不妥，就应再斟酌、提炼或补充，对原有观点进行适当调整。

增删资料。修改过程中，资料的增加或删除在很大程度上决定了论文的最终质量。如果资料不足，论文的内容可能会显得空洞，对观点的支持也会不够有力，这时就需要补充相关资料。相反，如果资料过多，尤其是那些非典型的资料充斥其中，不仅会使文章显得臃肿，还可能掩盖了文章的主要观点。在这种情况下，需要通过删减、替换或调整来改善。

调整结构。一篇好的论文往往是通过完整而严谨的结构形式来体现的。因此，修改过程中对结构进行调整亦是重要的方面。当然，尽可能不做大的框架改动，可以根据需要做些微调。比如结构安排是否完整、合理，层次是否分明、均衡，脉络是否清晰、畅通，部分、段落之间的过渡是否自然、妥帖，这些都应在修改过程中做进一步考虑和审视。

推敲语言。文章是语言和文字的艺术，文章的修改最终都是通过语言和文字的修改来实现的。因此，从表达意义上说，论文的修改也就是语言和文字的不断修正。论文语言的推敲就是追求语言和文字表达的最优化，通过对语言和文字的反复加工与润色，不仅使文章的表达简洁、得体，而且生动、流畅。

（2）修改与加工论文应注意的问题。

有经验的作者，一般都会在写完初稿后休息一段时间再做修改。这样做的好处是避免在过劳过热、文思枯竭的状态下写作，以免修改效率低下。初稿写完之后放一放，待头脑冷静后再来审读和修改，这样就能站在比较客观的角度，以新的视角、一定的高度重新衡量论文的质量，发现和找出不当不足之处，有的放矢地进行润改。

有经验的作者一般都会尽可能听取和吸收他人的修改意见，这对于不常写文章的作者来说尤其重要。因为很多情况下，作者对自己的文章往往是"当局者迷"，不易发现其中存在的问题，不愿"忍痛割爱"，而旁观者清，能帮你较快地发现问题。所以，在论文修改上，作者要善于听取各方面、各种不同的改进意见，在此基础上取长补短、去粗取精，进一步完善。

第四节　音乐教育论文的写作规范

音乐教育论文格式有二：其一是"三段式"结构，其二是八个基本项——标题、作者名及其简况、内容提要、关键词、正文、结论、注释与参考文献。

一、音乐教育论文撰写的一般结构规范

（一）标题

标题应简短、明确、具有概括性。标题字数要适当，一般以几个字到十几个字为宜。如果有些细节必须放进标题，为避免冗长，可以分成主标题和副标题，主标题写得简明，将细节放在副标题里。标题一般为三号黑体字居中，上下各空出一行，以显得匀称、美观。较长论文上下空行可多一些，甚至可用专门一页稿纸写文章标题，论文的副标题应写在正标题下面一行退后两格以破折号领起。此外，标题应尽量避免出现标点符号或空格。

（二）作者署名

作者姓名应写在标题之下中间或稍稍偏右的位置，与标题之间要空出一行，两个字的姓名中间要空一格，且署名是文权所有和文责自负的表达，为便于联系，还应在署名前标明作者的工作单位。

（三）摘要

摘要应是一种可以被引用的完整短文，有资料性与描叙性两种，作者应视需要写好摘要以客观反映论文主要内容，要着重反映论文的新内容和作者特别强调的观点。用第三人称，一般不分段落，应在400字左右，包括论文题目、论文摘要、关键词（3个至5个），英文摘要与中文摘要内容要对应，不得简单地重复论文篇名中已经表述过的信息。要采用规范化的名词术语，不用非共知共用的符号及名词术语。众所周知的国家、机构、专用术语尽可能用简称或缩写。

（四）关键词

关键词是反映论文主题概念的词或词组，一般每篇可选3~8个。不考虑文法结构，不一定表达完整的意思，按各词在文中的逻辑关系和顺序罗列，以分号隔开（五号宋体字，最后一个关键词后面无标点符号）。最前面标注"【关键词】"（小四号黑体字），其后为具体关键词，各关键词之间用逗号分开。

关键词的词序为：一类词标识学科类别或研究对象，二类词标识研究内容（材料、方法），三类词标识研究结果。三类词要按顺序排列，反映论文的逻辑性。

关键词的词性主要为：部分名词、术语、名词性词组、短语、短句。虚词不能做关键词，有的实词（如动词、形容词、副词）也不能做关键词；含义过于宽泛、笼统的词（如发展、现象、感受、效果、研究、方法）一般不宜作关键词；不通用的代号、英文缩写字等也不做关键词。不要为了强调反映主题的全面性，而把关键词写成一句句内容全面的短语。

（五）正文

正文是作者对研究工作的详细表述，占全文的绝大部分。正文可分为若干章节，每章节标题为三号黑体字居中，内容为五号字体，首行缩进两个字，单倍行距。

1. 论文标题的层次

论文的全部标题层次应有条不紊，整齐清晰，相同的层次应采用统一的表示体例，正文中各级标题下的内容应同各自的标题对应，不应有与标题无关的内容。章节编号方法应采用分级阿拉伯数字编号方法，第一级为"1""2""3"等，第二级为"2.1""2.2""2.3"等，第三级为"2.2.1""2.2.2""2.2.3"等，但分级阿拉伯数字的编号一般不超过四级，两级之间用下角圆点隔开，除第一级外，其余各级的末尾不加标点。各层标题均单独占行书写，第一级标题三号黑体居中书写，第二级标题序数顶格书写，空一格接写标题，二级标题四号黑体书写，末尾不加标点。一级标题、二级标题与下文需空一行。第三级和第四级标题均空两格书写序数，空一格写标题，用小四宋体书写。第四级以下单独占行的标题顺序采用A、B、C……和a、b、c……两层，标题均空两格书写序数，空一格写标题。正文中对总项包括的分项采用（1）、（2）、（3）……的序号，对分项中的小项采用①、②、③……的序号，数字加半括号或括号后，不再加其他标点。

2. 引论格式

通常为第一段，标题为三号黑体字居中，内容为五号字体，首行缩进两个字，单倍行距。应说明本论文的意义、目的、研究范围，简述本论文应解决的主要问题。

3. 本论的格式

本论的格式是本论的具体外部形式表现。主要有四种：①用小标题标示层次；②用数字标示层次；③用空行标示层次；④用段落标示层次。四种形式中，前三种适用于篇幅较长的论文，第四种则对短篇论文比较适用。有些学位论文要求的字数比较多（如硕士或博士学位论文），论文篇幅很长，往往采取章节结构形式。在上述各种形式中，建议作者应优先考虑用小标题标示层次的形式，因为这种形式能扼要说明分论点，使文章层次清晰，结构分明，使读者看了小标题就能大致了解论文的结构和内容，从而给人一种整体感。至于如何使用小标题，以下几点需要注意：一是应在整体构思中确定小标题，使小标题能够体现文章的结构层次；二是小标题要概括说明本部分的内容，醒目贴切；三是每个小标题字数应大体相当，风格基本一致。

（六）结论

结论包括对整个研究工作进行归纳和综合而得出的总结，还应包括所得结果与已有结果的比较和本课题尚存在的问题，以及进一步开展研究的见解与建议。结论集中反映作者的研究成果，表达作者对所研究的课题的见解，是全文的思想精髓，是文章价值的体现，结论要写得概括、简短。撰写时应注意以下几点。

（1）结论要简洁、明确，措辞既要严谨，又容易被人领会。

（2）结论应反映自己的研究工作。

（3）要实事求是地介绍自己的研究成果，切忌言过其实，在无充分把握时应留有余地。

谢词应以简短的文字对课题研究与论文撰写过程中曾直接给予帮助的人员（例如指导教师、答疑教师及其他人员）表达自己的谢意，这不仅是一种礼貌，也是对他人劳动的尊重，是治学者应当遵循的学术规范。

（七）注释

论文中有个别名词或情况需要解释时，可加注说明，注释可用页末注（将注文放在加注页的下端）或篇末注（将全部注文集中在文章末尾），而不用行中注（夹在正文中的注）。采用页末注释时，若在同一页中有两个以上的注时，按各注出现的先后顺序编号，注释只限于写在注释符号出现的同页，不得隔页；采用篇末注释时，按各注在文章中出现的先后顺序编列注号。

（八）参考文献

参考文献是教育论文不可缺少的组成部分，它反映教育论文的取材、材料的广博程度和材料的可靠程度。一份完整的参考文献也是向读者提供的一份有价值的信息资料。

参考文献书写时，可以按论文中文献出现的顺序，用中括号的数字连续编号，依次书写作者、文章名或书名、出版者、出版时间、页次等；格式为五号宋体，首行缩进两个字。

根据GB3469—83《文献类型与文献载体代码》规定，各类文献著录标识为：专著[M]、论文集[C]、期刊文章[J]、从专著或编著中析出的论文[A]、学位论文[D]、报纸文章（N）、研究报告[R]、标准[S]、数据库[DB]、计算机程序[CP]、电子公告[EB]、磁带[MT]、磁盘[DK]、光盘[CD]、光盘图书[M/CD]、网上期刊[J/OL]、磁盘软件[CP/DK]、网上电子公告[EB/OL]、其他标识不明文献[Z]。

常见的著录格式：

主要责任者. 题名：其他题名信息[文献类型标识、文献载体标识]. 其他责任者. 版本项. 出版地：出版者，出版年：引文页码[引用日期]. 获取和访问路径. 数字对象唯一标识符.

示例：

[1] 陈登原. 国史旧闻：第1卷[M]. 北京：中华书局，2009：29.

二、材料收集规范

材料收集要遵循四个重要的原则：真实、全面、典型、时效。材料的真实性是学术研究的基本宗旨所决定的，它要求所运用材料必须客观、准确。无论做任何研究，材料的鉴别是最必要的基础阶段。材料不够，或材料不正确，便会得出错误的结论。材料的全面性要求我们撰写论文前收集材料时要尽可能地全面反映该研究课题的现状和满足该课题研究的需要。典型性也叫"材料的代表性"，在一些课题中，由于研究对象的特殊性，我们不可能也没必要收集全部的材料。这时，就需要我们对所有的材料进行合理的筛选，收集具有代表性的材料为我所用。材料的时效性是对收集有关本学科、本课题前沿信息的材料（亦称"信息性材料"）而言的。要保证我们收集的材料是近期出现或近期发行的。如果我们所收集的材料的出版年代离我们今天过于久远，而最新的学科前沿消息却没有得到整理、收集，学术研究的创新性就会受到质疑。

三、研究构思规范

这里我们再次强调论文写作的创新性原则，强调音乐论文要体现四个"新"字——新观点、新材料、新方法、新问题。论题、材料和研究方法要一致，即作者全文坚持一个观点、材料的运用必须与文章的论题相统一、研究方法与论题和材料保持一致性，从而共同构筑起全文的总体逻辑框架。

第七章 范文评析

优秀的论文应具有前沿性、开创性、科学性，体现音乐学科专业学术动态和研究成果，具有实践应用的价值，同时还应体现作者深厚的理论基础和系统的专业知识以及综合的分析能力，研究设计和方法科学且先进，语言表述准确、流畅，结构层次分明、中心思想清晰、逻辑严谨、结论合理。本章我们就教师经常写作运用到的论文类型展开深度解析，带领老师们一起探寻论文的本质。

第一节 应用研究类学术论文评析

高中音乐学科传承中华优秀传统文化教学实践初探
—— 以川江号子为例

牛琴[①] 刘晓娟[②]

【摘要】在全面深化课程改革的背景下，结合加强中华优秀传统文化教育和培养学生的核心素养，学校为中华优秀传统文化的传承与保护创造了有利条件。课堂作为教育教学的主阵地，能够有效地对学生进行文化的普及和传播，笔者结合多年的相关课题研究及教学实践经验，以高中音乐学科"核心素养"为依据，分别从教学设计、教学实施、教学反思以及教学建议四个方面阐述了普通高中音乐学科传承中华优秀传统文化教学策略以及路径。

[①] 牛琴，四川省高中音乐教研员（教育部基础教育课程中心、教材研究所普通高中音乐教研基地常务负责人）。
[②] 刘晓娟，成都师范学院音乐教师。

【关键词】中华优秀传统文化　核心素养　高中音乐

中华优秀传统文化是中华民族的根和魂，是我们必须世代传承的文化根脉、文化基因，也是我们坚定"四个自信"的深厚基础。《普通高中音乐课程标准》（2017年版）中也提到"中国各地区、各民族的民歌、器乐、歌舞音乐、戏曲、曲艺和民间舞蹈等传统艺术形式，汇聚了中华文化的精华，是民族音乐文化的根脉，理当是音乐课程的重要内容，在高中音乐教学中应得到强化"[1]。在国家"文化自信"的理念和相关政策支持的大背景下，在普通高中音乐新课标的指导下，笔者以四川本地民间音乐"川江号子"在高中音乐教学的实施为突破口，探索如何通过学校教育，让学生探寻本民族音乐文化基因找寻其在听觉和文化记忆中存活的方法和路径，从而使学校教育真正成为传承中华优秀传统文化的主渠道。下面，笔者就"川江号子"在高中音乐课堂中的教学实例来进行阐述。

一、基于高中音乐学科"核心素养"的教学设计

《普通高中音乐课程标准》（2017年版）明确提出了高中音乐学科核心素养分别是：审美感知、艺术表现、文化理解。旨在通过高中音乐课程学习让学生感受音乐、理解音乐、表现音乐，在音乐的浸润中，启迪智慧、健全人格、培养高尚的情操，成为合格的新时代中国特色社会主义接班人。川江号子作为四川最具代表性的音乐文化之一，距今已有2000多年的发展历史，2006年被正式列为第一批国家级非物质文化遗产。川江号子不仅是一种珍贵的艺术形式，同时也反映了川江两岸人民的日常生活，表达了巴蜀人乐观、豁达、坚韧、淳朴的品格。川江号子旋律时而激越、时而舒缓、时而风趣，并吸收了四川地方戏曲元素；唱词以沿江地名、物产、历史、人文景观为主题进行即兴编创，极具知识性；节奏、韵律与劳动紧密结合，具有统一步伐的作用。综上所述，川江号子是四川地方民歌的一个缩影，具有极高的艺术价值。通过聆听、演唱、情景表演等实践活动，让学生感知川江号子的音乐要素，获得美的体验。通过学生模仿川江号子劳动场景，让学生领悟其中所蕴含的劳动精神，培养其团队

---

[1] 教育部. 普通高中音乐课程标准（2017年版）[S]. 北京：人民教育出版社，2017.

合作意识。因此，无论在学校美育还是德育中，川江号子都具有很强的育人价值。随着科技发展，川江号子渐渐淡出了人们的生活，正在走向消亡。学校成为保护和传承川江号子的一片沃土，但川江号子是一种离学生生活较远的艺术形式，如何调动学生学习的积极性，让学生有效了解川江号子的相关内容、感受其独特艺术价值是教学的关键所在。笔者在查阅资料以及与川江号子传承人交流后，以川江号子经典唱段《川江船夫号子》为教学媒介，将高中音乐学科核心素养贯穿于教学中的每一个环节进行了如下尝试：

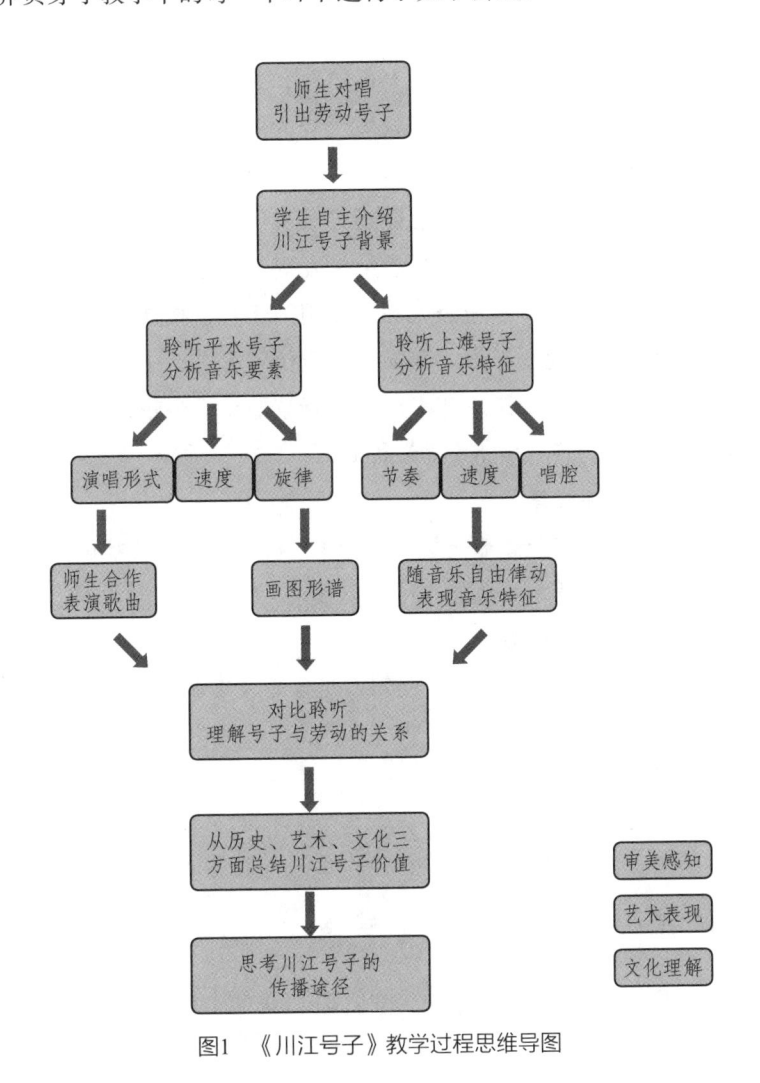

图1 《川江号子》教学过程思维导图

二、基于高中音乐学科"核心素养"的课堂教学实施

（一）情境导入，走进川江号子

川江号子是离学生生活较远的一种艺术形式，教学前教师调查发现，学生对于这种艺术形式不了解、不熟悉甚至不感兴趣。那么怎样激发高中学生学习兴趣，是本堂课的重中之重。为一开始就能充分调动学生学习的积极性、吸引学生的注意力，我们采取了特殊情境营造的方式。让教师一开始就充当号子头的角色，用四川方言高喊出"伙计们开船了"，然后进行歌曲对唱，激发学生的新奇感。在选择对唱内容上，我们选取了较为简单、易学的旋律，这样学生就能很快在老师营造的氛围中边唱边做动作完成对唱环节，初步感受号子的旋律特点。在教师领唱部分，为了更加贴近号子头（一般由年长的男性担任）的音色，一开始我们采取了低八度演唱。结果发现，女生低八度演唱号子头部分效果并不理想，无法体现号子振奋人心的作用。于是，授课教师用四川方言高八度演唱，对语气、语速、形态、表演、发声位置等进行了反复研究、尝试，最终较好地呈现了川江号子这一艺术形式，有效地将学生带入特定情境，使学生从内心深处真正接纳它。具体导入过程如下：

1. **学生练习对接旋律**

师：同学们，让我们一起来一段歌曲对接，请你们唱一唱对接的旋律。

学生边唱旋律边做挥拳的动作。

2. **师生互动，歌曲对唱**

师：伙计们，开船喽！（师生一起用四川方言演唱歌曲如下部分）

```
| X X.    X X 0  | 6  5  32 1 2 5 | 0  0  0  0 |
  连手     推船     下(哟)  涪  州。
| 0 0 0 0   0 0 0 0 | 6̇ -  1 - |
                      嗨   嗨
```

(二)分析音乐要素，探究平水号子的艺术特点

在高中音乐鉴赏教学中，教师如何引导学生对音乐由感性的体验上升到理性的分析是至关重要的。基于这点，我们紧紧抓住了音乐要素。通过聆听、模唱、画图形谱、律动等教学手段，层层递进、由浅入深地对音乐要素进行挖掘、分析、探究，找到其所独有的艺术特点。在选择教学手段和方式时，我们也考虑到高中学生的心理特点，选择了和其年龄特点相符合的活动方式，活动带有指向性和目的性，避免出现为了活动而活动的情况。如在体会号子头作用时，我们采取了由学生自主律动模仿众船工和并做拉纤动作，在没有号子头的引领下学生出现了动作不统一、方向不一致等问题。第二次，我们让老师来担任号子头的角色，再次请学生把刚才的旋律进行律动表演，学生在体验中发现这一次动作、步伐、方向都能够统一了，从而得出号子头在川江号子中的作用，对这种一领众和的演唱形式也有了新的感悟。教学片段如下。

1. 学生分析、探究平水号子片段，掌握其艺术特点。

（1）学生带着问题初次聆听平水号子，感受音乐旋律、速度和演唱形式的特点。

师：刚才我们带着问题一起聆听了一段音乐，那么它的演唱形式是什么呢？演唱的旋律、速度有什么特点？适合在什么样的水势条件下演唱？

生：一领众和，旋律自由悠长，速度缓慢，节奏宽长，适合在水势平缓、宽阔的环境中演唱。

师：一领众和是劳动号子最常见的演唱形式，在川江号子中领唱的人被称为"号子头"，而这种旋律自由悠长，速度缓慢，节奏宽长，在水势平缓、宽阔的环境中演唱的号子叫作"平水号子"。

（2）学生通过画图形谱的方式再次聆听平水号子，感受号子头与船工旋律的不同特点。

师：我们再来聆听一遍，请一位同学在黑板上画一画平水号子的旋律线。

生：画图形谱，深入感受其旋律变化及特点。

（3）学生模仿船工边唱边律动，再次感受平水号子（出示谱例）。

师：通过对图形谱和乐谱的分析，我们发现号子头唱的旋律和众船工的旋律是有很大不同的。下面同学们当众船工，边唱边律动，感受众船工合作的力量。

a. 学生自主律动模仿众船工和并做拉纤的动作，相互评价找出问题。

b. 教师指挥学生律动，再次评价，体会号子头的作用。

师：下面老师当号子头，你们再来模仿众船工和，看一看有什么不同？

生：更整齐了，因为有了老师的指挥。

师：那请大家总结一领众和演唱形式及号子头的作用。

生：指挥、统一船工的步伐，控制节奏，鼓舞船工士气。

师：号子头多为长者，他们具有丰富的行船经验，熟悉航道，能及时根据前方的水势做出行船调整，一旦指挥有误，轻则翻船，重则船毁人亡。

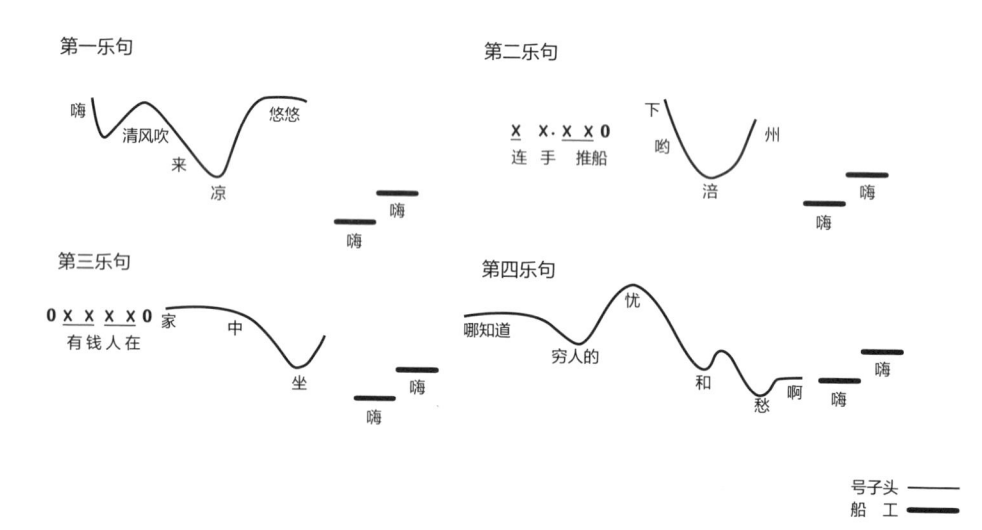

第一乐句

嗨　清风吹　来　凉　　悠悠
　　　　　　　　　　　　嗨

第二乐句

X X．X X O　下　　　州
连 手　推船　　哟　涪
　　　　　　　　　　嗨

第三乐句

O X X X X O　家　中
有钱人在　　　　　坐
　　　　　　　　　嗨

第四乐句

　　　　　　　忧
哪知道　穷人的　　和　啊
　　　　　　　　愁　嗨

号子头 ——
船　工 ——

152

（三）对比聆听，学生自主分析上滩号子的艺术特点

在平水号子的学习中，教师已经教给了学生分析音乐的方法。俗话说"授人以鱼，不如授人以渔"。在上滩号子的学习中，我们以表格的形式引导学生通过对比聆听，自主分析上滩号子的音乐要素，找出两种号子在音乐要素上的不同，感受水势的变化所带来的号子的音乐要素变化，并能自主总结概括其特有的艺术特点，挖掘背后深层原因，检测学生的学习能力（见表1）。为了更好地发挥学生的自主性，我们不仅仅在学习方式上进行了尝试，同时也注重培养学生独立思考的能力。如让学生根据音乐自主设计律动动作、利用身边的环境和材料创设音响等。通过对谱面的分析研究，使学生养成看谱子、读谱子、唱谱子的良好习惯。

表1 平水号子与上滩号子音乐要素对比表

号子种类	节奏	节拍	速度	旋律	唱腔	领和交接方式	功能
平水号子	宽松	混合拍	中速	悠长	悠扬地	句接式	抒情性
上滩号子	密集	2/4拍	快速	短促	激昂地	密接式	实用性

（四）总结川江号子的价值，为川江号子代言

根据《普通高中音乐课程标准》（2017年版）的核心素养，我们最终将课堂立足到文化理解的层面。在本堂课审美体验、艺术表现的基础上，我们引导学生通过文化价值、历史价值、艺术价值三个方面对川江号子所孕育的丰富人文内涵进行深度挖掘，从而让学生从内心产生自豪感，激发他们的使命感，义不容辞地对这一艺术形式进行保护和传承，并以传承人的方式来思考我们作为新时代的高中生该如何保护和传承我们民族所特有的文化，赋予它们新的"生命"。

三、基于高中音乐学科"核心素养"的课堂教学反思

（一）立足核心素养是教学设计的基础

音乐学科素养包括审美感知、艺术表现、文化理解这三方面，每一节音乐

课的教学活动应围绕核心素养设计，地方音乐文化在课堂教学中也不例外。在该堂课中，学生在不断地聆听中，挖掘音乐中的表现要素，如根据江河的水势水性不同产生了不同种类的川江号子，在教学中学生很容易听出平水号子与上滩号子表现的场景不同，教师还应引导学生去挖掘其中的原因——音乐要素，探究其旋律、速度、节奏、唱腔等方面的特点，最终感受川江号子音乐的多样性，明白川江号子与劳动和水势的关系。在整个教学中只有听，学生对音乐的感受是远远不够的，例如在欣赏平水号子时，笔者让学生通过画旋律的方式感受号子头（领唱者）与众船工唱的旋律的不同特点，学生通过模仿众船工和，感受一领众和这一演唱形式及作用。在欣赏上滩号子时学生通过律动感受急促的节奏和固定的节拍强弱规律，让学生亲身体会水流湍急时船工闯滩的情景，从而感受船工坚韧不拔，不怕艰险的精神。在审美感知和艺术表现的基础上，学生自然而然就能对川江号子的价值和蕴含的人文内涵有所理解。

（二）选择合适的音乐作品是教学设计的关键

川江号子内容非常多，如何选择具有代表性且学生容易接受的作品就需要老师在备课时多下功夫。笔者最初选用的素材是《金沙江号子》片段，由于作品的演唱方式、节奏韵律有较大的学习难度，学生在学习中比较吃力，与教师进行互动时效果不明显。于是，笔者在大量聆听川江号子经典作品片段的基础上，从音乐作品的旋律、内容、代表性等方面结合学生的身心发展特点选择了学生更易学习的《川江船夫号子》。这首作品在保留原生态川江号子的基础上进行了声音上的艺术加工，无论是从语言还是唱腔上，学生更容易理解。另外，川江号子传承人在选材、学唱和教学方式上也给予了笔者很大帮助，如四川方言的发音、咬字吐字，演唱时的神情、动作、演唱位置、方法等，掌握了这些演唱要求后，笔者才能在课堂上熟练地范唱，生动地表演。

（三）以学生"学"为主是教学活动设计的中心

教学与活动的主体是学生，真正"活"的课堂是以学生为中心，充分发挥学生主观能动性。在本堂课的设计中，我们以这一点为根本，开展了相关教学活动的设计并贯穿于始终。无论是一开始为了激发学生学习兴趣所营造的特殊情境还是学生自主收集资料并总结归纳展示；从对音乐的初步聆听到对音乐要素的深入分析再到自主设计律动动作表现音乐等，我们都在思考如何还课堂于学生，让学生成为课堂的主角。当然，这种课堂最考验的是教师，要求教师对音乐深度挖掘，对其文化、历史背景有深刻的了解。对音乐深度挖掘是建立在对所教授音乐了然于心的基础之上，因此要求教师大量、反复地去练习作品，把作品深深地刻在心里。对川江号子文化、历史背景的深刻了解要基于感受、体验、调研，于是我们拜访了大量的川江号子传承人，向他们学习，掌握第一手资料，模仿他们的演唱，不放过任何一个细节，同时也采用了田野调查法深入实地，这样才能让教师有深刻的感受并在表现作品时能还原作品本来的面貌。

四、关于传承中华优秀传统文化在高中音乐教学中的实施建议

（一）善于挖掘、整理本地优秀传统音乐文化，大力开发地方教材、校本教材

《普通高中音乐课程标准》（2017年版）中明确提出了学校可以开设富有当地特色文化资源、民间艺术传承等选修课程。这就要求教师要对本地区传统音乐文化有一定的了解及研究，并能和当地文化馆、艺术馆、民间艺术传承人等紧密联系，收集第一手音乐素材。在充分学习、了解本地传统音乐文化的基础上，对已有音乐素材进行整理、筛选，分析不同年龄段学生生理特点、心理特点，选择适合学生学习的音乐素材，由易到难、由浅入深、分门别类地进行系统化地整理，从而形成具有本地音乐、文化特色的地方教材、校本教材。如资阳市教科所组织本市教师进行本地区传统音乐文化挖掘，鼓励教师积极与当地文化馆、民间传承人紧密联系，分别收集了资阳当地民歌（石工号子、哭丧歌、唱孝歌、哭嫁歌）、民间戏曲、童谣等（音频11个、乐谱23篇），这样既对当地传统音乐文化进行了有效的整理和保护，同时又为传统音乐进课堂做了有效的支撑。

（二）课程保障有力到位，将传承地方优秀传统音乐文化纳入学期课程体系

在完成国家规定的教学内容的基础上，合理安排传承本地传统音乐文化的

教学内容，可在高中学段每学年安排4至5节的课程设置（必修），一学期2到3节，让全体学生对本地特色音乐文化有一定的了解，并能声情并茂地表演、演唱一两首作品等。同时，建立考核监督机制，相关教学要求纳入期末美育测评考核方案，确保达到教学目标。如四川省泸州市泸县二中从2012年开始尝试每学期教唱两首泸县民歌或者非遗传承项目。从2017年开始，该校高一高二年级每学期课程设置上均有相应的校本教材和本地音乐文艺作品学习和实践。通过强有力的课程保障和安排，学生对泸县当地民歌、民乐、曲艺有了一定的了解和掌握，有效激发了学生学习本地优秀传统音乐文化的兴趣，取得了较好的效果。

（三）通过课内课外相结合的方式开展地方优秀传统音乐文化进校园活动

开展丰富多彩的选修课、学生社团活动、各类艺术讲座、邀请传承人进校园、建立民间艺术传承基地等丰富多彩的校园活动，通过活动让学生进一步了解本地优秀传统文化，逐步培养地方优秀传统文化传承人。如成都石室中学在研究川江号子时，将课堂教学与课外活动密切结合，邀请川江号子传承人开设讲座及选修课，遵循普及教学、重点培养的原则，利用课堂教学让全校学生了解川江号子，组织川江号子男声合唱团，利用男声合唱团培养川江号子传承人，现已呈现出多个精彩的合唱作品。

（四）充分利用社会资源，通过多种渠道开展音乐教师传统音乐文化专业素养培训

研究表明，学校在开设传承优秀传统音乐文化课程时，最大的问题就是师资。由于教师在学校学习时，乐理、曲式、和声等学习内容还是以西方调式及其相关音乐知识为主，因此，教师在分析中国传统音乐所特有的曲式、旋律、和声时显得力不从心、不够准确。同时，教师在对中国传统音乐进行示范时也存在韵味不足、无法演绎作品本身的美等问题。基于以上问题，我们在课程设置初期，可聘请资深的传承人对课程内容、师资培训等进行指导。在此基础上，通过传承人的引领不断增强学校教师对传统音乐文化的自主教学能力，最终形成以教师自主教学与传承人指导性教学相结合的模式。

小　结

借助学校的教育，能有效推动中华优秀传统文化的传承与发展。将其作为教学资源进入课堂教学，能够丰富学校的课程资源，为学生提供更多的课程选择，培养具有传统文化基因的新时代社会主义接班人。笔者结合自身的经验，对高中音乐课堂中开展传承中华优秀传统文化的教学实践做了概括和介绍，以期能为有意开展传承中华传统优秀文化课程的学校提供参考。最后，如何在高中音乐课程中高效、完美地渗透中华优秀传统文化，是一个仍需探讨和摸索的课题，还需要当下以及未来的教育者们去继续探索和总结。

参考文献

[1] 教育部. 普通高中音乐课程标准（2017年版）[S]. 北京：人民教育出版社，2017.

[2] 张娴. 落实音乐学科核心素养的课堂教学实践研究——以《阳关三叠》为例[J]. 中国音乐教育，2019（10）：23~27.

[3] 王安国. 历史·现状·问题——中小学音乐学科中华传统文化教育的回顾与思考[J]. 中国音乐教育，2019（01）：9~14.

[4] 高燕真. 闽南童谣融入小学歌唱教学的现状及对策研究——以福建省厦门地区为例[J]. 中国音乐教育，2018（11）：9~13.

[5] 张鲁宁. 中国传统音乐文化进课堂的"感、品、悟"——以教学设计"中国的味道——地方曲艺"为例[J]. 中国音乐教育，2018（07）：14~17.

[6] 谢嘉幸. 寻找家乡的歌——音乐教育的现代化观念之三[J]. 中国音乐教育，2001（11）：38-40+44.

【点评】2017版高中音乐课程标准中明确提出："中国各地区、各民族的民歌、器乐、歌舞音乐、戏曲、曲艺和民间舞蹈等传统艺术形式，汇聚了中华文化的精华，是民族音乐文化的根脉，理当是音乐课程的重要内容，在高中音乐教学中应得到强化。"本篇文章以高中音乐学科"核心素养"为依据，以《川江船夫号子》教学实践为例，从教学设计、教学实施、教学反思以及教学建议四个方面阐述普通高中音乐学科传承中华优秀传统文化教学策略，望为更多的中学教师提供中华优秀传统文化在高中音乐课堂教学中具有实操性的实施路径，也为更多研究中华优秀传统文化在学校教育中传承的学者提供新思路。

  本篇论文包括四个板块：（1）基于高中音乐学科"核心素养"的教学设计。这部分内容主要以思维导图的形式围绕音乐学科核心素养介绍《川江船夫号子》的教学流程，流程图能够让读者清晰地看懂教学过程。（2）基于高中音乐学科"核心素养"的课堂教学实施。这部分从情境导入、分析音乐要素，探究平水号子与上滩号子的艺术特点、总结川江号子的价值，为川江号子代言三个方面具体阐述了教学过程与设计意图。（3）基于高中音乐学科"核心素养"的课堂教学反思。这部分内容是笔者在多次教学实践后总结的心得体会；从第一次教学设计到最终参加展示课的教学设计，读者看到了两者的变化，主要体现在核心素养的实现度、音乐要素挖掘的深入度与学生参与课堂的积极度三个方面，这也是高中音乐课堂中应当重视的。虽然教学内容不同于教材，但无论教学内容如何变化，在高中音乐课堂的教学中都应立足核心素养，深入挖掘音乐作品的音乐要素，以学生为主体，充分调动学生的主动性。（4）关于传承中华优秀传统文化在高中音乐教学中的实施建议。这部分内容是笔者在参与相关课题研究以及与众多学者、专家交流后的新思考。中华优秀传统文化是一代又一代中国人民智慧的结晶，有着深刻的时代烙印，在当今学校教育中传播与传承中华优秀传统文化面临以下几个困难：第一，音乐作品众多，难以筛选适合学生学习的作品。第二，内容距离学生生活久远，学生难以理解与接受。第三，音乐教师传统音乐文化专业素养偏低。基于以上问题，文章在实施建议中提出了相应的解决方法。

  写作前期，笔者以"中华优秀传统文化的传承""非物质文化遗产在学校教育中的传承"为关键词查阅了大量的相关文献，并深入学习了习近平总书记关于中华文化的系列重要讲话精神，为文章的框架与引言内容奠定了基础。主体部分以笔者教学实践为依据，以理论概述与案例分析结合的方式进行撰写。该执教内容《川江船夫号子》曾作为展示课参加第二届中国音乐教育大会，笔者在与众多专家学者的交流中碰撞出了新火花，对川江号子的课堂教学与传承产生了新思考。

基于音乐形态学在中国民歌鉴赏教学中传承中华优秀传统文化

牛 琴

【摘要】 民歌是我国传统音乐文化瑰宝，将其作为高中音乐鉴赏课程的重要内容，对传承中华优秀传统文化具有重要意义。以音乐形态学为理论基础，教学过程中可将聆听、模唱、评价环节与民歌欣赏中的六种形态要素相结合，实现高中音乐鉴赏课程对民族音乐的"活态"传承。

【关键词】 民歌欣赏　形态学　高中音乐鉴赏课

中国民歌是各族人民在长期生产生活中口头创编、口头流传的短小歌唱艺术。简明朴实、生动活泼，集中体现一个地区或一个族群的审美理想和艺术追求；民歌的传唱可以凝聚族群社会、传承优秀文化、拓展音乐视野、弘扬民族精神。作为高中音乐教学的重要内容，民歌鉴赏是高中音乐学科弘扬和传承中华优秀传统文化的重要方式。

一、音乐形态学内涵

民歌形态学的研究除强调音乐动态结构之外，还需将富有口头文学审美特质的"唱词"纳入形态考察，其目的是通过对词乐形态关系的考察获得对民歌形态的完整性认知。换句话说，对唱词内容、语言音韵、节奏语调等的考察，都要结合音乐形态进行。民歌形态学的理论为我们在教学内容上提出音乐形态、唱词形态、词乐形态关系三个板块的统合性认知奠定了基础。因此，在高中民歌鉴赏教学中，深入分析形态学要点，更有利于传统文化的弘扬与传承。

二、高中阶段民歌鉴赏的形态学要点

在《普通高中音乐课程标准试验教科书·音乐鉴赏》中，民歌鉴赏隶属第二单元。单元标题"腔调情韵——多彩的民歌"已说明了民歌形态学要点：腔调情韵是对民歌词乐关系的总概括，"多彩"则是对民歌地域风格、色彩区划的说明。具体教学过程中，对词乐关系与色彩区划的理解又可分为整体认知与个案探究两个部分。整个教学板块分为四个章节，其教学内容的编排体现出两个特点：一是作品案例以民歌的地域性划分和民族性划分混合为依据，第2、4、5节为西北、中原、南方汉族民歌作品，第3节为北方少数民族民歌作品；二是有关民歌的知识，涉及民歌的概念、类型划分、形态要素、风格特质。落实到"多彩"二字上，可看出民歌的区域色彩和族群色彩。从形态学上把握民歌的区域色彩与族群色彩，可分六个内容要点，分别是音乐形态基因、唱词形态基因、人文形态基因、词乐基因关系、民歌与文化的关系、演唱形态风格。

（一）民歌鉴赏中的音乐形态基因

民歌鉴赏中的音乐形态基因核心是特定音程结构形成的"音列"，主要有宽音列、窄音列、宽窄音列、窄小音列等；其次是节奏特点，主要有疏节奏、密节奏、前密后疏、疏密结合等几种；再次是旋法，主要有抛物线形、波浪形、锯齿形等几种；最后是曲式与调性，曲式主要以上下句体、四句体、自由多句体等为主，而调式方面，除维吾尔族音乐是以大小调体系为主、民族调式为辅外，其他均是民族调式（见表1）。

表1　音乐形态基因的内容重点

族群	区域	音列	节奏	旋法	曲式与调性
汉族	北方	宽音列 re-sol-la-re re-re-mi-la	以疏节奏为主、密节奏为辅；以前密后疏为主	以抛物线形为主，上升形、下降形为主；以锯齿形为辅，波浪形少见	以上下句体为主，羽、角调式居多
汉族	中原	宽窄音列 do-re-mi-la re-sol-la-do	疏密结合，以前密后疏为主	以锯齿形（多大跳）为主，波浪形、抛物线形等为辅	以上下句体为主，四句体、多句体为辅
汉族	南方	窄音列 re-mi-sol-la do-re-mi-sol	以密节奏为主、疏节奏为辅，疏密交替	以波浪形（多小跳）为主、锯齿形为辅，抛物线形少见	以四句体为主，多句体为辅；以徵调式为主，商、羽、宫调式为辅

续　表

族群	区域	音列	节奏	旋法	曲式与调性
少数民族	蒙古族	宽窄音列 mi-sol-la-re	以舒长节奏为主、密短节奏为辅	以抛物、锯齿形为主，上下行结合锯齿形为辅	以自由多句体为主、规则偶数句体为辅；以羽、商、宫调式为主，徵、角调式为辅
	藏族	窄音列 re-mi-sol-la		以上升保持形为主、波浪形为辅	
	维吾尔族	窄小音列 mi-#fa-sol-la do-si-do-la	疏密结合，以密为主，切分节奏为特点	以锯齿形、波浪形为主，抛物线形、上下升降形为辅	以自由多句体为主；以大小调体系为主、民族调式为辅

以上是不同族群、区域的音乐形态内容特点，每个民族或者同一民族不同区域的音列、节奏、旋法、曲式与调性都有其独特的特点，构成了其独特的艺术价值。

（二）民歌鉴赏中的唱词形态基因

汉族民歌的唱词形态基因以特定地域方言的调值（四声的发音方法）为依据，其中咬字轻重、语调感的强弱都是唱词形态基因的构成要素，此外，考察这些唱词形态时，还需结合歌曲的旋律，考虑语速的快慢和节奏的松紧（见表2）。

表2　唱词形态基因内容重点

族群	区域	调值	咬字与调感	语速节奏
汉族	北方	阴平：21；阳平：24 上声：42；去声：55	声韵完整，生动形象	唱词字数较多，速度快而紧凑
	中原	阴平：24；阳平：42 上声：55；去声：31	抑扬顿挫，声韵俏皮	唱词字数较多，速度松紧结合
	南方	阴平：55；阳平：21 上声：42；去声：213	温柔细腻，声韵多变	唱词字数较少，速度适中而平稳

对于少数民族民歌的唱词形态基因主要从其语系、语族的类属上进行定性识别，并结合感性的发音特质认知。如蒙古语属阿尔泰语系蒙古语族，藏语属汉藏语系藏缅语族，而维吾尔语属阿尔泰语系突厥语族，即从语言系族的来源就能看出三种民歌唱词形态基因的文化属性不同。在此基础上，结合具体民歌案例，从听觉上分析其元音、辅音发音在歌唱中的表现形式等。

（三）民歌鉴赏中的人文形态基因

在民歌鉴赏教学中，人文形态基因主要体现在不同族群所生活的不同区域的自然因素（地理与气候）、生产劳动、风俗习惯三个方面，具体内容要点如表3所示。

表3　人文形态基因内容要点

族群	区域/民族	自然因素	生产劳动	饮食、风俗习惯（举例）
汉族	北方	第一级阶梯，平原面积广大、河流众多；以温带大陆性季风气候为主	农业文明发展，自然资源众多（石油煤炭、铁矿等），基础性工业发达	年节重大活动突出热闹、喜庆、锣鼓喧天、鞭炮齐鸣的场面。年节饮食多为面食，例如饺子
	中原	第一、二级阶梯，黄河中下游地区及其周边。以平原盆地为主，暖温带大陆性季风气候。辐射长江黄河流域	农业文明发展较早，商业文明发源地。服务业人口输出较多	
	南方	第二、三级阶梯，东部平原、西部高原、盆地；河流湖泊众多，水资源丰富；以热带亚热带季风气候为主	农业文明与商业文明交相辉映，市井文化多姿多彩，极具地方特色等。服务业人口最集中的区域	年节重大活动突出浪漫温馨的气氛。年节饮食多为糯米、大米制作（年糕）

续 表

族群	区域/民族	自然因素	生产劳动	饮食、风俗习惯（举例）
少数民族	蒙古族	蒙古高原，温带大陆性气候，以草原戈壁为主	以游牧为主	饮食以牛羊肉、乳制品、粮食为主；传统居住方式是帐篷或毡房；重要节日有春节和那达慕等
	藏族	青藏高原，高山河流众多，地形复杂，地势险峻，气候多变	以畜牧业与河谷农业为主	以糌粑为主食，传统节日有藏历新年、萨嘎达瓦节等
	维吾尔族	三山夹两盆，温差较大，日光充足，温带大陆性气候	全国五大牧区之一，畜牧业发达，水果产业发达	喜食羊、牛肉，蔬菜吃得相对较少。维吾尔族服饰漂亮且种类多样。维吾尔族的舞蹈轻巧、优美，以旋转快速和多变著称

通过分析高中鉴赏教材中歌曲《脚夫调》《槐花几时开》的音乐风格特点，从民歌鉴赏中的人文形态基因要点出发，可进一步探究其音乐特点形成原因（见表4、表5）

表4 不同地域民歌音乐特点

类别	《脚夫调》（陕北信天游）	《槐花几时开》（四川山歌）
旋律	高亢悠长	高亢明亮且婉转灵动
节奏	自由舒展	长短结合、前紧后松
演唱	假声或真假声结合	以真声为主，高音区有假声混合
音乐情绪	苦闷、惆怅	充满期待

表5 从民歌鉴赏中的人文基因分析两首民歌形成原因

类别	《脚夫调》（陕北信天游）	《槐花几时开》（四川山歌）
地形	地形以黄土高原为主，千沟万壑，连绵起伏，土壤贫瘠，交通不便	有山地、平原、丘陵和高原四种地形，以山地为主。土壤肥沃，植被丰厚，交通便利
天气	较干旱且寒冷，水资源相对匮乏，生活较艰苦	四季分明，雨量充沛，生活比较舒适
生产劳动	多以第一产业为主	农业文明与商业文明交相辉映，市井文化多姿多彩
人的性格	粗犷豪放、不拘小节	泼辣豪爽，朴实真诚
语言	说话音调、语调较高	说话起调较高，逐渐降低，习惯使用语气词

（四）民歌鉴赏中的词乐基因关系

要把握民歌鉴赏中的词乐基因关系，关键在于把握唱词语调与旋律结构之间的"顺应"关系。这种顺应关系可以"直观理性"地以图示来表现。如在学习陕西绥德民歌《脚夫调》时，通过聆听知道其音乐形态基因为sol-do-re-sol构成的宽音列；绥德方言调值分别为：阴平：21，阳平：24，上声：42，去声55。以唱词第一句"四十里长涧羊羔山"中的"羔"字为例，可以坐标结构来表示唱词与旋律之间均是"上行"音调的顺应关系。

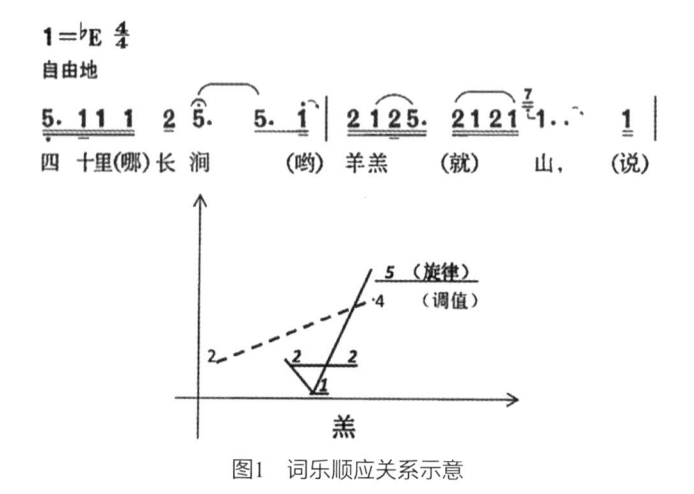

图1 词乐顺应关系示意

上述从微观的唱词层面进行比较，同样我们也可以将特定民歌中常用的旋律片段或形态基因与唱词调值结构之间进行宏观层面的比较，以说明词乐之间的顺应关系，词乐之间不可能是完全相顺的，当发生相悖情况时，教师应积极引导学生从艺术的表现原理上寻求解释。

（五）民歌鉴赏中的文化形态基因

民歌与文化的关系可分解为唱词与文化的关系、音乐与文化的关系两个部分。从唱词内容与题材上，可以深挖地域性风俗习惯与人文历史；从音乐的形式与旋律结构上，可以深挖地域性心理文化结构与族群人文特质。如民歌《对鸟》以歌曲的形式实现了"寓教于乐"的功能，其唱词内容表现了浙江乐清的鸟类形态，暗示该地区的自然风光；从唱词语音上的温柔敦厚可见江浙民歌既细腻多情，又具有儿歌清新自然的特点。从旋律结构看，四句体起承转合的形式如小桥流水、曲径通幽，在同音反复的核心旋律发展手段运用下，儿童的天真淳朴表现得淋漓尽致。再如四川民歌《太阳出来喜洋洋》与当地的文化有着密切的关系。歌曲中运用了大量"啰儿""郎郎扯""匡扯"等衬词，既是模拟川剧锣鼓的场面，营造欢乐的气氛，也体现了当地人说话的习惯，在句尾的时候习惯性加入各种表达情感、语气的衬词，以表现川渝人民泼辣、热情、乐观的性格。

（六）民歌鉴赏中的演唱形态基因

演唱是将民歌中的所有形态基因及其文化内涵展现的动态的、主体化的过程。笔者认为，在民歌欣赏中，应将演唱形态风格作为其总结性的、归纳性的、最核心的教学重点。对于演唱形态基因而言，在聆听中教师应引导学生考察包括呼吸、发声、吐字、情感表达、肢体动作等相关因素，并能够做定性表述。在教学中，应充分把握以下三个特质：首先是语言性，演唱形态的基础在于方言特色，也就是唱词形态风格的把握；其次是音乐性，演唱情感的抒发在于旋律的动态风格，也就是音乐形态风格的把握；最后是风格性，演唱的具体呈现离不开演唱者（歌者），有特色的民歌演唱总是能够凸显一个歌者的风格，这种风格既包含了族群或地域的共性，也包含了不同歌者的个性。把握个性与共性的统一，是把握演唱形态风格的关键。

总体而言，借助于形态学，我们就可以细化《教师用书》中所提及的"音乐风格比较表"，并将其中横向并列的七个项目进行归类，更好地实现教学内容的有效实施。

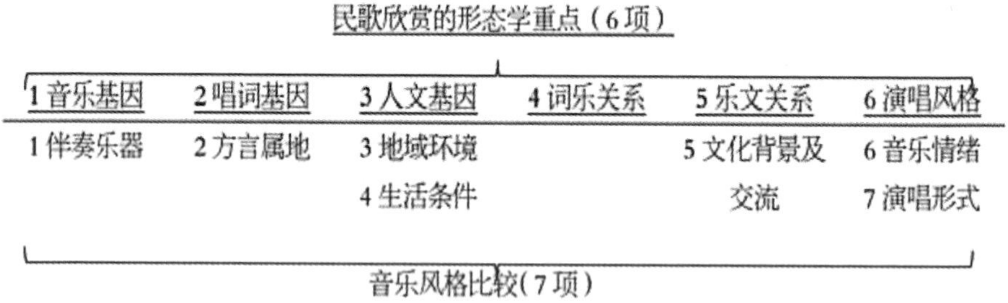

```
            民歌欣赏的形态学重点（6项）
┌─────────────────────────────────────────────────┐
1 音乐基因  2 唱词基因  3 人文基因  4 词乐关系  5 乐文关系  6 演唱风格
1 伴奏乐器  2 方言属地  3 地域环境           5 文化背景及  6 音乐情绪
                       4 生活条件              交流        7 演唱形式
└─────────────────────────────────────────────────┘
                    音乐风格比较（7项）
```

图2　音乐风格比较表与形态学之重新整合

中国传统民歌是我国优秀传统文化的重要组成部分，它以动人的旋律、丰富多彩的腔韵，从不同侧面与视角展现出我国多民族大家庭朝气蓬勃、欣欣向荣的生活面貌。在高中音乐鉴赏课程中，抓住形态基因就抓住了民歌的地域性、族群性差异。以形态学基因为基础，在高中音乐教学过程中，通过有效的教学手段，在聆听体验、模唱感受与评价思考的循环过程中，不仅实现了音乐体验与文化认知的辩证统一，更能够最大限度地发挥学生理性思辨与直观体验的主观能动性。我们应充分利用教材资源，引导学生把握传统文化，增强文化自觉意识，在民歌欣赏中不断提升民族认同感与自豪感，实现传统音乐文化在高中音乐教学中的"活态"传承的总目标。

参考文献

[1] 普通高中音乐课程标准实验教科书·音乐鉴赏（教师用书）[M]．北京：人民音乐出版社，2010：25~40．

【点评】"弘扬民族音乐，理解多元文化"是《普通高中音乐课程标准》（2017年版）提出的基本理念。如何在高中音乐课程中国民歌鉴赏教学中传承中华优秀传统文化，需要有可行的方法和有效的途径。

本篇文章发表于《教育科学论坛》（2020年第8期），其以"研究音乐形式与内容关系"为思路，对中国民歌鉴赏教学中传承优秀传统文化进行了反思性研究。论文立足于音乐形态学这一理论基础，以民歌鉴赏教学为经，音乐形态学理论为纬，旨在探索高中民歌鉴赏教学过程中将音乐表现要素与民歌欣赏中呈现出的六种形态学要素相结合，从而实现课堂有效教学和高中音乐鉴赏课程对民族音乐和优秀传统文化"活态"的传承。

笔者立足于文章本体，深入探究该文主要学术性观点与创新性观点，提出"音乐形态学"在高中民歌鉴赏教学中的内涵和高中阶段民歌鉴赏的六个形态内容要点。创新性地探讨民歌形态学的基因，在高中音乐教学过程中实现音乐审美体验与文化认知的辩证统一。为高中音乐鉴赏教学提供了有效路径和多元思考的途径，有利于新一轮基础教育课程改革在高中音乐课堂教学领域的深度研究。

首先，该文具有论文的规范性和科学性。一是规范性。所谓"规范"就是在符合学科本身要求的边界范围内，以该学科特定的概念或范畴来解说问题以阐述观点。学术论文的规范性包括两个方面：形式规范和内容规范。从形式规范来看，该文符合学术论文结构体系和编写格式的规范性。根据中国期刊刊登学术论文的组成部分和排列依次页面是：题名、作者署名和单位、摘要、关键词、中图分类号、文献标识号、文章编号、引言、正文、结尾、参考文献和附录。从内容规范来看，该文符合在语言文字、标点符号使用的规范性和图表制作、参考文献的规范性。其中在行文表述方面注重书面化、术语化和规范化；其语言所表述的内容具有一定的深度、精度和密度。此外，论文中的标点符号也要精确运用；论文中的图表制作应精确和标准，严格按照学术规范进行使用。二是科学性。它是学术论文的根本特征，是评价学术论文有无发表价值的重要标准。科学性体现在三个方面：内容的科学性、论文结构和表述的科学性、论文结果的可重复性。

其次，该文具有深厚的理论性和学术性。论文的学术理论性主要体现在对研究问题的深入探讨上。真正解决问题的路径，是在坚实的理论指导下形成和发展的。学术理论性的判定尺度一般包括研究性议题、学术性话语和理论视角。本文提出的研究性议题为"基于音乐形态学在中国民歌鉴赏教学中传承中华优秀传统文化"的研究，通过学术化的语言表达方式进行阐述，明确地提出了观察分析所探讨议题的理论范式"音乐形态学"。具体结合高中音乐鉴赏教学，提出了"民歌形态学理论"，为单元教学内容提出了"音乐形态""唱词形态""词乐形态关系"三大板块，并指向音乐学科教学实践的特定的理论视角《普通高中音乐课程标准》，在教材内容上按照"民歌"鉴赏单元，展开分析了高中阶段民歌鉴赏的形态学研究的内容要点，分别是音乐形态基因、唱词形态基因、人文形态基因、词乐基因关系、民歌与文化的关系、演唱形态风格六个方面。

最后，该文具有独特的创新性和反思性。一是创新性。创新性是学术论文的本质特征，也是学术论文的核心价值所在。创新是以新的思维、新的发现、新的发明或新的描述为根本特征的人类实践活动。通览文章，本文的可能性创新点为"在高中民歌鉴赏教学中，深入分析形态学要点，更有利于传统文化的弘扬与传承"。本文的选题注重新意，紧跟时代步伐，在音乐学科前沿进行探索。寻求将音乐学视域下音乐形态学理论与音乐教学实践进行交叉学科探索。二是反思性。论文作者基于自身的研究理论经验和实践基础，提出新时代教育背景下，在高中音乐教学过程中的反思，将形态学基因作为高中音乐教学实践的理论基础，通过有效的教学手段，在聆听体验、模唱感受与评价思考的循环过程中最终实现音乐体验与文化认知的辩证统一，最大限度地发挥学术理性思辨与直观体验的主观能动性。明确传统音乐文化在高中音乐教学中的"活态"传承总目标。提出了充分利用教材资源，引导学术把握传统文化，增强文化自觉意识，增强民族认同感与自豪感的教学反思性研究要求。

综上所述，该文的突出特点为：在选题上注重新意，论证周密；论文内容注重逻辑性与具体性，论文写作注重规范性和严谨性。研究视野具有广阔性和专业性。总之，该文密切联系课改要求，提出反思性研究问题，为音乐学科教学实践提供了深入研究的理论范式。

第二节　理论研究类学术论文评析

翘袖折腰之美——浅析汉代乐舞的音乐文化特性

杨　梅[①]

【摘要】汉代是我国古代史上一个盛世王朝，处于封建社会的上升时期，舞蹈广度、深度的发展都比先秦有了长足进步。我们可以从山东、江苏、河南、四川出土的许多汉画像石中领略到汉代乐舞百戏的风采。本文拟从汉代乐舞的分类及特点来探讨汉代乐舞的翘袖折腰之美。

【关键词】汉代乐舞　分类　特点

汉代是继秦始皇统一中国后的第二个中央集权制国家，是当时世界上国力强盛、文化发达的封建帝国。从我国文化发展的长河来看，汉代处于封建文化发展的第一个高峰，歌舞百戏艺术的成就十分引人瞩目。汉乐舞更是承前启后，后世歌舞大多能在汉代乐舞中见其渊源。汉乐舞以开国皇帝刘邦家乡楚地的民间歌舞为主体，融合了其他民族和地区的舞蹈元素，也受到了中西文化交流的影响。根据其使用舞具与否，大致可以分为巾袖舞和道具舞两大类。

一、巾袖舞

巾袖舞是舞者舞袖或执巾、执拂而舞的舞蹈形式。有独舞、对舞、群舞等。巾袖舞是中国古代舞蹈的一大特色，对中国古典舞影响深远。巾袖使舞者的肢体延长，扩大了想象的空间，使手袖的表现力大大增强，并更突出了腰肢的纤细柔弱和体态的轻盈优美。巾袖舞大致有公莫舞、拂舞、长袖舞、踏歌等。

（一）公莫舞

巾舞在汉代称为"公莫舞"，因歌词首句有"公莫"二字而得名，巾舞是

[①] 杨梅（1982—），女，四川绵阳人，绵阳师范学院教师，硕士研究生，主要研究方向为民族音乐理论。

汉代宴会上表演的乐舞之一，舞者用巾作舞。考究汉画像石，舞者所持双巾有长短不一的，也有长短一致的，较易与长袖舞混淆。其舞姿仪态万千，既可欢快热烈，也可轻柔秀丽。

（二）拂舞

拂舞以舞者所执道具"拂"而命名，它的特点是有柄可执，一端系以牦牛尾、丝绢等物，执拂而舞。从汉画像石我们可以看到，女舞者执拂婆娑，婀娜妩媚；男舞者执拂而舞，则明朗欢快，极富动感。舞蹈《红绸舞》荣获1951年第三届世界青年艺术节舞蹈比赛的集体一等奖，表现了新中国、新生活的火热和光明，是当代中国舞蹈史上重要的保留节目。观众可以从《红绸舞》中领略到轻疾顿挫、刚劲舒展的拂舞美姿。

图1　成都扬子山西汉墓画像砖——乐舞杂技图　　图2　山东滕州大郭村汉画像石——拂舞图

（三）长袖舞

汉代长袖舞，舞者束腰曼妙，突出上半身的肢体动作，舞时长袖飘飘欲飞，淋漓尽致地展现了女性的柔美。汉代张衡所作《舞赋》诗句"裾似飞燕，袖如回雪"，对长袖舞的赞美更是洋溢其间。长袖舞为翘袖折腰之典范，讲究体态飘逸舒展，舞者昂扬细腰，挥袖而舞，并伴随侧体折腰等腰肢动作，对腰的柔软度要求极高。

图3 裾似飞燕，袖如迴雪——长袖舞图

（四）踏歌

"踏歌"是一种历史悠久的自娱性民间舞（在汉代已有记载），它不是对某一种舞蹈的专称，而是古人对以脚踏地为节，手袖相连，边歌边舞的群众自娱性歌舞习俗的通称。"踏歌"到唐代极盛，有三大特点：第一，同一曲调即兴填词，反复传唱。正如唐代诗人刘禹锡诗云："踏曲兴无穷，调同辞不同。"第二，随着歌唱的节奏，以脚踏地。第三，有振袖和随身体运动的头部运动。唐代诗人刘禹锡曾写《踏歌词》：春江月出大堤平，堤上女郎连袂行。唱尽新词欢不见，红霞映树鹧鸪鸣……新词婉约递相传，振袖倾鬟风露前。月落乌啼云雨散，游童陌上拾花钿。描写了踏歌这种艺术形式在民间的兴盛。另有唐李白诗云："李白乘舟将欲行，忽闻岸上踏歌声。桃花潭水深千尺，不及汪伦送我情。"也提到了民间有以踏歌来相送友人的习俗。

现在，我们可以从首届中国舞蹈荷花奖金奖作品《踏歌》领略到汉代踏歌的一些风采。舞蹈《踏歌》中舞者体态轻盈，边唱边跳，伴随顿足、抬手肘、摆头、摆袖、甩袖、搭袖、搭肩等动作，表现了一群女子结伴踏青游玩，轻歌曼舞间流露出少女羞涩思春的情怀。

二、道具舞

汉舞中乐器、武器共同参与舞蹈表演的舞蹈很多。大致有剑舞、干舞、棍舞、刀舞、戚舞、建鼓舞、盘鼓舞、铎舞等。本文仅述如下五类。

（一）巴渝舞

巴渝舞是賨人在同猛兽、部族斗争中发展起来的一种手执武器的集体武舞。公元前206年汉王刘邦在战争中得到賨人的帮助，刘邦喜其舞蹈原始粗犷，英勇锐气，包含着朴素的军事战术，不由自主地把它和武王伐纣的故事联系起来。取得胜利后，刘邦命麾下一方面施行减税政策，减轻賨人的税负，另一方面则将巴渝舞纳入宫廷雅乐之中。此举旨在彰显其统治的威严与功绩，使巴渝舞成为象征统治者威震四海、战绩辉煌的象征性舞蹈。

（二）鼙（鞞）舞

鼙舞是汉代著名乐舞之一，因舞者所持的舞具鞞鼓而得名。鞞鼓有两种形制，一种形制像儿童玩耍用的拨浪鼓，有柄，鼓的两耳系绳铛，执柄转动即发声，声音清脆短促，用作舞具比较方便而且美观。另一种形制的鞞鼓比较像民间使用的团扇，有柄，扁薄。方便左手执鼓、右手执棍敲击。从现存汉画像石我们可以发现鼙舞的舞姿奔放粗犷，活泼生动，通常有大步腾跳的动作。鼙舞也可作为游戏类歌舞穿插在大型乐舞表演中。至今在部分地区的鼓乐表演中，

图4 山东滕州龙阳店汉画像石——鼙舞图　　　图5 鼙舞表演

仍能见到鼙舞的风采。表演时，舞者和着鼓点，放声高歌，场面气势恢宏，热烈粗犷，体现了生命的本源。

（三）槃舞

也称"盘鼓舞"，是一种踏在盘子和鼓上表演的舞蹈，讲究技巧性和节奏性，盛行于汉代。舞时将盘子和鼓排列在地上，舞者穿着珠屣在盘和鼓上翻腾跳跃，表演各种动作，甚至结合了杂技技巧，令观者眼花缭乱，叹为观止。"舞无常态，鼓无定节"是对盘鼓舞艺术高度凝练的表述。其作为助兴乐舞广泛存在于汉代民间聚会、官宦宴飨。

汉画像石有十分丰富的盘鼓舞形象，舞者舞姿各异，优美矫健，或正

图6　山东历城黄台山汉画像石——七盘舞图

从鼓上飞身鱼跃，或踩鼓倒腰，或抵鼓倒立，或脚点鼓面单脚旋转，或身俯鼓面，手、膝、足拍击鼓的正面或侧面。《盘鼓舞》吸收了许多杂技技巧，翻腾跳跃、眉眼传情和插科打诨交融，增强了节目的欣赏性。

汉代的盘鼓舞千姿百态，存在着多种不同风格、不同舞姿的。但其共同的要求是舞者应当边歌边舞，并用足蹈击鼓面，集歌、舞、蹈于一体。汉代的乐舞、杂技、幻术尚未分成独立门类，故在百戏中，还经常看到艺人将盘鼓舞和杂技结合起来表演，或者拂舞与盘鼓舞结合，这些舞者均身手敏捷，技艺高超，舞蹈明显具有竞技性。

第五届全国舞蹈大赛作品《相和歌》，歌词取材于《郑风·子衿》，舞蹈编排却从汉代盘鼓舞中汲取营养，让现代观众领略了汉代盘鼓舞的遗风。

（四）建鼓舞

建鼓是我国古代常用的一种鼓，春秋战国时已是重要乐器之一。此鼓身中间穿过一根木柱，下置一鼓座，造型优美，汉画像石上的建鼓有羽葆作饰，所

谓"羽葆壁翚",十分精美大气。建鼓舞多由两人边击边舞配合完成,击鼓手法讲究,动作复杂,花样繁复,步法亦矫健舒展,热情奔放。对表演者的内心节奏感、击鼓技巧、肢体语言是极大的考验。

(五)铎舞

铎舞由舞者手执木铎而舞。铎有金铎和木铎之分,其形制与铜铃相近,但开口朝上。因铎在古代有发号施令的作用,故其音乐悠扬舒展,舞蹈徐缓有度。到隋代,舞者跳铎舞已不再执木铎;唐代,铎舞被吸纳到清商乐中,成为宫廷雅乐。汉代铎舞本来的面貌已不复存在,仅剩名字为后世所沿用。

三、乐舞的伴奏乐器

我国古代乐器从先秦发展到汉代,乐器的组合已从金石乐队变化为丝竹管弦乐队。在汉代乐舞的伴奏中,主要使用以下本土乐器。

(一)打击类乐器

鼓在汉代运用相当广泛,形制较多,用法极有新意,其中建鼓既是舞具,更是乐器,其演奏法有击鼓身、鼓心、鼓边等。其余鼓类乐器还有节(形似小鼓,用手拍击)、提鼓(马上作乐)、小鼓、扁鼓、鼖鼓等。编钟和编磬的音色清脆悦耳,作为雅乐乐器之尊,在汉代乐舞表演中也会用到,使用枚数已较先秦时期减少许多,估计是起和音作用。铎和铙起补充音色和先导作用。

(二)吹奏类乐器

汉代乐舞普遍使用的吹奏类乐器主要有笙、排箫、笛、箫。其中排箫造型独特,音色清扬雅致,在雅乐和俗乐中普遍使用,是不可或缺的乐舞伴奏乐器。

(三)弹弦类乐器

琴、筝、瑟是汉代盛行的弹弦类乐器,不仅作为伴唱的独奏乐器,在乐舞表演中也经常用到。瑟是被赋予了汉代悲情色彩的乐器,和琴一起合奏更显声调和谐美妙,《诗经·关雎》中提到:"窈窕淑女,琴瑟友之"。古人也将夫妻恩爱比喻为"琴瑟相和"。筝的音色华丽流畅，在大量的汉画像石乐舞表演中可见它的身影。

可以想象，在丝竹相和、节奏铿锵的乐队伴奏下，舞者的自信与优雅定能通过乐舞体现得淋漓尽致。

四、善舞者

汉代扬名的舞者并不很多，这跟歌舞艺人的地位不高有关。幸运者多因容貌出众、歌舞技艺非凡、冰雪聪明而受到统治者的喜爱，得以改变命运。

汉高祖宠妃戚夫人，相传擅跳翘袖折腰之舞，舞时轻盈优美，情感表达饱满细腻。汉成帝皇后赵飞燕以美貌和舞艺闻名于世。赵飞燕原名宜主，因其舞姿轻盈如燕飞蹁跹，故人们称其为"飞燕"。赵飞燕所跳舞蹈最大的特点是舞姿风情万种，举步翩然如飞，她极擅长用气息来控制身段，相传能作盘上舞。汉武帝爱妃李夫人，以倾城倾国的美貌和绝世歌舞才华而著称。

汉代乐舞的美在于内在节奏、力度、情感与外在气势、韵律的完美融合。正是由于统治阶级的推崇和社会风气的影响，歌舞艺人不断努力创新。他们以杰出的舞蹈技艺对汉代乐舞的发展和提高产生了重要影响，其艺术成就令后人仰慕。

结语

汉代处于我国封建社会的上升期，汉朝国力雄厚。它在当时世界上处于领先的地位，具有足够的影响力。因此，吸引了来自世界各地的商贾和艺人前往，促进了中西艺术的吸收、借鉴与融合。与现代社会科技化、多元化的娱乐方式相比，古代社会百姓的娱乐方式简单，可以集中人力、物力发展乐舞百戏艺术。

汉代乐舞大都在宴会上进行表演，宫廷乐舞则更为专业化和规模化。汉代乐舞由先秦娱神向娱人、自娱转变。在以瘦为美的汉代，翘袖折腰充分展示了舞者高超的技艺和身段，是汉代乐舞文化的一大特征，汉乐舞常常和百戏中的弄丸、跳剑、走索以及体育项目蹴鞠等结合演出，吸收了杂技的技巧，增加了舞蹈动作的难度，对后世舞蹈、戏曲等影响很大，也体现了汉代兼容并蓄的审美态度。

汉代乐舞这种艺术形式深受各个阶层的喜爱。汉代乐舞中的巾舞、长袖舞、盘鼓舞都反映了汉代艺术大胆、灵活和创新的特点，形成了汉代独有的艺术门类和艺术成就，集中体现了汉代人重视艺术的美感与娱乐性的有机结合，以及对艺术生命孜孜不倦追求的独创精神。可谓是"古朴汉风，唯美浪漫"。

参考文献

[1] 萧亢达．汉代乐舞百戏艺术研究[M]．北京：文物出版社，1991：121．

[2] 陈应时、陈聆群．中国音乐简史[M]．北京：高等教育出版社，2006：121．

[3] 孙慧佳．图说中国舞蹈[M]．长春：吉林人民出版社，2010：510．

[4] 中国艺术研究院音乐研究所《中国音乐词典》编辑部．中国音乐词典[M]．北京：人民音乐出版社，2003：104．

[5] 王克芬．中国舞蹈发展史[M]．上海：上海人民出版社，2004：101．

[6] 鸿昀．椎牛击鼓 戏倡舞象——汉代乐舞形态及文化属性探析[J]．星海音乐学院学报，2003（03）．

[7] 许晖．汉代乐舞的生成及乐队配置[J]．艺术百家，2005（03）．

[8] 袁禾．乐舞化"风"——论汉代乐舞美学思想之"乐治"[J]．文化艺术研究，2010，3（03）．

【点评】这篇论文按照论文的性质分类属于理论研究类的论文。这类论文具有浓厚的学术色彩，研究对象是相关领域的概念、理论，而不是实践规律。此类论文是就某一学术问题或理论上具有新的科研成果和创新性见解而形成的，具有较强的学术专业性，或是对某种已知的理论在实际应用或研究中取得了进展的总结而形成的，具有较强的研究性。研究的方法主要是归纳法、演绎法等逻辑推理方式，通过一系列抽象思维过程，获得关于特定主题的认识成果。

此类论文对作者的理论水平要求较高，要对研究对象有深入的了解，同时能够提出自己的创新性见解。以本篇论文为例，作者通过汉代乐舞的分类及特点来探讨汉代乐舞的翘袖折腰之美，文章主要从巾袖舞、道具舞、乐舞的伴奏乐器、善舞者四个方面进行阐述。在论文开篇，作者首先阐述了汉代及其相关历史文化在整个中国文化发展中的重要意义、作用及其主要的艺术特征，凸显了本篇论文研究的价值。接着，在论文一二部分，作者根据汉代乐舞使用舞具与否进行分类，将其分为巾袖舞和道具舞两大类别，并用归纳法分别阐述不同类别舞蹈是如何体现汉代乐舞的翘袖折腰之美的。如在介绍巾袖舞的主要类别长袖时，作者首先介绍其舞蹈特点——舞者束腰曼妙，突出上半身的肢体动作，舞时长袖飘飘欲飞，淋漓尽致地展现了女性的柔美；其次，结合读者熟知的诗句"裾似飞燕，袖如迴雪"，加深读者对此类舞蹈的认识，作者提出长袖舞为翘袖折腰之典范，舞者昂扬细腰、挥袖而舞，并伴随侧体折腰等腰肢动作，对腰的柔软度要求极高；最后，通过汉画像砖图片让读者清晰、直观地感受此类舞蹈的姿态，尽显翘袖折腰之美。整段文字介绍条理清楚、语言精练、归纳性和逻辑性都非常强，值得我们学习、借鉴和参考。

在阐述汉代不同类型乐舞如何体现翘袖折腰之美后，作者又深入探讨了乐舞的伴奏乐器，分别从打击类乐器、吹奏类乐器、弹弦类乐器进行阐述，介绍了不同类型乐器在汉代乐舞中特有的作用。特别是在介绍弹弦类乐器时琴的华丽流畅与瑟的悲情凄婉相和，尽显声调协和美妙，从而促发舞者自信优雅的曼妙舞姿。

在论文的第四部分，作者介绍了在汉代乐舞中的一些知名舞者，如戚夫人、赵飞燕以及李夫人，重点介绍了赵飞燕，并对其舞蹈特点进行阐述。在本文的结束部分，作者用"古朴汉风，唯美浪漫"八个字高度概括了汉代乐舞的艺术价值。

第三部分
课题研究

对于一线音乐教师来说,备课、教学、指导学生课外艺术活动、排练节目、教研活动等已经占据了大量工作时间,加之家庭生活也需要花费大量的时间和精力,因而容易对科研望而生畏。

既然搞科学研究那么费时间,为什么还是有很多一线音乐教师能够教学与科研并重,生活与事业兼顾?难道时间真的可以为他们停留?其实不然,他们只是合理地、高效地利用了时间。

要干好一件事,除了时间外,还要付出一定的心血。试想一下,如果你仅仅因为申报课题一两次未中,就此放弃了课题研究,那你将永远体会不到研究课题的艰辛与快乐。课题研究是一门学问,值得我们终身学习,以实现自身的全面成长。

第八章　科研课题三十问

进入21世纪以来，我国音乐教育事业蓬勃发展，对一线音乐教师的职业素养提出了更高的要求。在这一时代背景下，许多一线音乐教师都有做好科研课题的迫切愿望，但苦于缺乏实现科学研究的方法、渠道和手段。在追求教学与科研的道路上，机遇与挑战并存。那些率先探索将科研与教学并重的路径的人，将成为时代的佼佼者，成为优秀且先进的教师人才。

教师开展科研工作时常会遇到很多困难，有时候一个看似很小的问题也容易导致我们放弃。例如，音乐教师花费很长的时间填写了一份申报书，却不知道科研经费从何处来、具体有多少，或怎么论证、科研成果怎么推广。科研路上的拦路虎太多了，需要我们一一化解。本章分为三个部分，以答疑解惑的形式展开论述，为中小学一线音乐教师解答科研上面临的困惑或好奇，开启音乐教师的科研成长之旅。

第一节　课题何处寻

课题申报书是申报者实现课题之梦的敲门砖，涉及申报书的封面设计，数据表或基本信息，负责人和课题组成员近期取得的与本课题有关的研究成果以及与本课题有关的主要参考文献，负责人正在进行的其他渠道获得的研究课题，课题设计论证或报告正文，预期研究成果，经费预算，推荐人意见，课题负责人所在的单位意见，资格审查意见、学科组评审意见、领导小组审批意见等内容。可以说，以上每一个步骤都是对申报者研究能力的综合检验。

如何确定申报机构、研究方向、研究题目、研究内容等，犹如穿梭织布，有一定的章法，唯有通过恰当选材、正确运用，方能强化研究，掌握选题的规律。

一、什么是科研课题？

课题是科学研究的最基本单元，所谓科研课题就是发现并研究前人或同时代的人还未认识或解决的问题。课题通常具有学术价值、决策价值和应用价值。科研课题有横向课题和纵向课题两大类。

（一）纵向科研课题

纵向科研课题的经费来源于上级机关、项目主管部门拨款。纵向科研课题是指由各级政府及其职能部门、各基金委、各类学术团体公开发布有一定资金资助的科学研究课题。纵向科研项目一般包括科技部、国家自然科学基金委、国家社科规划办、教育部、教育厅等政府科研主管部门批准立项的各类科学研究课题。

纵向科研项目的种类包括国家科技攻关计划项目、863计划项目、973计划项目、国家星火计划项目、国家火炬计划项目、国家软科学研究计划项目、国家自然科学基金项目、国家社会科学基金项目、国家艺术基金等。纵向科研课题一般分为国家级课题、省（部）级课题、市级课题、区级课题、校级课题。

（二）横向科研课题

横向科研课题是指由其他政府部门（含国家部委、省市部门）、企事业单位、公司、团体或个人委托学校教学科研单位或教师进行研究或协作研究的各类课题，包括国际企业合作项目。横向科研课题主要有校企科技开发与协作、科技咨询、技术成果转让等技术性服务；由企事业单位资助的研发项目等。

对于中小学一线音乐教师来说，所研究的课题以纵向课题居多，课题的类型以教育科研课题为主。教育科研课题是指教育方面的科研课题，主要参与教科研课题的人是教师，因而教育科研课题是研究教育事业的课题，主要是提升教师的教学水平，从而推动教育事业发展。

教育科研课题通常是教育部主导的，各个教育部门立项的科研课题。教育科研课题一般有两种，一种是由各级教育行政单位组织管理的规划课题。一种是各级教育学会及协会管理的课题。当然其他的一些涉及教育的课题也可以称作教科研课题。

二、课题在哪里发布呢？

第一，对应主管部门。如科技部、教育部、省科技厅、省教育厅、省市社科联、省市教育科学研究院所、省市教育学会、省市科创委等网站查询。

第二，高校科研平台。高校一般设有科研管理机构，会及时发布各级各类课题申报信息。

第三，各类研究中心依托单位。一个比较便捷的方法是进入高校官网，搜索科研平台，便可获得该高校的研究机构发布的课题动态。

第四，知网项目查询，可以采用关键词搜索，就能看到部分课题信息，但不全。

第五，研究机构公众号。

三、做一个课题通常需要花多长时间？

一个课题从立项开始算，通常需要1~2年才能完成。因目前文章发表或图书出版的周期较长，以论文、专著（编著）、论文集等为结题形式的课题负责人还应预留出3~12个月的等待发表（出版）时间。

四、课题研究来源有哪些？

（一）"规划纲要"和文件政策

"规划纲要"是国家或各省份根据经济社会发展的现实情况所编制的一定时期内的教育发展目标，为教育发展指明了方向。而文件政策一般是解决相对较短时间内亟待解决的教育问题。两者有宏观到具体的区别。教师通过对规划纲要和文件政策的解读，结合自己的学科特点、研究领域，可以从中析出有学术高度的课题。比如大力推进民族地区双语教学、城市对口援建农村教育信息基础设施建设、加强中小学学生文明礼仪教育这类主题普遍具有解决当前经济社会教育发展问题的特点，更易成为教育研究课题的焦点、热点。

（二）教学实践与课程改革

把课题研究内容与校本教研、日常教学工作结合起来的课题是最贴近一线教师教学，有利于教师深入课堂、不断探索新的教学模式和教学方法，开发课程，提高教学质量，从而形成课题研究对象。课程改革与创新同样是音乐教师绕不过的议题，值得音乐教师用一生去追求和践行。

（三）教材

中小学的音乐教材囊括了古今中外优秀的音乐作品，包括声乐、器乐、歌剧、舞剧等，这些具体作品都可以成为音乐教师深入本体研究的对象，进而形成研究课题。

（四）教师个人知识结构

个人知识结构决定了写作视角、观点、选题和知识结合点的不同，一线音乐教师应当综合考虑自己的知识结构，确定课题研究方向，以期实现专业的学术发展，并通过交叉学科研究，拓宽自己的研究领域。比如擅长声乐，又对历史、政治、地理颇有研究的音乐教师，可将研究方向确定为声乐与审美变迁；擅长器乐，又对中国传统文化颇有造诣的教师，可将研究方向确定为中国器乐文化。

（五）田野调查

田野调查是古今中外各个行业广泛采用的调研方式。没有调查，就没有发言权。实地调研在课题前期、中期乃至后期具有非常重要的作用。比如音乐教师打算申报民族民间音乐相关课题，前期进行田野采风是必不可少的环节。

（六）社会实践

学校组织学生参与社会实践以及教师群体参加社会实践也是教育类课题的优秀选题之一，比如对中小学生定期到养老院参加慰问表演展开调研，可以研究这种社会行为对老年群体的影响机制或二者之间的互动及影响等。再如音乐教师参与社区合唱排练，可以研究社区文化模式创新等。

(七)课题指南

许多课题发布通知上有课题指南,课题指南会依据我国教育方针政策来划定选题范围,这种情况下申报者的选题尽量与指南紧扣,将指南选题与自己的研究特长和实际田野点结合,转化成实践性和综合性较强的课题,有利于社会发展和教育质量的提高。

五、课题怎么支撑教师的教学呢?

(一)课题研究成果促进教学

课题研究,特别是教育科研课题,能够解决一系列与教育事业相关的问题。这些问题的范围可以从教师在教学实践中遇到的具体问题,扩展到整个教育行业面临的改革挑战。对于教师来说,教育科研课题有利于教师树立及时更新教学理念的意识,用科学手段解决工作中教与学面临的疑难杂症,促进教师长于观察与思考,提升教师的教学能力和学习能力。

(二)课题培育教学成果奖

身为一名教育工作者,应当以教学质量提高为己任,做到将教育实践和教育科研紧密融合。教学成果是解决教育教学实际问题的方案,具有极强的可操作性。教师通过做课题,锻炼写作能力和逻辑推理能力,提高理论与实践相结合的能力,有利于将教学成效上升到理论高度,为教学实践探索打好理论建构基础,从而更好地推动教育教学实践,产生更广泛意义上的推广价值和运用价值。

六、参考文献找不到怎么办呢?

参考文献找不到,原因大致有两种。第一种是研究者将文献关键词查找局限在一个较窄范围,由此搜索出来的参考文献极少,少的时候可能只有1至2篇,不利于文献综述部分的写作。解决方法是扩大关键词的查找范围,通过相关研究,最大限度得到间接相关的参考文献。

另一种是扩大对参考文献的查找方式。我们查阅参考文献的渠道通常以图书馆（纸质和电子书平台）、文化馆、书店、淘宝网、孔夫子旧书网、京东网为主，在此基础上最容易的文献查找办法就是翻看已找到的论文和书籍结尾处的参考文献。依靠他者已有的参考文献，启发自己的研究思路，帮自己节约大量的文献查找时间。

七、如何动笔写课题呢？

（一）确立题目

选题过程中需要发现问题、明确研究对象和拟解决的问题。选题一旦提炼为标题，便可将其分解成3个左右的关键词，通过反复查找文献，分析其逻辑联系，明确研究思路，设计研究板块，搭建课题框架。

此外，注意定题名不要过大或过小，要符合课题级别、自己身份特点等。比如申报省级课题时，如果题目是"××市第×中学音乐学科红色文化传播策略研究"，显然不如"××省音乐学科红色文化传播策略研究"更具有推广性。考虑到具体可操作性，在申请书或研究报告中将研究对象界定为"第×中学"即可。

（二）课题分析与论证

课题分析与论证的主要任务是按申报书填写规则，依次对选题依据、综述、价值、研究内容、思路方法、创新之处、预期成果、参考文献、研究基础和条件保障等进行充分论证。

八、可以跨省申报课题吗？

答案是肯定的，前提条件是你必须提前掌握申报信息。根据笔者的了解，最近两三年科研申报竞争越来越激烈，跨省跨市申报已经越来越常见了。以四川省为例，近些年不少市厅级课题都由外省单位立项。

九、如何培养科研能力呢？

（1）多涉猎一些与学科有相关性的文章和书籍。
（2）加强学术研究方法训练。
（3）注重培养自己的创新意识。
（4）重视团队合作和相互学习。
（5）加强学术交流，多参加讲座和学术论坛。

十、选题重不重要呢？

选题有多重要，其重要的程度可能超乎你的想象。一个好的选题是课题成功的前提，甚至可以成为申报人持续若干年的专题研究。选题应当注重新颖、独特的研究视角，突出理论深度、学科优势、原创价值和可行性。

第二节　课题如何立项

课题成功立项对教师个人职业发展和单位学科建设都是一件添砖加瓦的好事。笔者在这分享一个小技巧，多写多申报是一个不错的办法。这里的多写多申报至少有三个好处，一是增大立项的概率；二是练笔；三是广泛熟悉更大范围的课题申报重心。

一、课题怎样写立项率才高呢？

（一）避免雷同（重复选题、重复研究）

相似选题，评审专家只会优中选优。从某些方面来说，选题新颖、凸显自己的研究优势和研究特色，突出研究者的地域性、研究视角和研究思路的独特性的选题的立项率较高。

（二）与时俱进，避免跟政策冲突

申报者应熟悉最新的国家政策方针、省市和地方的教育政策，将自己的学科结合热点进行课题申报。

（三）量体裁衣

申报者的选题紧扣打算申报的研究机构，让自己从事的学科与该研究机构的学术建设进行有机结合。比如2017年根据四川省委宣传部、四川省教育厅、四川省社会科学界联合会的决定，首批十大四川历史名人文化研究中心确定四川省社科院为大禹研究中心、诸葛亮研究中心的牵头单位，西华大学为李冰研究中心的牵头单位，西华师范大学为落下闳研究中心的牵头单位，四川师范大学为扬雄研究中心、武则天研究中心的牵头单位，绵阳师范学院为李白研究中心的牵头单位，西南民族大学为杜甫研究中心的牵头单位，四川大学为苏轼研究中心、杨慎研究中心的牵头单位。申报者可结合自己所在区域文化与以上名人的联系进行选题；可以探究历史文化名人与音乐学科的联系；也可以上述名人文化在中小学的传播与实践之类为选题，既拓宽了以上研究中心的研究深度和广度，也丰富了申报者所在单位的校园文化。

"知己知彼，百战不殆"。任何立项的课题都是有指向性的，仔细研究该研究中心曾经立项的课题，一是避免雷同，二是清楚该中心聚焦的研究方向和选题范围，以利吸收借鉴，启发申报者的选题思路。

二、优秀课题有哪些要素呢？

一般说来，优秀课题需要具备三个要素，即富有创新性的选题、扎实的研究基础、高超的论证，三者缺一不可。

三、没有前期成果或前期成果薄弱怎么办呢？

前期成果是评审专家考察申报者有无研究基础和研究实力的重要指标，对于课题申报者来说，有意识地做前期科研准备十分重要。

首先，给自己课题孵化期，从校级课题做起。因为校级课题多有鼓励教师做科研的意味，对前期成果要求不高，立项相对容易。教师通过做校级课题为随后往更高级别课题申报积累学术资本。

其次，在无直接相关的论文和课题的情况下，选题和论证必须突出。选题和内容一定要选择曾经有一定工作经验、田野实践或社会实践的，才不至于没有数据填表。

再次，全面梳理已有科研成果和教学成果，从间接相关的论文或获奖经历中提取材料，填入表中。

最后，借助团队成员的相关成果，向评审专家表明本研究团队有能力完成该项课题。

因为课题受指标和经费的限制，会有诸多评审考核要求，申请者在申请书里要尽量全方位地、多角度地、多层次地展示出自己和研究团队的研究实力以及以往的相关工作积累，以证明自己有实力完成这项课题。

四、经费预算怎么填报？

一些课题发布通知上会标明课题类别对应的科研经费，但部分课题不会标明。如果您提前知道即将申报的课题经费数额，请据此如实编制预算。注意，不要超出实际需要的预算，也不要低于实际需要的预算。如果不清楚经费，可以自行拨打该课题发布中心的电话咨询，切勿盲目估计或随意填写。预算比例填写按照国家、省市最新的课题经费管理办法。

五、课题论证怎样写更出众呢？

评委通常在有限的时间内阅读大量的申报书，语言准确简练的申报书一定更得评委的青睐。申请人如果不在语言表述上下功夫，好的观点和思路也有可能毁在表述不清上。课题论证要求紧扣主题、概念明确、推理严谨、表达流畅，不能出现错别字、病句。此外，申请人在撰写课题论证时，还应注意详略得当，充分体现专业学科优势。

六、如果参考文献太多，如何甄别使用呢？

申报书里参考文献并不是越多越好，而应该追求精当。文献引用体现申报人的学术修养，也是评价申报书质量的指标之一，因为精选后的文献能代表本领域的学科前沿和水平。文献一般选用10~20条，文献排列顺序为重要文献在前，依次排列。通常专著在前，论文在后，著作与论文的内部也按重要程度排序。

七、课题组成员怎么安排？

课题组成员力求科学合理，人数不宜过多，组建3~6人的科研团队较为合适。职称上高中低梯度结合，年龄上老中青搭配，除本单位成员外，其他成员可来自外单位，省内外都可以。成员以有相关研究和成果者为佳。

八、课题论证写多少字数为宜？

国家社科基金论证部分不超过7000字，许多市厅级课题论证部分不超过3000字或4000字。

九、课题申报书有几个部分？哪个部分最重要？

课题申报书一般分为三大板块，依次为选题（国内外动态、国内外简评、独特价值）——论证（研究对象、总体框架、重点难点、主要目标、思路方法、创新之处、预期成果）——研究基础（研究基础、参考文献）。

根据专家评审意见表来了解评分标准，总分10分，选题占3分，论证占5分，研究基础占2分。可见，选题和论证所占分值较大。在实际评审中，有选题大于天的说法，但如果竞争激烈，评审专家也会重点考察论证的撰写。在评审研究基础部分，有时因为参考文献没有引用到最前沿、最权威的文献，也容易与立项失之交臂。因此，课题申报书的每一板块都很重要，申报者要高度提炼课题写作能力，处理好整体与局部的关系，方能脱颖而出。

十、课题申报与结题如何衔接呢？

课题申报是首，结题申请是尾，首尾相环，方得始终。做科研千万注意不要重申报轻结题，于个人，结题拖延，影响后续申报，甚至导致课题被收回。课题获批后，课题负责人应当组织课题团队紧锣密鼓地开展研究工作，宜早不宜迟。待顺利结题后，开始下一轮的课题申报。

综上所述，见字如面，好的课题申报书是申报人逻辑思维能力的展示。语句通顺、文义通达等是课题写作的基本要求，教师要不断锤炼自己的课题申报书，积极虚心向专家、学者、同行请教，不断总结优化课题申报书。

此外，申报书应注意从形式到内容的自查，形式美包括排版、字体、字号有章法，文笔流畅，无明显语法错误；内容美包括视角新颖、有创新点等。

因绝大部分课题评审以纸质申报书为主，申报者在课题写作完成后，应当打印出来，仔细审查格式、内容有无漏填、错填等问题。负责人所在单位一律填写所属一级单位，不细分到二级单位。日期的填写要与表中其他日期前后照应。申报书第2页申请人承诺，承诺日期与封面日期应一致。

登录课题发布所在的官网查询历年课题申报时间，给自己列一个课题申报计划，能大大降低课题申报失误。不要错过申报时间，很多老师辛辛苦苦写申报书，但临时因工作繁忙却忘了按时提交。最后，注意课题申报书的安全，避免关键信息泄露，给自己和课题成员带来不必要的损失。

通过以上对科研课题知识的铺陈，读者会发现课题申报是一个系统工程，事无巨细，都要亲力亲为，说是呕心沥血也不为过。总设计师别无他选，就是珍贵的你，独一无二的你。老话说得好："种瓜得瓜，种豆得豆。"这句话告诉我们，做科研也需要我们下定决心，提前规划。我们需要在一年前就开始谋划，决定下一年要申报的项目，并思考需要做哪些准备工作。只有这样，我们才能在来年的课题申报季节里，按照计划播种和耕耘，最终感受到项目立项带来的喜悦。

第三节　课题如何结题

课题顺利结题关乎课题负责人和所在单位的科研诚信，课题负责人应当克服一切困难，在立项后按照科研计划及时完成科研任务。

一、结题条件有哪些呢？

结题条件一般根据课题级别和课题经费而定，每个课题发布机构对结题的要求不一样，建议申报者在申报之初就一定要提前了解结题要求，全面权衡结题成果的难易度，根据结题要求来考虑申请哪种项目类别，以免结题时出现高不成低不就的两难困境，由此导致延期或结不到题。课题申报者在申报之初根据自己科研能力定好拟申请项目的级别，建议选择一般项目进行申报，因为一般项目所占课题比例最高，经费适中，任务难度适中，有利于申报者顺利结题，为下一次课题申报做好积累。

二、结题条件达不到怎么办？

通常，教师在初次申报课题时，会认为发表CSSCI、北大核心等级别的论文作为结题条件很难达到，因此觉得科研高不可攀。实际在广泛搜集各大课题申报机构信息后（五个及以上），仍能找到适合自己的，比如重点项目结题条件为一篇北大核心、一篇省级期刊；一般项目结题条件为两篇省级期刊或研究报告。

三、结题一定要按照开题的要求准备吗？

结题原则上按照申报时的成果形式完成，根据科研进行的实际情况，允许结题成果在形式上有所变化，结题质量不能低于预期成果。

四、结题报告的格式是什么？

结题报告是课题研究结束时，研究者向有关部门重点介绍研究过程，总结研究成果，申请结题验收的专门报告。结题报告一般由标题、署名、摘要、关键词、正文、参考文献组成。

五、结题报告的撰写技巧有哪些？

撰写结题报告首先应当回顾立项时所引的支撑理论和参阅近年来国内外的相关最新研究成果。其次，仔细阅读课题立项时的研究进度计划，搜齐各阶段的过程性探索、研究资料。再次，重新审视整个研究过程，尤其是认真审视研究论文里的观点。整合所有研究资料，进行科学的归纳、演绎，尽量提炼出该课题的创新点和研究价值。

六、结题能提前或延迟吗？

在成果已提前满足结题条件时，申报者可以通过电话或邮件向课题研究中心申请提前结题，获得批准后按结题条件提交结题成果，等待结题。如果成果产出时间晚于研究中心规定的时间或预计结题的时间，申报者同样可以通过电话或邮件向课题研究中心申请延迟结题，一般课题研究中心会批准延迟一年结题。

七、害怕结不了题怎么办？

申报者按照申报时填写的结题形式和研究机构提供的结题要求提交材料，避免学术造假和过度延迟提交结题材料，有情况及时和研究机构沟通，一般都能顺利结题。

八、结题一般需要准备些什么材料呢？

研究机构一般都会提供结题须知，申报者严格按照结题要求准备即可，尤其注意材料的份数和签字盖章的要求。一般会有结题表、结题报告、发表论文（必须注明该研究中心及课题编号）、专著（必须注明该研究中心及课题编号）、音响视频、数据库等支撑材料，需装订成册。

九、终期成果分哪些类？需不需要发表？

最终成果有著作、论文、报告、论文集、数据库、结题报告、优秀教案或活动设计汇编、教材、个案汇编、观摩课、学生作品集、获奖情况汇总等。科研成果一般要求发表，并标明课题发布科研机构和课题编号才被认可。但也有部分科研机构规定结题材料不允许发表或出版，必须经评审后才允许发表或出版。比如四川省社科联发布的课题属于省部级，其最终成果须结题后才能发表或出版，未经允许发表或出版视为未结题。

十、结题有等级吗？

结题一般有等级，在许多课题发布通知里会明确告知申报者结题获得优秀和合格的条件。

第九章 申报书撰写各要素的基本要求

音乐教育者的课题研究属于学术研究领域，是解决音乐教学理论与教师实践问题的重要手段，音乐教师在研究音乐课题过程中，对撰写音乐课题申报书的各环节的基本要素理应做到心中有数，课题申报书一般包含以下七项内容：（1）课题基本信息；（2）相关研究课题成果；（3）课题论证；（4）完成课题的保障条件；（5）专家推荐意见；（6）课题研究经费；（7）课题负责人所在单位意见。下面谈一谈相关要素应该如何撰写。

第一节 撰写选题依据

一、课题研究背景

课题研究背景是进行课题研究的理论指导，课题研究需要在一定的理论指导下来进行。[1]而撰写课题申请书时这部分的陈述要求理论依据要具体，要围绕课题研究的需要，有针对性地列出课题研究所依据的若干个具体的理论观点，或若干项具体的政策，所依据的理论要具科学性和先进性，所选择的政策要具时代性。在陈述理论依据时，应切忌将某一专家、学者的整篇著作或某一个文件当作理论依据。当然，并不是每一个课题都必须列出理论依据，有关课题是否一定需要理论依据可以课题的理论要求决定。音乐教育者在选择课题时，可以参考以下几个方面的依据：音乐教学常规、音乐教学研究、音乐叙事、教学困惑以及教学方法。这些方面为音乐教育者提供了丰富的选择空间，有助于他们确定研究方向和深入探讨音乐教育的多个层面。但切记，任何的研究必然需

---

[1] 费岭峰. 怎么做课题研究—给教师的40个教育科研建议[M]. 上海：华东师范大学出版社，2021.

要检索已研究的现状,出发点是以本选题的研究理论价值和现实意义为前提。选题依据中应明确阐述本课题的研究内容。研究将采取分层次的方法,逐步深入,层层递进,以确保研究的系统性和深度。

二、国内外文献综述

国内外研究现状述评,即文献综述设计论证部分均需要对该主题进行文献综述,目的是概括总结前人的研究思路、主要研究成果,在前人研究存在的争议、不足和问题中寻找本课题的切入点。使评审者能够判断申报者对该课题研究领域的熟悉程度,以建立对其后续研究的信任感。

通过查阅文献,总结并概括了目前国内外关于本课题研究的基本状况,包括主要成果、观点、策略、模式、方法及途径等。同时,对已有研究进行了简要评述,寻找研究的空白之处,并提炼出自己课题的潜在创新点。在进行文献综述时,通常先介绍国外文献搜集的研究,然后是对国内文献搜集的研究。这部分内容不应仅限于列出所查文献的数量和目录。文献的准备是课题研究实践的基础。在国内的相关文献检索中,可以通过以下几种形式进行:"中国知网""期刊""会议报纸"等。检索的范围应当与自己的研究范围相对应,也可以使用高级检索功能,关注主要主题和相关关键词。这样可以通过文献检索分析课题的定位,综合了解目前国外和国内的研究状态。

由于文献检索不足和阅读不充分,导致文献综述的表述不够明确。这种情况可能表现为"综而不述"或"述而不评",进而导致分析上的偏差,使得无法精准地进行课题的整体研究。

在确定课题选题和准备文献时,应分析出课题的主要研究依据。从实践角度出发,考察此课题的研究是否达到了预期效果,并评估其实践意义和创新价值。在撰写文献综述时,通常可以利用图表、数据等形式来分析文献。每个环节都应紧密相连,具有一定的层次性。在课题设计部分,申报书中应清晰展示课题研究的指向。例如省级课题"奥尔夫原本性思想对小学音乐教师教学能力提升研究"[①]以"奥尔夫音乐原本性""音乐教师能力"为关键词在知网、维普

---

① 本课题为四川省教师发展中心 2021 年立项自筹省级课题"奥尔夫原本性思想对小学音乐教师教学能力提升研究"。

网、谷歌学术进行文献收集工作。检索到有关"奥尔夫音乐原本性"文献共计400篇，其中博士学位论文1篇，硕士学位论文88篇。期刊论文共计311篇，其中核心期刊28篇，CSSCI13篇。这些文献分别从不同角度论述了奥尔夫音乐教学以及相关教育思想的概念，强调奥尔夫音乐在小学音乐教学中的运用，提升音乐教学质量。

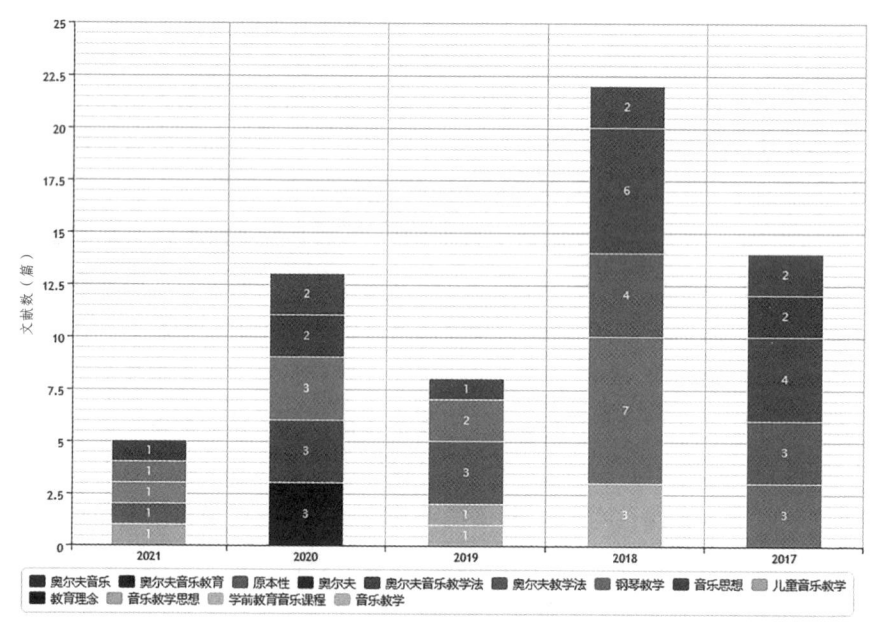

图9.1 以"奥尔夫音乐原本性""音乐教师能力"为关键词的发文量统计
（2017—2021年）

通过相关文献资料查阅，了解到目前国内外对奥尔夫原本性思想提升小学音乐教师创新教学能力的研究大致分为：（1）在小学音乐教学中奥尔夫音乐原本性理论概念的相关研究；（2）对于奥尔夫原本性思想对中国音乐教育的发展启示的相关研究；（3）以我国的音乐新课标理念与奥尔夫音乐教学理念的相关对比研究。但对于如何运用奥尔夫原本性对音乐教师的教学能力的具体实施路径与方法的研究还较少。基于上述文献观点，"原本性"作为奥尔夫音乐教学的核心价值，与我国当下提出的"音乐审美"存在一定的共性关系，音乐教师的教学能力也是奥尔夫音乐教育"原本性"的本质要求，同时也是教师能力发展不可或缺的重要环节。本课题结合国家义务教育音乐课程标准，从奥尔夫音乐

"原本性"思想出发，以创新教学为路径，提升音乐教师教学能力为主要研究目标。

三、研究价值与意义

音乐课题研究的意义在于其能从理论和实践两个层面对音乐领域做出贡献。在理论层面，每个课题都需要一定的理论指导。课题研究不仅能够完善或提升现有的理论基础，还能补充新的观点。在实践层面，每个课题都建立在实践平台上，其成果体现在实践层面的突破和引领上。此外，研究的价值和意义主要体现在阐述课题的重要性、必要性和可能性等方面。

音乐教育者在工作中发现问题的意识应转化为科研研究课题。对于音乐课题的研究，他们需要提出自己的看法与尝试。这样的处理有助于更充分地回答"我们为什么要选择这项课题来研究"的问题，同时也体现了研究选题的价值和意义。

音乐课题的研究价值通常体现在以下几个方面：（1）音乐教师在教学实践中遇到的问题，例如《小学音乐教学中节奏游戏的探究》《高中音乐鉴赏中的艺术作品赏析研究》。这些问题是在教学过程中产生的。（2）对音乐教育教学改革热点问题的研究，如《2022年国家艺术课程标准——音乐鉴赏模块探究》《中小学音乐课堂以美育人的红色音乐教学探究》。（3）音乐教师的专业理论学习，例如《音乐教师声乐范唱研究》《音乐教师即兴伴奏配奏技巧》。这些课题的提出体现了其研究方向与价值。

课题的研究价值部分是课题申请的核心，它展示了课题的应用效果和预期价值，即研究目的和目标。其价值主要体现在理论和实践两个方面。具体来说：（1）选题理由：研究有助于全面理解……的特点，丰富并深化现有知识。（2）针对已有研究的不足，通过深入的理论分析和新的视角寻求解决方案。音乐教育者应明确思路，专注于课题研究中的关键部分，提炼出各阶段的实践成果，以实现研究的最大价值。在此过程中，音乐教育者需遵循"定义问题、分析原因、提出解决方案"的三步法。撰写课题价值部分时，应阐明研究的必要性及其重要性，这反映了课题在申报过程中的核心价值。

四、核心概念界定

"核心概念"是课题研究中可能引起疑问的术语,需要在研究中明确其定义,以便让读者能够理解研究的重要性。在"核心概念"的定义中,通常从两个方面进行:一方面,通过广泛的定义来界定,这称为"广义定义";另一方面,根据本课题的具体含义来界定,这称为"狭义定义"。例如,如果课题研究中包含一个或多个"核心概念",则应对其进行理论上的界定。

课题研究的核心概念是研究设计的首要任务,它涉及为解决特定问题而制订的计划,这是课题研究的基础。换句话说,研究对象是课题名称的扩展,提供了对课题名称中主要研究对象更详细、系统的解释。在音乐课题研究中,研究对象应清晰说明你的研究内容,避免使用含糊不清的语言描述。研究对象的描述必须清晰,它是你唯一的研究焦点。如果课题是"小学音乐教师的音乐课堂节奏互动探究",那么"节奏互动探究"就是这个课题的唯一研究对象,关键点不应混淆。在撰写时,教师应在具备一定理论基础的同时,确保研究对象与课题名称相匹配。音乐教师的研究应展现独立思考和前瞻性设计。

选题既是前提也是课题设计的核心。课题名称应明确反映核心内容、研究对象和方法。在撰写标题时,应注意语言精练、简洁明了、准确表达中心思想,且标题不宜过长。避免空洞无物、小题大做或大题小做等问题。

(1)具有重要性。理论是课题研究的基础;无论选题还是研究设计都必须基于理论支持,否则只是空谈。对于尚未解决或未完全解决的问题,应提出具有理论和实际意义的科学问题。(2)具有学术性。一线音乐教育者应深入考虑课题的前瞻性和发展性,课题的选择和方向将决定其最终价值,应顺应音乐教育的积极趋势,并为音乐教育事业做出贡献。问题的提出应逐步深入,以便深入研究。(3)具有创新性。音乐教育者在教学中应展现创新意识和思维。创新的研究课题有助于音乐教育的发展和完善,拓宽视野并探索新的研究方向。因此,选择恰当的课题至关重要,它指导着整个研究的方向。

第二节　撰写研究内容

　　研究内容的撰写是对"本课题的研究对象、总体框架、重点、难点、主要目标等"进行串联性概述。课题研究的内容要具有针对性和翔实性。课题研究的主要内容是将所欲解决的大问题细分为若干个具有逻辑递进关系的小问题，形成具体的研究内容。首先就是问题的导向，要说明本课题研究的问题是如何发现的，并据此确定本课题的研究方向。确定研究内容时需要有强烈的问题意识，即每一项内容都是一个问题，且这个小问题既独立又与其他问题存在联系。其次就是课题内容中的理论提升，课题研究的过程中需要运用哪些相关理论，采取什么方式学习研究等。然后，在研究目标中，本课题需要借鉴哪些国内外的科研成果、采用哪些方法和步骤等，以确保课题顺利进行。

　　音乐教师申请课题时，应系统地、有条理地表述课题研究内容。这包括三个环节："提出问题""探讨问题"和"解决问题"。课题研究内容从假设出发，并在研究过程中进行论证。音乐科研课题的研究内容是整个研究设计的核心部分，也是课题申报书中的一项要素。

一、研究目标

　　研究的目标是课题最终的目的，课题研究的价值也可以在此处得以重点阐明。如课题"奥尔夫原本性思想对小学音乐教师教学能力提升研究"的研究目标为以下阐述：以"奥尔夫音乐原本性思想"的相关理念，对小学音乐教师教学能力提升方法与手段进行补充；以教师发展共同体为载体，探索改善小学音乐教师思维方式的新路径；提出对音乐教师教学能力中的教学设计、课堂组织、教学手段、教学反思、科研创作、综合评价等提升策略；建立运用"奥尔夫音乐原本性思想"提升小学音乐教师教学能力的优质教案、相关公开课例、校本教材等资源库，以在小学音乐教育中得到推广。

二、研究思路与方法

（一）研究思路

研究思路是对研究的整体设计和控制，它包括以下几个方面：（1）如何选择合适的研究视角和切入点？（2）从哪个问题开始着手研究？（3）哪个问题构成了研究的关键环节？（4）是采用横截面研究还是纵向追踪设计？（5）是进行单一研究还是系列研究？（6）研究是理论思辨性质的还是逻辑实证性质的？

在课题实施前，所有这些问题都需仔细考虑。撰写研究方法部分时，应注意符合科学研究方法的发展趋势，并考虑多种研究方法的综合运用。例如，对于课题"奥尔夫原本性思想对小学音乐教师教学能力提升研究"的研究思路阐述如下：（1）从小学音乐动态教学课堂的视角出发，探讨音乐教师目前具备的教学能力。（2）通过小学音乐教师的教学总结和反思，梳理出提升教学能力的经验和途径。（3）在多元化教学理念的视角下，探索提升小学音乐教师教学能力的策略。（4）从奥尔夫原本性教学思想的角度，研究其对小学音乐教师教学能力提升的理论支撑。

（二）研究方法

音乐教育者在进行课题研究时，通常采用以下几种研究方法："文献研究法""行动研究法""经验总结法"和"调查研究法"。[1]例如，"调查研究法"是一种针对课题研究发现的问题采取的方法，包括访谈、抽样调查和个案分析等。根据课题的前期、中期、后期研究需要，进行发现问题、研究问题、解决问题的调查思路。而"行动研究法"则是指通过常规的教育教学活动来搭建课题研究的平台，让课题研究落地生根，从而体现课题研究的实践性。音乐课题主要通过课堂教学、活动渗透及课程开发等方式来进行。

研究方法对于音乐教育者而言，是针对整个课题所采用的不同形式。课题

---

[1] 费岭峰. 怎么做课题研究—给教师的 40 个教育科研建议 [M]. 上海：华东师范大学出版社，2021.

的研究需要多样化的方法。总体而言，音乐教育者使用专业的研究方法。对于擅长不同专业的音乐教育者，可以关注所在学科领域常见且容易接受的一些方法，并根据课题的需要开展不同的音乐科学研究。

例如，在课题"奥尔夫原本性思想对小学音乐教师教学能力提升研究"中，研究方法包括：（1）文献研究法。首先，利用知网、谷歌等文献资源查阅资料，借鉴前人的经验，了解有关奥尔夫原本性音乐教育理论知识与小学音乐教师创新能力的视角。结合实际情况进行课题研究。（2）案例研究法。收集、整理、分析研究过程中的数据，对一线教师和名师工作室进行走访调研，搜集传统课堂案例，通过对比研究，提出本课题的创新观点。（3）行动研究法。通过调研走访，与课题组合作共研，探索创新教学能力的相关课例。形成校本"奥尔夫原本性"优质创新教案集，将奥尔夫原本性思想与义务教育音乐教材融合创新，以提升音乐教师的创新能力。

三、研究实施计划

课题的实施步骤是对于课题时间安排的一种计划，一般分为准备阶段、实施阶段和结题阶段。对于每个阶段，我们制订了详细的时间节点计划。这些计划明确了课题研究的具体内容以及如何合理分配资源和时间。通过这种方式，我们确保了研究的有序进行，同时也优化了工作效率。

第一阶段：准备阶段（×××年×月×日—×××年×月×日）。（1）制定课题实施方案。（2）收集相关资料。（3）召开课题组成员开题会议和研究会。（4）明确本阶段研究目标、内容和模式。

第二阶段：实施阶段（中期阶段）（×××年×月×日—×××年×月×日）。类似于准备阶段，注明时间范围。（1）进行中期成果总结，整理已有内容。（2）对后期研究成果进行总结。（3）分析问卷，形成书面报告。（4）细化理论知识，研究整体策略。（5）总结经验，交流成果，推广成果。

第三阶段：结题阶段（×××年×月×日—×××年×月×日）。（1）规划时间，评估课题研究的辐射作用和推广范围的价值。（2）完善方案和制度，改进科研措施，进行追踪研究。（3）提炼研究成果，撰写论文、专著、研究报告及总结。（4）根据课题结题要求发表相关成果。（5）准备结题材料，进行结题答辩。

四、重点与难点

课题研究的重点是指研究对象中最重要、最基本的中心内容。而研究的难点则是研究过程中遇到的最大阻力，即最不容易解决的问题。在这个过程中，要解决难点就必须抓住重点。在研究重难点时，可以关注它们之间的切合点和关系。具体来说，研究重点可以参考研究的内容，而研究难点则可以依托研究的思路和研究对象等进行。在撰写研究重点时，可以考虑使用"代表性""可操作性""科学性""真实性"等字样进行阐述；而在描述研究难点时，可以使用"攻克""以期"等词汇。例如，在音乐课题"音乐教师的情绪对音乐课堂的影响"中，研究的重点是音乐教师的情绪对音乐课堂产生的正面和负面的影响，而难点则是如何调节音乐教师的正负面情绪对音乐课堂的影响。因此，在课题研究中，清楚阐释重点和难点是十分重要的。

五、创新之处

在课题申请上，描述创新之处涉及对本课题在学术观点、思想、研究思路和方法等方面的新颖性。这些创新通常体现在相关资料、理论和方法上。具体来说，理论创新指的是学术思想和观点等研究假设得到验证；资料创新涉及研究者获取新材料、新证据或新发现；而方法创新则指申报者提出解决问题的新方法和新途径。值得一提的是，一般性的概念意见和提议通常不被视作创新点。因此，课题申报书中所述的创新之处都应是具有实现可能性的。

第三节　撰写预期成果与研究基础

一、预期成果

课题研究是一个需要研究者不断思考和长期实践的过程。对于一线教师而言，工作实践中主要采用行动研究方法。在课题研究过程中，提炼阶段性研究成果和预期成果是必要的，这需要有过程性的工作记录和调查报告。这些过程中形成的数据支撑能够呈现完整的调查内容与建议，最终形成有价值的阶段性成果。

撰写课题的预期成果时，一般要考虑以下几点：（1）阐明成果的形式，如论文、专著或专利等。（2）在预期成果中明确指出将发表几篇论文或出版几部专著。（3）对于所呈现的成果作品，要注明发表的刊物级别，如果是专著，则应标注出版时间。

关于成果的标准要求，可以参考课题申请通知中的相关要求及管理办法。不同的课题申请对预期成果部分的撰写要求也有所不同。因此，每个课题申请人都应根据具体情况进行写作，不能凭空捏造或不切实际。

申报书中应明确写出成果形式、使用方向和预期社会效益等信息。成果形式包括论文、专著、研究报告等。在填写成果内容时，应有具体名称，例如论文要填写能阐明观点的题目，专著应填写能阐明观点的著作名称，研究报告则应包括预计研究成果的理论意义和实际效用。

二、研究基础

首先，评估研究设计的合理性。课题的研究小组在广泛调查文献和现有数据资料的基础上，充分了解需要解决的问题的现状。基于这些了解，选择某某内容作为研究的主题。在文献检索过程中，介绍了国内外相关研究的现状。综上所述，本课题设计建立在大量前期工作的基础之上，因此是合理的。

其次，良好的科研背景和扎实的前期工作是课题研究成功的保障。本课题的主持人拥有一定的学术积累，并且成立的课题研究小组长期专注于相关领域的研究。该小组在申报课题方面具有丰富的经验，并在相关学术领域发表了多篇论文。此外，课题研究人员的配置既科学又具备实际操作能力，能够全面覆盖课题研究的各个环节。

最后，课题研究的成功依赖于单位的支持和各方面的保障。课题研究是一个周期性的过程。在此过程中，研究人员需要具备一定的科学地位和科技奖项认可。承担课题的主持人必须具备引领性，其综合能力必须强。此外，科研能力和技术力量也需雄厚，以便能够在多方面进行协作。在经费、设备配备和调研等方面，研究人员应能进行合理的资源配置，以确保课题研究的顺利进行。

对于研究基础，申报书要求明确列出"前期研究成果、核心观点"等。前期研究成果指的是申报者需要详细描述其个人已有的研究项目、所取得的成果及其基本观点。申报者应撰写在相关研究领域内取得的学术积累和学术贡献，以及同行的评价和社会影响。然而，应避免提及与申报课题无关的个人声望、水平、能力及获奖和荣誉等。此外，课题研究的团队也是重要的考量因素。主要研究人员的学术研究水平对于整个研究团队的学术水平构成至关重要。因此，在人员配置上，必须充分考虑。

第四节 撰写参考文献

参考文献是指与本课题相关的主要参考文献，一般不超过20条。申报者应写明学界在重要期刊发表的代表性文献及著作。在选择参考文献时，申报者应当注意以下几点：（1）文献的选择具备同行公认的权威性。（2）保持文献的类别性。（3）尽量突出参考最新文献，以关键词研究的文献为主。在撰写参考文献时根据参考资料类型可分为：专著[M]、会议论文集[C]、报纸文章[N]、期刊文章[J]、学位论文[D]、报告[R]、标准[S]、专利[P]、论文集中的析出文献[A]、杂志[G]、数据库[DB]、计算机[CP]、电子公告[EB]、互联网[OL]、光盘[CD]、磁带[MT]、磁盘[DK]。

格式范例：

例1：专著、论文集、报告。[序号]主要责任者．文献题名[文献类型标识]．出版地：出版者，出版年：起止页码（可选）．例如：[1]刘国钧，陈绍业．图书目录[M]．北京：高等教育出版社，1957：15~18.

例2：期刊文章。[序号]主要责任者．文献题名[J]．刊名，年，卷（期）：起止页码．例如：[1]何龄修．读南明史[J]．中国史研究，1998，（3）：167~173.

例3：论文集中的析出文献。[序号]析出文献主要责任者．析出文献题名[A]．原文献主要责任者（可选）原文献题名[C]．出版地：出版者，出版年：起止页码．例如：[1]钟文发．非线性规划在可燃毒物配置中的应用[A]．赵炜．运筹学的理论与应用——中国运筹学会第五届大会论文集[C]．西安：西安电子科技大学出版社，1996：468．

例4：学位论文。[序号]主要责任者．文献题名[D]．出版地：出版单位，出版年：起止页码（可选）．例如：[1]赵天书．诺西肽分阶段补料分批发酵过程优化研究[D]．沈阳：东北大学，2013．

例5：报纸文章。[序号]主要责任者．文献题名[N]．报纸名，出版日期（版次）．例如：[1]谢希德．创造学习的新思路[N]．人民日报，1998-12-25（10）。

例6：电子文献[文献类型/载体类型标识]：[J/OL]网上期刊、[EB/OL]网上电子公告、[M/CD]光盘图书、[DB/OL]网上数据库、[DB/MT]磁带数据库。[序号]主要责任者．电子文献题名[电子文献及载体类型标识]．电子文献的出版或获得地址，发表更新日期/引用日期．例如：[1]王明亮.关于中国学术期刊标准化数据库系统工程的进展[EB/OL]．1998-08-16/1998-10-01．

第十章 优秀课题案例评析

通过前面两章的学习,我们知道了课题研究前期的必要准备、课题选题的内容来源、课题申报书各要素的叙写规范性要求等。本章将以优秀课题为案例,带你经历从"选题"到"方案"到"实施"再到"推广"这一闭环性的完整研究过程,从这些优秀课题案例中获取成功的养分,为我们照亮课题研究的前行之路。

第一节 课题价值评析——说清"为什么"

课题价值品析主要回答"为什么要做该课题"的问题,属于课题的外围论证,但与课题正式实施研究联系紧密,我们只有想清楚了才能做明白。主要是从研究背景、课题依据、核心概念界定、研究现状评述、选题意义等方面阐述。

一、研究背景

【案例1】课题"融入民族文化的幼儿园综合教育课程创新与实践"的研究背景[①]

进入21世纪,课程改革成为教育改革的焦点问题,也成为幼儿园整体改革的核心问题。2001年教育部颁布的《幼儿园教育指导纲要(试行)》(以下简称《纲要》),对幼儿园课程的建构提出总体要求,也为幼儿园课程改革与发

---

① 本课题获2014年基础教育国家级优秀教学成果一等奖,节选内容来源于基础教育国家级优秀教学成果资源服务平台。

展指明了方向,"综合"必将成为幼儿园课程建设新的形态。广西师范大学教育学部侯莉敏教授及其团队十多年来致力于幼儿园综合教育课程改革的持续研究,创新与实践了融入民族文化的幼儿园的综合教育课程之路。

本案例结合课程改革以及教育部颁布的《幼儿园教育指导纲要(试行)》这一时代背景,研究团队从一系列政策文件中明确了幼儿园改革与发展的方向,简明扼要地揭示出综合将成为幼儿园课程建设的新样态,这是对课程改革的回应,点明了这一课题与教育改革之间的关系。在背景中还提到了研究团队的研究基础,历经数十年的持续研究,适应着新形势的变化,满足新课改提出的新要求。

【案例2】课题"重构校园生活:普通高中大美育课程体系建构"的研究背景[①]

江苏省南菁高级中学是一所有着136年历史的百年名校,从这里走出了黄炎培、陆定一、吴文藻、汪曾祺、沈鹏、顾明远、金立群等杰出校友。从传统书院到现代高中,美育已经融入南菁的文化血脉。通过实施大美育,今天的南菁高中既保有百年书院的学府气质,更彰显出与时俱进的时代风采。南菁师生的蜕变与成长,皆是一段段追寻与体验"美"的旅程……

这个选题背景基于学校独有的实际情况,介绍学校的历史沿革和人文底蕴,虽只有短短几句,但已经交代清楚了该校选择此课题研究的独特性,反映出学校在发展过程中通过美育建构学校文化的特色。南菁师生蜕变与成长的过程与追寻体验"美"的旅程相对接,证明课题研究的合理性与可行性,这样追寻"美"的实践活动就是该课题研究的实践基础和实践依据。

二、课题依据

【案例3】课题"多元文化视域中的音乐教育哲学思想研究"的选题依据[②]

音乐教育哲学是关于音乐教育的世界观和方法论的学说,是音乐教育学研

---

① 本课题获2018年基础教育国家级优秀教学成果一等奖,节选内容来源于基础教育国家级优秀教学成果资源服务平台。
② 本课题为绵阳师范学院罗凌教授主持的2013年四川省社科规划学科建设课题。

究的重要领域。主要从宏观视野，运用哲学、美学、音乐学、教育学、人类学的原理，对音乐教育性质、价值、目标的进行思考与探讨。从历史的视野看，我国对音乐教育哲学问题研究的渊源可以追溯到春秋战国时期，在欧洲则可以追溯到古希腊。然而，把音乐教育哲学作为一个学科方向对其进行系统研究，在国外始于20世纪60年代，我国始于20世纪80年代。由于受不同文化与哲学思潮的影响，国内外研究领域先后出现了"审美音乐教育""反思性实践音乐教育""功能主义音乐教育""多元文化音乐教育"等较有影响的音乐教育哲学流派。我国相关领域研究成果大致可以分为以下几个方面：

一是对国外音乐教育哲学思想研究与介绍，其中主要是关于"审美音乐教育"哲学以及"反思性实践音乐教育"哲学思想的译介与述评。（后略）

二是对不同音乐教育哲学思想进行比较研究。（后略）

三是从哲学与文化的维度对不同音乐教育哲学思想进行反思与批判。（后略）

四是结合我国音乐教育实际，对我国现行普通音乐教育课程的哲学基础，以及如何选择和构建适合中国国情的音乐教育哲学进行探讨。（后略）

该课题属理论研究范畴，该摘选部分是对音乐教育哲学研究学术史梳理。研究者是站在音乐教育哲学史的视域从国外到国内逐一梳理音乐教育哲学大家的思想和观念，尤其是以中国音乐教育历史为线索，对中国音乐教育哲学思想史进行梳理，挖掘出科学体系中的概念、定理为课题的理论依据。研究者对相关的理论知识掌握得越扎实，在课题研究中运用得越好，这些理论就越能够促进课题研究。

【案例4】课题"融入民族文化的幼儿园综合教育课程创新与实践"的选题依据[①]

2003年2月，研究团队即展开了对广西幼儿园课程实施现状的调研，调研遍及广西柳州、桂林、南宁、百色、玉林等各地市60所幼儿园，幼儿教师1200余名。调研发现：课程在内容建构中，与文化的关联不够，即特定的文化背景为儿童设计的内容是不够的；同时，教师不能成为课程与资源的开发者，教育教学观念落后，课程资源贫乏。通过对调研结果的分析整理，集结成广西幼儿园

---

① 本课题获2014年基础教育国家级优秀教学成果一等奖，节选内容来源于基础教育国家级优秀教学成果资源服务平台。

课程改革与发展迫切要解决的问题：

（一）挖掘整理多元民族文化资源，调整幼儿园课程内容及其结构。

（二）让教师成为幼儿园课程开发的主体，改变教育教学观念与行为。

（三）搭建共享资源平台，创新幼儿园课程资源的实践模式。

该课题通过现状调研，对选题进行了可行性论证。调研中反映出的问题是广西幼儿园综合教育课程建设发展中迫切需要解决的问题，通过对问题的提炼，我们能够非常清晰地看到目前存在内容与结构不系统、观念与行为落后、实践模式缺失三方面问题。对实践反映得越深刻、越具体，课题的实践依据就越充分，越有说服力，其指导课题科学化、系统化研究的价值和意义就越大。

三、核心概念界定

【案例5】课题"区域义务教育阶段学校艺术课程实施质量监测与评估研究"的概念界定[①]

区域指一定范围的地域空间，是人们在地理差异的基础上按一定的指标和方法划分出来的。本研究特指县级行政区域。

实施质量是对教育水平高低和效果优劣的评价，最终体现在培养对象的质量上。这里指的是学生艺术学科知识、技能的学习在动态变化过程中所表现出的具体程度。在本课题中艺术课程的实施质量主要包括对学生的学业情况、教师的课堂教学与课程建设、学校的艺术教育管理三个主体的过程性和终结性评价。

监测与评估指注重于观察的监测与操作行为模式的评估与论证。在这里主要指对学生学业发展水平、艺术课程建设与课堂教学、学校艺术教育管理三个维度的监测与评估。

该课题中的概念既有一般描述，又有特指含义。如对"区域"的界定，前一句是通识性定义，后一句是针对本课题研究的范围特指。"实施质量"和"监测评估"同样是如此，通过特指定义，我们便知道了本课题研究针对的是

[①] 本课题为成都市温江区教育科学研究培训中心刘吉全老师主持的2017年成都市教育科研重点课题。

学生、教师和学校，关注内容主要是与学生对应的学业发展、与教师对应的课程建设、与学校对应的教育管理。通过核心概念我们可以大致把握课题的研究主题与内容。概念的界定是一个不断缩小研究内涵、研究范围的过程，概念具体、界限明晰了，我们才越容易把握研究方向。

四、研究现状评述

【案例6】课题"区域义务教育阶段学校艺术课程实施质量监测与评估研究"的文献综述[①]

课题组通过中国知网数据库输入关键词"艺术课程实施""质量监测与评估"，并选择高级检索2008—2018年近10年发表的期刊、硕博论文进行全文搜索。经精心挑选与甄别，从3000余个相关词条中提取出与"区域""义务教育阶段"相关性较强的文章，通过整理、分析文献研究发现：

一、基于国家层面的艺术课程实施质量监测与评估

（一）美国、新西兰艺术教育质量监测现状

国际上在国家层面最早开展艺术教育质量监测的国家主要有美国和新西兰。两个国家已分别开展了6次和4次艺术教育质量监测。美国艺术教育监测（简称NAEP）涵盖音乐、视觉艺术、戏剧与舞蹈三个学科门类。新西兰全国教育监测项目（简称NEMP）测试对象为四、八年级在校学生。依据《艺术教育国家标准》提出的艺术在四个方面的成就水平，美国和新西兰的艺术教育质量监测经验的共性有：一是在监测目标的制定上，侧重全体学生的艺术教育。（后略）

（二）我国基础艺术教育质量监测现状

2015年，国务院教育督导委员会办公室发布了《国家义务教育质量监测方案》，提出从2015年开始，在全国范围开展基础教育质量监测，每年两个学科，三年一轮。艺术是六大监测学科之一。（后略）

二、基于区域层面的艺术课程实施质量监测与评估

近几年，在国家出台的《中小学生艺术素质测评办法》等系列文件的指引

[①] 本课题为成都市温江区教育科学研究培训中心刘吉全老师主持的2017年成都市教育科研重点课题。

下,部分区域开始研究本地的做法,尤以我国发达地区研究最盛。杭州市余杭区对学生的综合素质评价包括审美与艺术、运动与健康、劳动与技能、探究与实践四个项目。太原市于2010年开始启动中小学音体美课堂教学质量监测,以学科课程标准为依据,以学生学业水平为视角,以表现性评价为切入点。上海市普陀区对艺术学科的评估主要涉及两个方面:一是教师的专业能力,二是学生的学业质量。(后略)

三、基于音乐、美术学科层面的学生学业发展水平监测与评估

厦门市从"望闻问切"四个方面分别对国家音乐监测文件进行解读,通过监测找到问题及原因,找准课堂教学和学生学习方向,实现生本乐本课堂。重庆市渝北区以重点课题方式对音乐课程评价监测进行实践研究,形成了"123"音乐课程评价监测体系。(后略)

刘晶晶老师在音乐课堂上建立"五颗星评价系统",对学生学习进行过程性评价与记录。夏妍、李小秋、张向东等多位老师在各自的论文中均提到音乐课堂学生学习评价,主要是将发展性评价与终结性评价结合。(后略)

综上所述,关于课程实施质量监测与评估的理论与实践已有大量论述。研究者对课程实施质量监测的价值有较高的认识。然而,如何在区域层面及学校教育中真正落实这些研究理论与实践,相关的探讨却相对较少。(后略)

这一则综述属于"分类述之,最后总评"类型,主要有以下特点:(1)在综述前言部分,研究者开门见山提到运用CNKI数据库,采取输入关键词检索的方法,并提到搜索的时间跨度是"2008—2018年"十年的研究,继而又锁定搜索范围是期刊、硕博论文。这样的引言言简意赅,一看便知具体操作方法,也能凸显文献研究的全面性和真实性。(2)正文部分是分类阐述,各小标题指向明确,逻辑清晰。研究者从国家层面、区域层面、学科层面三层次切入,包括国外国内的研究阐述及共性分析,我国沿海地区与内陆地区研究分析,音乐、美术学科及教师研究关注点,阐述内容全面、客观、翔实。(3)结尾总评,客观分析。文献综述中整体呈现出分总关系,通过分类叙述,最后总体总结,肯定前人的做法、经验和贡献,并结合现有研究分析还存在的问题做客观分析,目前研究的问题点和局限性才是本课题研究的价值和意义所在。

五、选题意义

【案例7】课题"多元文化视域中的音乐教育哲学思想研究"的选题意义[①]

第一,理论意义。从现有研究成果看,我国相关领域研究侧重于国外音乐教育哲学思想研究的较多,而对我国传统音乐教育哲学思想研究的较少;特别是对中国音乐教育思想整体的历史发展脉络缺乏总体的分析与提炼。因此,本研究将以中国音乐教育历史为线索,对中国音乐教育哲学思想史进行初步的梳理,进一步丰富我国音乐教育哲学研究的理论成果。

第二,实践意义。从已有研究成果看,大多以西方教育理念、美学观念或哲学理念为理论基础,忽略了中国文化语境中音乐教育哲学有其不同的内涵与发展路径。同时,在研究视角与方法上,部分研究采用二元对立的方法,把不同音乐教育哲学思想对立起来,强调新理论的超越性,全盘否定原有理论的合理性。因此,本研究将立足于中国特定文化语境,综合运用多元文化与文化生态学等多学科理论,考察中国音乐教育哲学思想的发展历史,力图在研究方法上实现多学科的"视域融合"。

案例中将选题的理论意义和实践意义分开阐释。在"理论意义"阐述中,基于对已有研究分析的基础上发现不足,通过该课题的理论研究带来新的内容以及对已有理论研究的丰富与发展。在"实践意义"部分侧重于对"中国文化语境中音乐教育哲学不同的内涵与发展路径重视不够"以及"普遍存在的二元对立的方法"等研究现状从研究方法和操作手段上进行改进。这两部分内容没有产生交叉、混淆的情况,条理清晰,指向明确。

第二节 课题内容评析——说清"做什么"

该部分是与课题研究直接相关的内容,主要回答"课题将要做什么"的问题,围绕研究目标与研究内容两个重要部分,通过列举案例,阐明研究目标对课题的定向与指导作用,呈现研究内容的具体化、明确化的样态。

[①] 本课题为绵阳师范学院罗凌教授主持的 2013 年四川省社科规划学科建设课题。

一、研究目标

【案例8】课题"区域义务教育阶段学校艺术课程实施质量监测与评估研究"的研究目标[①]

（一）总体目标

构建具有区域特色的中小学艺术课程实施质量评价体系，持续、深入地监测区域内中小学艺术课程实施过程与结果，评估现状、找准问题、寻求策略，为学生、教师、学校在艺术课程学习、教学、管理方面提供持续发展动力。

（二）具体目标

第一，构建具有区域特色的区域义务教育阶段学校艺术课程实施质量综合评价体系。开发音乐、美术学科课程实施质量监测与评估指标体系、中小学生艺术素养测量工具。

第二，研制针对我区中小学艺术课程实施质量的课堂教学评价量表。关注学生艺术学科核心素养的培养和提升，引领艺术教师不断提升课堂教学效益。

第三，探索一个适合区域实际，具有鲜明特色的艺术课程实施质量监测与评估操作模式。让本区艺术课程实施质量监测与评估操作模式具有可操作、可复制特点，能在更大范围内推广应用。

第四，形成本区中小学校艺术课程实施质量监测与评估报告。通过"分析数据—厘清问题—探寻策略—落实行动—调研成效"这一路径为学校艺术课程建设提供指导及建议，整体优化全区中小学艺术课程教育教学。

在教学中我们都非常清楚教学目标对顺利实施课堂教学的重要作用，在课题研究中，研究目标与教学目标的价值等同，它是研究的"航标"，是一项课题研究要达到的结果，也是对所研究的问题解决程度的标识。在本案例中，对于研究目标的阐述也是花了心思的，分别从总体目标和具体目标两个方面出发，力争将研究目标说清楚。案例中的总体目标是从宏观层面对目标进行方向引领，"监测区域内中小学艺术课程实施过程与结果"以及"为学生、教师、学校在艺术课程学习、教学、管理方面提供持续发展动力"的描述锁定了目标定位与受众。在此基础上树立了四个目标，每条目标均涉及"意图+"或"所求

[①] 本课题为成都市温江区教育科学研究培训中心刘吉全老师主持的2017年成都市教育科研重点课题。

结果+"的叙述方式。

第一条目标基于"构建具有区域特色的区域义务教育阶段学校艺术课程实施质量综合评价体系"的意图，从"开发音乐、美术学科课程实施质量监测与评估指标体系""中小学生艺术素养测量工具"两方面对该意图进行了分解。

第二条目标从"研制针对我区中小学艺术课程实施质量的课堂教学评价量表"说起，引申到该目标产生的作用和意义，即"关注学生艺术学科核心素养的培养和提升，引领艺术教师不断提高课堂教学效益"。

第三条目标立足于"探索适合区域实际的、具有鲜明特色的艺术课程实施质量监测与评估操作模式"，也阐述出更长远的打算，能够"具有可操作、可复制特点，能在更大范围内推广应用"。

第四条目标提到了"形成本区中小学校艺术课程实施质量监测与评估报告"的所求结果，同时也以路径图方式，展现出得到结果的手段，看得到结果体现的价值。

这四条目标不仅对要解决的问题有清晰而具体的目标描述，而且条分缕析呈现目标，体现出目标的层次性和条理化。

二、研究内容

【案例9】课题"区域义务教育阶段学校艺术课程实施质量监测与评估研究"的研究内容[①]

1. 区域义务教育阶段艺术课程实施情况现状研究

通过文献研究、问卷调查、走访调研等方式，形成《区域义务教育阶段学校艺术课程实施情况现状调研报告》，找准本研究的起点和方向。

2. 义务教育阶段学生艺术素养测量工具及方法研究

依照国家政策文件精神，基于艺术学科教材及课程标准，结合本区域中小学艺术课程实施实际，坚持过程与结果并重的原则，研制出中小学生艺术素养测量工具，以及实施测量切实可行的方式和手段。

3. 义务教育阶段艺术课堂教学评价研究

通过文献研究和行动研究，研制体现艺术课程特点和现代教学主张的中小

---

① 本课题为成都市温江区教育科学研究培训中心刘吉全老师主持的2017年成都市教育科研重点课题。

学艺术课堂教学评价量表。

4. 义务教育阶段艺术课程实施质量监测与评估模式研究

在实践操作过程中，逐渐探索出一个适合本区域特点的，并可供借鉴推广的中小学艺术课程实施质量监测与评估模式，主要围绕"体系架构—资源载体—实施路径—数据分析—对标问题—落实策略—调研成效"这一框架进行构建。

该案例与研究目标中的案例均出自同一个课题，目的在于体现研究目标与研究内容的一致性。研究目标是通过研究内容来实现的，研究内容实则是对研究问题本质的理解和思考，也从侧面反映出研究思路是否清晰。

本案例的呈现模式是"研究内容+简要介绍"，这种呈现方式不仅使研究内容条目清晰，而且还能较准确把握住落实这些研究内容的具体方式与途径。在目标与内容的对应上，我们可以清晰辨别：对"艺术课程实施情况现状研究"及"测量工具及方法的研究"指向"课程评价体系开发"目标的达成；对"已有艺术课堂教学评价研究"指向"研制课堂教学评价量表"目标的达成；对"质量监测及评估模式的研究"指向对"操作模式建构"和"评估报告形成"的目标达成。在实际撰写过程中，老师们往往将研究内容描述得比较笼统、模糊，甚至错把研究目的、意义当作研究内容，这些都是值得注意和需要避免的。

第三节　课题操作评析——说清"怎么做"

课题操作主要回答"课题应该怎么做"的问题，主要评析优秀案例中的研究思路、研究方法、研究步骤、成果推广四项内容，这四项内容也体现出研究的进阶过程，由想法落实到实践，由成果发展为推广。

一、研究思路

【案例10】课题"多元文化视域中的音乐教育哲学思想研究"的研究思路[①]

本研究首先立足于中国音乐教育发展的独特文化语境，从理论上对音乐教

[①] 本课题为绵阳师范学院罗凌教授主持的2013年四川省社科规划学科建设课题。

育哲学思想研究的范畴、内容以及学科边界进行重新界定。在此基础上确定中国音乐教育哲学几个发展历史阶段的划分，确定各个历史时期重点研究的音乐教育哲学相关著述、代表人物以及重要的史料等文献资料。最后总结出各个不同历史时期音乐教育哲学思想的主要特点，并运用文化生态的方法分析不同历史时期音乐教育哲学与整体文化生态的关系。

该案例明确且清晰地呈现了研究者对课题研究的整体规划，讲清楚了这项研究打算怎么做。我们可以把握到：（1）研究的立足点是"中国音乐教育发展的独特文化语境"，限定了研究的界限。（2）通过从理论上重新界定音乐教育哲学思想研究的范畴、内容和学科边界，以及对两个"确定"、一个"总结"的内容，我们很清楚了解到本课题采取的主要研究方法是文献研究。（3）由点及面，由各类材料的梳理分析到关系网络的建立，我们看到了研究者背后的思考和做法。

二、研究方法

【案例11】课题"多元文化视域中的音乐教育哲学思想研究"的研究方法[①]

第一，本研究在宏观上采用历史与文化交叉研究的方法。以中国音乐教育哲学思想历史与发展为脉络，综合运用历史研究与文化研究交叉的方法，既从历史纵轴上注重中国音乐教育哲学思想的传承、演变与创新，同时在文化横轴上也要考察不同时期的社会政治、经济、文化、教育、艺术等文化生态因素对音乐教育哲学的影响，通过"视域融合"获得中国音乐教育哲学发展脉络与动因的全面而深入地把握。

第二，本研究的具体研究方法主要是文献资料法。通过对中国音乐教育哲学思想不同时期重要著述、相关史料的收集、整理、分析，已获得音乐教育哲学思想的主要特征与成因。本研究也会部分运用到比较法，包括不同时期音乐教育哲学思想的比较，中外音乐教育哲学思想的比较等。

---

② 本课题为绵阳师范学院罗凌教授主持的 2013 年四川省社科规划学科建设课题。

本案例是基于研究内容来确定研究方法，因为该课题偏重于理性化的分析研究，所以在宏观上运用史学研究方法把握方向，从微观上采用文献研究及对比分析法具体落实。在这一课题中研究方法并不多，以文献研究为主，其他方法为辅，抓住了关键、有用方法进行阐述。

【案例12】课题"区域义务教育阶段学校艺术课程实施质量监测与评估研究"的研究方法[①]

①文献研究法

对近几年关于"学生学业评价""学生发展核心素养""艺术学科教学与评价""监测工具的开发"的文献资料进行收集，特别是有关学业监测与评价方面具有成功经验的文章进行系统归类，并作比较性研究，在此基础上筛选出有效经验为本课题所借鉴。

②数理统计法

在研究过程中，通过大数据采集、导入和预处理，运用统计学方法对学生艺术学业水平监测数据进行分析研究。

③经验总结法

对实践活动中的具体情况及时进行归纳与分析，不断改进测评工具和监测方式，认真撰写经验总结和评估报告，使课题研究系统化、理论化，提高本课题的研究质量。

本案例采用了研究方法写作的常用格式，即列出采用的科研方法稍加说明，无须花费更多笔墨。案例中列出了文献研究法、数理统计法、经验总结法，并对研究方法在课题中的运用情况做简明扼要的阐述，揭示出研究方法与研究课题之间的内在关系。老师们在选择研究方法时，要避免研究方法的堆砌，并非多就好，合适且恰当才是关键。此外，对于研究方法的说明，应侧重于其实际应用，而非仅仅解释概念，说清楚"怎么运用"或"用在何处"，让研究方法与课题内容建立联系。

---

① 本课题为成都市温江区教育科学研究培训中心刘吉全老师主持的2017年成都市教育科研重点课题。

三、研究步骤

【案例13】课题"区域义务教育阶段学校艺术课程实施质量监测与评估研究"的研究计划[①]

第一阶段：研究准备阶段，2017年5月—2017年12月

本阶段为课题研究准备阶段，着力于现状调研、课题设计、文献查阅、申报立项、组建研究队伍，做好研究实施的相关准备工作。

1. 开展区域艺术课程实施情况的调研、收集工作。
2. 形成《区域义务教育阶段艺术课程实施情况现状调研报告》
3. 撰写研究方案，申请立项。

第二阶段：研究实施阶段，2018年1月—2019年11月

本阶段着力于实践探索，形成课程实施质量监测与评估策略，围绕研究内容推进研究实践。其中第二年侧重在深化研究上，综合研究实验的各项成果，探索存在的问题，修正研究与实验偏差。

1. 形成区域艺术课程实施质量监测与评估的评价系统。
2. 研制出区域艺术课程实施质量监测与评估的测量工具。
3. 在样本学校开展系列研究实践及验证活动。

第三阶段：研究总结阶段，2019年12月—2020年4月

本阶段着力于成果总结、提炼及效果监测，提炼研究成果，形成本课题研究结题报告。

1. 收集整理有关数据、材料，提供相关支撑材料：图片、论文、各类文本。
2. 撰写课题结题报告，进行结题评审。

该案例展示了老师们常用的三阶段研究步骤：准备阶段、实施阶段和总结阶段。每个阶段都明确了起讫时间。在每阶段开始前，会先概括该阶段的重点任务。这种条理化的研究路线呈现方式，不仅帮助研究者根据既定安排有序实施研究，还便于在研究过程中进行自我提醒与督促。同时，它也为课题管理者提供了依据，以便对课题研究的各阶段进行检查和管理。

---

① 本课题为成都市温江区教育科学研究培训中心刘吉全老师主持的2017年成都市教育科研重点课题。

四、成果推广

【案例14】课题"面向全体学生绘画能力提升的"拼图绘画"教法创新实践"的成果推广[1]

第二阶段全区社团活动模式推广实施：

1. 2010年拼图绘画法开始在北关区美术课堂教学中应用。全区22所小学参与实践，并逐步形成全区美术特色。

2. 2011年1月首批师生拼图绘画作品在"北关区艺术教师美展"活动中亮相。

3. 2014年3月开展"水与自然"拼图绘画比赛。

4. 2017年1月进行"手机拍校园里的我"拼图绘画比赛。学生熟练运用拼图绘画法，进入创作阶段。

案例中的成果通过课程、展览、比赛等形式进行推广，这种推广方式比较适合学校，一边研究一边推广，在修正中又不断完善。这类课题研究本就来源于教学中的真实问题，取之于生用之于生，让学生成为课题研究的受益者，发挥了课题真正的效益。展览、比赛作为课程学习的后续，很好地承接了课程的实施效果，打通了成果推广的影响力。

【案例15】课题"区域义务教育阶段学校艺术课程实施质量监测与评估研究"的成果推广[2]

关于召开"2020年义教段艺术课程实施质量监测阶段成果交流暨工作推进会"的通知

各中小学校：

本年度已开展了"义教段艺术课程实施质量监测"及"艺术课程实施优秀成果评选活动"两项工作，各校在学生艺术学科素养、艺术课程建设与实施、

---

[1] 本课题获2018年基础教育国家级优秀教学成果二等奖，节选内容来源于基础教育国家级优秀教学成果资源服务平台。
[2] 本课题为成都市温江区教育科学研究培训中心刘吉全老师主持的2017年成都市教育科研重点课题。

艺术课程管理与保障方面均取得了进一步的发展和提高。为总结这一年来学校艺术教育的亮点，推广优秀艺教成果，进一步推进我区学校艺术课程实施质量，经研究，决定召开"义教段艺术课程实施质量监测阶段成果总结交流暨工作推进会"。现将会议相关安排通知如下：

一、会议时间、地点

二、参会人员

三、会议议程

四、成果颁奖

（后略）

该案例以召开会议形式推广研究成果，这个过程既是一个课题研讨、论证、推广的过程，也是区域艺术学科培训过程，通过该会提高参会者对课题及成果的了解度和认同度，更加有利于课题的深入研究和纵深推进。

第四部分
名优教师专业素养提升与自我成长

百年大计，教育为本；教育大计，教师为本。知名教育学者朱永新教授曾说，没有教师的发展，就永远不会有学生的成长；没有老师的幸福，则永远不会有学生的快乐。教师传道授业解惑，除了必须具备高尚的职业操守和深厚的理论知识外，还要具备高超的专业能力。可以说，教育的成败与得失，关键在教师的专业素养。

第十一章　音乐教师专业成长

中小学音乐教育作为学校美育工作的重要内容，对提升中小学生音乐素养和审美意识、培养中小学生创造性思维和创造能力、塑造青少年品格和意志方面发挥着不可忽视的作用和价值。2020年10月，中共中央办公厅印发了《关于全面加强和改进新时代学校美育工作的意见》（下称《意见》），提出：将学校美育作为立德树人的重要载体，引领学生树立正确的历史观、民族观、国家观、文化观，陶冶高尚情操，塑造美好心灵，增强文化自信。学校美育课程以艺术课程为主体，主要包括音乐、美术、书法等课程……义务教育阶段和高中阶段学校严格按照国家课程方案和课程标准开齐开足上好美育课。该《意见》进一步强调了音乐教育课程在中小学教育体系中的重要地位和作用。

作为中小学教育课程的实施者和引导者，中小学音乐教师的专业发展对于新时代学校美育工作的实现有着积极的促进作用。教师是自身专业发展成长的主人，中小学音乐教师更应有效激发个人的发展意愿、实现专业发展的巨大变革，从而更好地为新时代学校美育工作贡献自己的力量。

第一节　教师专业成长规划

音乐课程是我国基础教育全体学生的一门必修课，具有鲜明的审美性、情感性、实践性、创造性、人文性。音乐课程是对学生实施美育的重要途径，对于未来创新型人才思维、能力的培养有着不可替代的重要作用。而教师是实施音乐教育的主体，音乐课程质量的提高与音乐教师的发展息息相关。

关于教师的专业发展，许多学者都提出了各自的理论，都强调了以专业成长为核心的职业生涯发展。教师在求学毕业并进入教师职业后，实际上是步入了一个持续学习和成长的新阶段。这个过程既复杂又充满挑战，每位教师都会根据自己的情况选择不同的路径和方式前行。针对中小学音乐教师的专业发展状况，我们进行了深入的梳理和分析，并在此基础上提出了一些策略。

一、中小学音乐教师专业发展存在的不足及原因分析

（一）职业理想的正确树立

每个人成为一名教师都有着最初的梦想。在社会浪潮的冲击和客观因素的影响之下，如何持续激发教师专业成长的动力，如何将从事教师职业转化为创造教育事业的理想，以及如何促进教师正能量的专业成长，这些问题日益凸显，亟待解决。教育的根本在于"立德树人"，而教师的初心则建立在成为"四有好老师"的基础上。从事教师职业，需要有甘为人梯的情怀，用真情浇灌桃李芬芳，用真心诠释为人师表的角色。

（二）课例研讨的有效反馈和调节

课例研讨的流程通常为：先由教师进行课堂教学展示，再到教师说课，阐明自己的设计意图、教学方法、策略的选择、教学目标的达成情况及不足之处，最后由教研员进行评价并提出建议。整个过程中除了授课教师、教研员和部分参与发言的教师对研讨活动有较强的主动性。但现实中大部分教师的参与意识还比较弱，参与课例研讨的积极性不强，鲜有时间和精力对自己的日常教学进行反思。我国著名心理学家林崇德就提出"优秀教师=教学过程+反思"，因此，我们教师在课例研讨中要树立问题意识，并在观摩、记录、思考的过程中形成对问题的反思，逐步形成教学反思能力。

（三）教师参与研修活动的保障与自我的积极性

当下，师资储备不足已成为制约音乐教师专业发展的重要因素之一。现行的学校管理制度基本上只能为音乐教师提供参加校本培训和区域教研的时间保障，当需要短期离岗参加其他区域或部门组织的研修活动时，就会造成学校内部的"培训式缺编"。因此，这种工作与学习的冲突导致一些乐于学习且善于思考的音乐教师不得不忍痛放弃宝贵的学习机会。但客观来讲，不少音乐教师

在个人发展上缺乏积极向上的自我支持。这可能是由于时间管理不当、资源获取困难等多种因素造成的。

（四）教师开展教育科研的缺乏

教育科学研究是一种运用科学方法，有目的、有计划地探索教育规律的认识活动。研究的对象和教师的工作紧密相连，涉及教育教学的各个方面。现代教育的发展要求中小学教师必须树立研究意识，培养研究能力，用科学的方法探索事物发展的规律，逐渐朝"研究型"教师的方向迈进。随着音乐教师专业能力和综合素养的提升，教师主动参与教育科研或开展课题研究的意识逐渐增强，但对于方法的掌握还有一定差距。因此经常会听到"宁愿多上几节课，也不愿意参与课题研究""为了评职称，只能硬着头皮去申报课题，还不知道能不能通过""这个课题具体怎么做""研究报告不会写"等。

现实中大多数教师缺乏在选题、资料收集、研究方案设计、过程实施、撰写研究报告等各个环节的指导，所以，就要多看相关书籍，多参加专业的学术活动，增进对学科发展动态和学科前沿理论的了解，使自己的研究能够紧跟音乐教育改革发展的步伐。

二、音乐教师专业发展策略

教师专业发展是教师职业道德、教育能力、学术水平等各方面的整体发展，其目标在于促进个人自我实现，提升整体教育质量。在这个连续、动态的过程中，音乐教师要做好专业发展的整体规划，充分发挥现有发展的优势，改进自身的不足，并在借鉴已有教师专业发展模式成功经验的基础上，创新成长模式，为专业发展提供多样化的途径。

（一）注重专业成长共同体，增强课例研讨的实效

教研组是教师专业发展的基层组织，通过定期开展集体备课、听课评课、专题教研等学习活动，就教材资源开发、教学方案设计、课堂教学实施中存在的问题交换意见并展开讨论，在交流过程中能够相互学习、相互启发，是教师专业成长的重要阵地。

由于大部分学校音乐教师资源匮乏，多所学校共建音乐教研片区组共同体便成了必然趋势，此举有利于最大化地整合各学校或教师所具有的优势资源，为音乐老师提供更好的专业成长平台。每次的专业发展活动，诸如观摩优秀的教学示范、参与社团排练、小型音乐沙龙、研究教材歌曲弹唱、课例研讨以及专题研究等，都不仅是名优教师展示其专业素养的舞台，同时也是普通教师展现自我成长和教学风采的重要平台。这些活动不仅促进了名优教师的专业素养提升，也为普通教师提供了宝贵的学习和成长机会。教师专业成长共同体，有效促进了教师间的优势互补和共同成长，拓宽了教师专业发展的途径。

（二）紧跟名优教师专业引领，参加名师工作室，提升自我发展

教师的成长需经过两个阶段，第一次成长是成为校级、区级骨干，这是比较容易的。但再往上突破，实现第二次成长，具有区级以上的专业影响力，这是有难度的，则需要教师打破自身固有的生活和工作圈，去找寻能够引领自己成长的专家导师（亦即名优教师）。

名优教师所拥有的教育教学理念、教学实践能力与科研能力是经过多年教师生涯的磨砺和经验的积累而逐步形成的，他们不仅有丰富的教育智慧储备，而且善于不断学习、提升自我，在带动区域教师的专业发展中，起到了积极的推动和帮带作用。因此，名优教师在教师队伍中有着极强的示范效益和引领力量。通过参加名师工作室等途径，着力实践经验、理论水平的提升和个性发展，不断提升教学创新能力和学术研究能力，实现从"教学型教师"向"科研型教师"的转型，是每个有志于促进自我发展的教师必走的路。

（三）养成教学反思与研究的习惯

教师专业发展既是一个持续成长的发展过程，也是一个不断地实践、反思、探究的过程。教师在工作中以自己的思想和行为作为研究对象，并对自己工作中所表现出的行为及结果进行分析，这一过程就是反思，其在教师专业发展的进程中的作用不可小觑。作为中小学音乐教师，无论处于哪个发展阶段，不论教龄长短或教学经验多少，都应善于反思每次的教学活动。这包括分析学生是否接受了教学内容，评估课堂教学是否达到了预期效果，以及识别教学

中的优点和不足。此外，还应思考如何通过不同的方法和策略来进一步改进教学。

首先，做好关键事件的记录。时常记录在自身专业发展过程中影响颇深的关键事件，既能为自己事后回顾、总结自我专业发展积累宝贵材料，又可以当作对自己教育教学经历归纳、总结、分析的反思过程，有效形成指导自身教学行为的系统性策略。此举是深刻、细致的，对教师进行反思性实践具有重要的作用和意义，且教师在记录过程中可以清晰地看到自我发展轨迹及内在专业结构的变化过程，从而能够为更好地实现个人专业发展奠定基础。

其次，积极互动交流。教师的自我反思很容易因为自身认识水平、思维方式的有限，拘泥于自己的视野和意图框架中。因此，中小学音乐教师们需要与他人进行互动交流，如集体备课、聆听专家的讲座与座谈、积极与学生沟通等，以此反思自身教学观念及教学行为。通过交流，教师可将他人的知识与信息为自己所吸收，且在交谈过程中自己的思维火花也可被他人的观点所点亮，真正实现不同视界，的汇集和交融，使各自的认知偏见从而在一定程度上得以修正，并形成新的视角，产生更为深刻的反思。此外，彼此间的交流沟通可以为教师提供情感上的支持、有效地减少教师反思过程中的无助感和孤独感。

最后，参与教育研究。教师要积极主动地参与到教育研究中，这是教师成长为反思型、专家型的教师的有效途径。众多教育实践证明，教师参与教育研究可使得自身在研究工作中获得理性的升华，提高自己的思维水平和精神境界，从而深刻感受到自身存在的意义和价值。与此同时，教师在参与教育研究的过程中，其自身的反思能力可得到充分的强化和提高。

（四）提升内在动力，鼓励专业自主发展

教师专业发展的本质应是教师把自己作为发展的主人，充分发挥自身的主观能动性，通过自主学习、愿景规划、制订个人发展计划和阶段性的自我评价，促进个体自觉主动地发展。在传统的教师专业发展规划中，教师总是处于被动接受的状态，而课程改革要求教师必须具备终身学习的能力，在学习的过程中更新教育观念、完善知识结构，不断提高自我，甚至超越自我。因此，教师要始终关注教育改革发展的动向，唤起对自身专业发展的责任感，激发在专业自主发展中的内在动力。

每一位教师专业发展规划都有各自的适用性和实现目标，但也有自身的局限性，它们不会各自孤立地存在。教师专业发展是教师综合能力的提升，需要在一定的条件下发挥整体的优势，才能保证各种资源的合理配置与使用。同时，科学、合理的教师专业发展规划的构建应以客观现实条件为依据，既要立足教育发展需求，又要注重教师个体的特色培养，还要密切结合现行教育阶段的课程改革，只有如此，才能更加有力地推动教师自身的发展。

第二节 优秀教师成长故事

一个人的优秀成长一定是"前有标兵，后有追兵"，时刻提醒自己在不懈努力中与时俱进，更好地发展自己。一线教师的专业成长不仅需要理论支持，更重要的是实践性知识和经验性知识。本章节选了音乐名师的教育自传，以便我们能更清晰地了解他们的自我成长轨迹和专业发展过程，并跟随他们的成长足迹，汲取优秀音乐老师的职业理想和一专多能、明确目标、勇于奋进的实践智慧。榜样的力量是无穷的，让我们学会规划未来，勇于超越自我，让优秀音乐教师的光芒，从梦想照亮现实。

成长故事范例

"三心"促"三进"
——四川省特级教师张伟成长记

他怀着对音乐教育的满腔热爱一路精进，多年的厚积薄发，一跃成长为四川省特级教师。他从小学教师起步，与梦共进，到扛起示范一片、引领一域大旗的音乐教研员。他从音乐教育的弄潮儿，勇猛突进，到让涪城区音乐教育教学教研勇立潮头的点灯者，他就是四川省绵阳市涪城区教育研究室音乐教研员张伟。他常把"心有多大，舞台就会有多大"这句话与身边的同行同事分享共勉。对听者而言，这或许就是一句充满正能量，让人热血沸腾的话，对他而言，就是多年如一日的"心"成长修炼术，让他在音乐教育的道路上，驰而不息，充满动力。

恪守初心，一个音乐耕耘者勤于精进

迎着新世纪的曙光，带着老师的厚望与心中的梦想，踌躇满志、满腔热忱的张伟走进了绵阳市先锋路小学，开始了光荣而自豪的小学音乐教师生涯。

初上讲台，张伟延续了在学校学习时"拼命三郎"的干劲儿，虚心向学校和区上的优秀老师学习，不断钻研自己的教育教学能力。听课学习、上课实践、课后反思提升成为他的"工作三部曲"。"像海绵一样不断吸收，像陀螺一样不停运转"。这是张伟学习工作的行动写照，为了更好地提升自己，张伟利用每年的寒暑假时间自费到北京、上海的艺术院校学习。有心人，天不负。在先锋路小学任教期间，张伟在市区各类教师技能和教学比赛中获奖，执教的《赶圩归来啊哩哩》获四川省第六届中小学音乐优质课比赛一等奖，而他带的学校舞蹈社团在省市比赛中取得了优异的成绩，并连续三年受邀参加绵阳市春节联欢晚会。

张伟的教学能力和成绩逐渐为人所知，很快就受到了上级教育主管部门的关注，并将他调入涪城区教育研究室担任音乐教研员，担起了全区音乐教师培训的重任。"乳臭未干，何以示范，何以引领？"一个刚20岁出头的教研新兵上任伊始，迎接的不是掌声和鲜花，而是质疑和挑战。

行动是最好的证明，改变是消除质疑的利器。张伟从书籍中汲取力量，刻苦研读各种音乐教育专著，参加每一次的培训学习都会认真做笔记，短短几年形成了20多本的学习心得笔记。知之深，爱之切。在音乐教育殿堂耕耘10年的张伟，充满激情地来到中央音乐学院进修，期间得到了著名女高音歌唱家单秀荣教授、著名音乐教育家周海宏教授、教学法专家韩瀚副教授等老师的循循教导，让他的音乐教育理念为之一新，教研精神为之一振。在进修中悟道，张伟通过不断地学习和思考，认识到中小学音乐教学的终极目标就是提高全民素养、立德树人。

时间是最好的映照。张伟通过勤奋和精进，改变了自己的教育理念，并成功搭建了音乐教育的舞台，进一步拓宽了其影响范围。绵阳师范学院音乐与表演艺术学院客座教授、四川文化艺术学院音乐舞蹈学院客座教授、西南科技大学文学与艺术学院兼职副教授，四川省教育厅教科研专家成员，四川省教育厅艺术特色学校评估验收专家，四川省教育厅艺术测评网络题库命题组成员，四川省第一批高中音乐专家组成员，四川省教育评估院初中艺术类科目进中考政策举措研究专家成员，四川省教育厅第六届、第七届大学生基本功比赛评委，

四川省中小学川剧传习普及先进个人，人民音乐出版社中小学音乐教材（四川单元）编委，四川省特级教师……这些荣誉背后，是他那颗为涪城音乐教育事业奋斗终身的初心。

特铸匠心，一个音乐教研员成于共进

进步，与你同步。张伟在荣誉面前却谦虚地自称是一滴水，只有投入到涪城音乐教育的汪洋大海中才能永不干涸并生机勃勃。

为了提高全区音乐教师的专业教学技能，张伟使尽浑身解数，以精益求精的匠心精神，掀起了涪城音乐教研活动的一个又一个热潮。他以"提高音乐教师综合素质，促进教师的专业教学技能"为突破口，先后邀请了歌唱家单秀荣教授作声乐专题讲座，中央音乐学院韩瀚副教授作奥尔夫教学法专题讲座，知名指挥家孟大鹏作合唱指挥培训，南京师范大学知名专家张牧作竖笛及课堂器乐教学培训，华东师范大学赵洪啸教授作陶笛及自制乐器专题培训，省内教研前辈音乐教学教育专家曹安玉老师、牛琴老师、杨瑜副教授、徐伟老师、魏平教授、汤卢教授、罗凌教授等亲临涪城讲学。先后组织开展了专题讲座50多次，音乐教师沙龙90多场，共4000多人次参加。

成大事者，从小做起。张伟创造性地开展全区音乐教学（演奏）质量抽测暨班级合奏比赛，至今已连续举办七届比赛，连续举办十七届涪城区校园歌唱比赛，学生和老师的综合素质都得到了极大的锻炼，通过艺术实践培养了学生的习惯和素养，全区的音乐教育教学质量也得到了大幅提升。

坐而不行假把式，行动才是真老师。为进一步提升音乐教师专业素养，以专业促进课堂教学成长。2013年，张伟在绵州大剧院组织了一场教师声乐专场独唱音乐会；2016年，他组织策划了以专业剧场音乐会的形式呈现的"涪城区音乐教师教学基本功展示交流活动"；2019年，组织策划了绵阳师范学院行知音乐厅"涪城区教体系统喜迎新中国成立70周年歌唱教学成果展声乐专场音乐会"；在音乐老师里选出热爱教育甘于奉献教育，无论技能还是教学能力都在区上名列前茅的老师参与，他邀请到绵阳师范学院肖萍教授、王小明教授、陈林教授、绵阳市音乐家协会董艳老师、绵阳市文化馆宋雨田老师、涪城区文联邹阳东老师、涪城区文化馆夏熹老师作为艺术指导，在声乐、钢琴、合唱指挥、即兴伴奏、舞台表演等专业技能方面予以悉心指导，全方位地让老师们从实践中提升和进步。他四处奔走，为音乐会演出的剧场、服装、化妆、形象宣传等拉赞助，牺牲周末、下班等休息时间，进行无数次的排练。在这个过程中，有老师家里面有困难的，也有老师信心不足想退出的，他陪着他们一一解决，鼓励他们迎难而上。音乐会的完美呈现不仅进一步提升了音乐教师的教学技能，还增强了音乐老师们团队的凝聚力。这同样为课堂教学的提升奠定了更坚实的基础。几场音乐会取得了很好的效果，因此省市电视台专门对此进行了相关报道。"用绣花功夫精准教研"。张伟如是说，也如是做。他针对青年教师，开展了新教师见面课活动；针对青年骨干教师开展了推门课活动；针对中老年教师，开展了随堂课验收活动；根据教师队伍的具体情况实施了一对一新老教师组队成长，针对教材开展戏曲、欣赏、歌唱、多声部歌曲、律动研讨培训……一分耕耘，一分收获。近年来，在张伟的示范引领下，涪城区一大批音乐教师在国家、省、市各级赛课活动中取得优异成绩。指导张蜀仙参加全国第六届中小学音乐优质课比赛获得一等奖，指导欧冬梅参加全国第七届中小学音乐优质课比赛获得一等奖。一个西部地市州的区县能在全国比赛中连续两届获得一等奖，十分难得。他还指导鲁庆参加第二届全国新常态教学研讨活动并获一等奖，共指导涪城区音乐教师先后获得省级及以上赛课一等奖14人次，音乐教师基本功比赛省级及以上一等奖11人次。2020年，在涪城区教师阶梯发展培养中，评选出的19名专家教师中音乐教师就有3位。部分教师已成长为全国的名师，成为省、市、区的音乐教学骨干力量。

授人以鱼，不如授人以渔。在涪城区已颇有盛名的张伟多次应邀到全国各地讲学，与全国各地同行交流先进教学经验。他先后到陕西、上海、安徽、重庆、甘肃等省内外教师培训活动做专题讲座及交流近100场，多次应邀为四川师范大学、内江师范学院、绵阳师范学院、四川幼儿师范高等专科学校等四川省国培计划教师培训做专题讲座，将涪城区的先进音乐教育教学经验推广到全国各地，起到了极好的辐射引领作用。

当好教书匠，教研当自强。在多年的理论实践中，张伟积极带领音乐老师参与教育科研，做课题，写论文，取得了丰硕的成果。他先后参与了人民音乐出版社义务教育教科书《音乐》四川单元内容的编写，人民音乐出版社《名优教师设计音乐课教案与评析》的编写，2020年主编的《少儿声乐基础教程》由四川民族出版社出版，2022年主编的《我们的音乐课》由四川民族出版社出版；2014年"学龄期低段智障儿童生活适应中家庭支持策略研究"省级课题已结题；2018年《羊角花儿在开放》获得四川省教育厅美育改革创新案例一等奖；《浅谈板房教室有效音乐教学策略研究》获教育部艺术教育论文二等奖；《听觉障碍学生陶艺技能培训研究》获第四届四川省普教"教学成果奖"一等奖；参与编导的《娃娃快长大》《国旗国旗真美丽》分别获四川省第十六届教育成果一等奖；"立德树人视角下传承川剧文化的实践研究"获省级课题阶段性成果二等奖；参与国家社会科学基金"十三五"重大课题"教育现代化背景下的学生美育评价研究"；参与四川省教育厅全省艺术科目进中考改革研究政务课题；多篇论文发表在《中国音乐教育》和《儿童音乐》等期刊上。

特捧爱心，一个音乐点灯者执于突进

教师之贵，成人之美。这是张伟用行动对陶行知先生"捧着一颗心来，不带半根草去"教育精神的最好诠释。

因为爱，所以来。张伟把对音乐教育的爱也洒向了特教和农村学校这片天地。作为一名特教兼职教研员，2019年，他带领涪城区特殊教育学校积极承办全国融合教育论坛，整个会议的策划安排以及融合教育各学校现场观摩都得到了来自全国的专家和与会代表充分肯定。组织全区新教师参与融合教育培训，每学期参与带领区资源中心进行随班就读师资培训，让平等接纳有爱的融合教育在涪城大地开花。张伟非常关注用自己的本专业和融合教育结合，他在绵阳市园艺小学，与该校音乐教师李冬梅尝试探索"运用自制打击乐器在音乐活动中干预流动儿童心理、行为障碍的音乐策略"的研究方向。随着实践研究的不断深入，该校的原创器乐节目《神奇的打击乐》取得了显著进步。建团初期，孩子们只能坐在地上，面无表情、目光呆滞地演奏。然而，在参加四川省第九届中小学生艺术展演活动小学器乐组的现场比赛时，他们展现出了截然不同的风采。孩子们自由潇洒地律动，发自内心的阳光和自信深深打动了现场所有的专家评委和观众。最终，该节目荣获一等奖。知名音乐教育专家曹安玉老师将《神奇的打击乐》作为特殊案例在全国各级教师培训中与大家分享，得到各地音乐教育专家的一致认可与赞扬。打击乐项目的成功，为同类学校解决留守、流动儿童心理问题提供可借鉴、可操作推广的经验模式。同时，该项目也作为园艺小学的特色项目一直延续至今。

音乐无界，大爱无疆。汶川地震发生后，张伟第一时间组织涪城区音乐教师到北川九州板房学校送教，用音乐安抚孩子们受伤的心灵。他长期坚持到北川和平武白马送教送培，帮助当地将非遗文化传承下去。为了帮扶薄弱学校，张伟深入基层，主动申请到涪城区边远的龙门学校以及更加偏远的若尔盖支教。他积极投身于公益培训活动，被聘为壹基金壹乐园全国乡村音乐教师培训项目专家，为全国各地乡村音乐教师传授教学经验。他还十分注重优秀传统文化的传承与弘扬，将川剧引进课堂，让传统文化在孩子们的心中生根发芽，连续六届参加四川省川剧传习普及展演活动。他指导录制的课堂教学资源《与你共乐》通过省级平台向全省播放，受到一致好评，并于2020年7月获得四川省教育科学研究院和四川省电化教育馆的表彰。这些公益之举在社会上都引起了巨大的反响，更是切切实实帮助了孩子们，让更多的孩子在音乐中疗愈心灵，感受生活的美好。

有多大能力，就要尽多大责任。张伟积极主动协助区教体局组织富有特色的艺术活动，为涪城区素质教育和特色建设做出应有的贡献。协助教体局做好涪城区教师合唱团的排练和演出，涪城教师合唱团已成为绵阳一张亮丽的艺术名片，多次参加绵阳市春晚，国庆、七一庆祝等各类大型活动。他多次应邀参与策划导演市、区各类政府文艺演出活动，并前往部队、政府机关、社区、医院、企业做音乐公益培训讲座，多次被市区宣传部、教体局评为先进个人。

奋斗不息、斗志不减、探索不止的张伟仍以火热纯真的赤子心，特守为音乐的初心、特铸成音乐的匠心、特捧悦音乐的爱心，阔步行进在全区音乐教育事业大提升大发展的道路上，步履铿锵，歌声嘹亮。

参考文献

[1] 普通高中音乐课程标准（2017年版2020年修订）[M]．北京：北京师范大学出版社．2020．

[2] 义务教育艺术课程标准（2022年版）[M]．北京：北京师范大学出版社．2022．

[3] 徐淀芳．席恒．新课程音乐教学设计[M]．北京：人民教育出版社．2018．

[4] 尹红．中小学音乐单元教学设计指南[M]．重庆：西南师范大学出版社，2013．

[5] 王安国．普通高中音乐课程标准（2017版）解读[M]．北京：高等教育出版社，2018．

[6] 郑莉．中小学音乐有效教学模式[M]．北京：北京师范大学出版社，2014．

[7] 普通高中音乐课程标准实验教科书·音乐鉴赏（教师用书）[M]．北京：人民音乐出版社，2010．

[8] 李虹．音乐教师实用手册[M]．上海：上海音乐出版社，2011．

[9] 黄忠廉．人文社科项目申报300问[M]．北京：科学出版社，2022．

[10] 费岭峰．怎么做课题研究——给教师的40个教育科研建议[M]．上海：华东师范大学出版社，2021．

[11] 李冲锋．教师如何做课题[M]．上海：华东师范大学出版社，2013．

[12] 祝庆东．教师如何做"小课题"[M]．上海：华东师范大学出版社，2019．

[13] 刘良华．教育研究方法[M]．上海：华东师范大学出版社，2014．

[14] 王景．音乐教育专业课程优化探索与实践——以焦作师范高等专科学校为例[J]．四川戏剧，2014（02）．

[15] 甘小云，周永红．新课标下高师音乐学（教师教育）专业课程设置整体优化的构想[J]．音乐时空，2014（03）．

[16] 金志峰. 编制约束下的中小学教师队伍建设困境与政策改进策略[J]. 中国教育学刊, 2017（07）.

[17] 陈璞. 音乐名师成长启示录[M]. 南京：江苏凤凰教育出版社, 2018.

[18] 韩若晨. 核心素养背景下的中小学音乐课"大单元教学设计"[J]. 中国音乐教育, 2021（08）.

后 记

从一场"讲座"到一本"书"

2021年9月23日，成都市周笛名师工作室有幸邀请了四川省教科院高中音乐教研员、教育部基础教育课程中心教材研究所普通高中音乐学科教研基地常务负责人牛琴老师以及绵阳师范学院传媒学院教师杨梅博士为大家进行"中小学音乐教师如何弥补科研短板"的专题讲座。此次讲座，以提升音乐教师教育科学研究能力为主旨，寻找新方法，探求新知识，解决新问题，提高教学效益。

新时代音乐课程赋予教学以新的含义，要求音乐教师在教学过程中，不断地研究、生成和创造。如果没有科研的自觉性，缺乏研究热情，就会故步自封；音乐教师不仅要根据日常教学，勤于撰写教学反思、教学随笔、教学论文等，还要学会做课题研究。此活动吸引了很多音乐教师前来学习，大家听得非常认真，收获满满，反响很大。听完讲座，很多老师意犹未尽，表现出对"科研"强烈的求知欲。这场讲座之后，为了满足音乐教师对科研探索的急迫需求，一本有温度、有深度、有广度的书《中小学音乐课堂教学设计与教师专业成长研究》应运而生。

是的，手把手教你写教案、写论文、做科研的"宝典"来了！本书从中小学音乐教师的工作实际出发，涉及内容涵盖音乐教育方方面面，既体现专业性、理论性、学术性，又表现出实用性、创新性与可操作性，更接地气。

本书的编写者，既有高校专家学者、音乐专职教研员，也有一线教师，是一个教学经验丰富、科研能力强、教学业绩突出的撰写团队。担任本书第一部分"教学设计"撰写工作的是周笛、姜轶、何妍倪。众所周知，教学设计是课堂教学的首要环节，是以促进学生的学习为根本目的，运用系统方法，遵循学习理论和教学理念等基本原理，对教学目标，教学内容，教学方法和教学策略、教学评价等环节进行具体计划，创设有效的教与学的过程和程序，是教学实施的"施工图"。本书"教学设计"这一部分，理论联系实际，既有先进教学理念的引领，又有规范写作的指引。教大家如何在新课标理念下精心设计，实施有效音乐课堂教学；帮助音乐老师走出为形式而形式的误区，把握新课程理念本质，科学设计课堂。同时，教学设计中存在的研究性问题，就是很好的课题来源。比如，如何进行学情分析、如何进行教学环节的设置、如何选择使用教学方法、如何进行板书设计、如何进行教学设计的创新等，都值得不断探讨。音乐教师的科研是以课堂教学为起点的，立足课堂，精心设计，潜心钻研，从而解决教学难题，提高教学水平。

承担本书第二部分"论文撰写"任务的是牛琴、裴镕榆、郦嘉。论文是进行科学研究和探讨问题并描述其成果的学术性和理论性文章，是学术研究的总结和记录，是进行成果推广和学术交流的有力手段。在日常与教师的交流中，我们发现许多优秀的青年教师工作能力突出。然而，他们常常面临一些挑战，包括不知道如何将实际问题上升到理论层面，如何有效地表达和论证自己的观点，以及如何在科研工作中取得突破。根本原因在于音乐教师缺乏系统学术写作能力，无法以研究型思维与理论角度，审视音乐教学工作与学生个体，实施个人发展的"双轮驱动"，为自己未来职称评定与发展晋级奠定良好基础。本部分旨在帮助一线音乐教师掌握如何精妙选题，把握论文的标准结构及写法规范，体现论文自身和时代特色，彰显理论深度。帮助教师掌握论文发表的"内""外"功夫。

负责本书第三部分"课题研究"撰写工作的是杨梅、马玥、陈娇。"科研课题三十问"一章为老师们解答了做课题的诸多疑惑，比如如何寻找课题研究点、到哪里去申报课题、如何才能更有效地撰写课题等，在这三十个教师做课题最关注的问题中，总有一个问题能帮你解惑。"申报书撰写规范"一章则是将课题申报书各组成部件条分缕析式解析、范例式呈现，手把手带着你一步步完成申报书的规范撰写。"优秀课题案例评析"一章从案例出发，带你厘清课题研究"为什么""做什么""怎么做"的撰写路径，与优秀的范例同行，迈出课题研究一小步，定会专业成长一大步，让自己的教学生涯迈向一个更大的舞台。

负责本书第四部分"名优教师专业素养提升与自我成长"撰写工作的是张淑华、张伟、周笛。本部分强调了教师专业成长的重要性，并通过名师的成长故事，为教师们实现专业素养提升、自我成长提供方法、策略方面的参考。全书由牛琴统稿。由于时间紧张、能力有限，书中不尽如人意之处，诚望读者们批评指正！

教师具备较高教学科研能力和水平，是教师专业发展的良好基础。在当前音乐教育领域，教师的专业发展日益受到重视。与此同时，对教师科研能力的要求也在不断提高。因此，弥补科研方面的短板已经成为一个迫切的任务。希望本书能为音乐教师、音乐院校师范生提供学习参考，助力成长、成功。

编　者

2022年9月